直到盡頭

C.C.沙巴西亞
回憶錄

TILL THE END

C.C.Sabathia
Chris Smith

C. C. 沙巴
克里斯・史
——
文生大叔——

目錄

直到盡頭內容為真實記錄，但部分名稱及可供辨識的細節已被更改。

僅將此書獻給我此生最大的成就：
卡斯頓三世、潔登、賽亞，以及卡特。
我的四個孩子，這是為你們寫的。

第一章 崩潰

我是個奇怪的酒鬼，完全不符合那些刻板印象，也沒有什麼「開關」會觸發我的癮頭，沒有會讓我傷心的紀念日、沒有一天裡特定的時間、就算是去派對酒會也不會；這些都可以是原因，也全都不是原因。我從不曾因為投得不好就多喝一點，喝的份量就跟我投得好的時候一樣多，但我總有理由要喝；我非常喜歡喝、一直喝、不停喝，直到我斷片為止。有很長一段時間喝酒都是因為開心，就像當年我第一次在大聯盟拿下勝投的時候，克里夫蘭印地安人隊（現為克里夫蘭守護者隊）的五個隊友帶我到巴爾的摩的酒吧，把我西裝的每個口袋都塞滿了錢；第二天早上醒來時我全身上下的鈔票超過一萬美金，全都皺成一團一團的，我就像是個全世界最大隻的脫衣舞孃，只是衣服沒脫而已。找到一起喝酒的同伴從來就不是件難事，棒球圈子裡有一大堆酒鬼，到處都是，而且他們很多都是超級球星。

但是真正最奇怪的是這個：我是有開關的；我會連著三天整個人醉到翻，那種找人打架、甚至尿在床上的醉到翻，然後我可以在下一次先發投球的前兩天完全滴酒不沾。如果我是星期一先發的話，當天晚上、星期二晚上，還有星期三晚上我會放心喝到掛，但是星期四、星期五兩天就是排毒，除了水和開特力運動飲料之外什麼都不喝；星期六當我投完球下場休息時，我一定要有皇冠威士忌和雪碧在置物櫃裡等著，這整個循環每次都從我比賽投出的最後一球開始。

十五年來我一直是個嚴守紀律的醉鬼，在我的掌控之下我不但贏得了賽揚獎、拿下了世界冠軍，我還賺進了超過兩億六千萬美金的薪水；我的成績數字看起來讓我很有機會在未來某一天被選進棒球名人堂，而對我來說最有意義的，則是我的隊友們——不管是在克里夫蘭、密爾瓦基，還是紐約——都熱愛我這個好夥伴，而且總是把我當成球隊的領導者。

我的手臂好像不是我身體的一部分，不光只是我的身體，它好像根本不是我人生的一部分；我的心智、我的血液、大概還有我的肝，它們全都受到酒精的干擾，只有那隻帶著我從加州瓦列霍市（Vallejo）登上洋基球場投手丘的左手、那支幫我舉起世界大賽獎盃、幫我太太和四個孩子建構起這個美好人生的左手，它卻完全沒受到任何影響。這些年來它經歷過冰敷熱敷、也接受過外科醫師和復健的整治，但這些都只是微調而已；我的手臂非常耐操，它幫我從一無所有變成名利雙收、也一連為三支球隊帶來榮耀。我越來越聰明，知道怎麼去保護我的手臂讓它更能應付比賽，它是億萬球團的重要資產，也是我家人的支柱，但手臂之外的我卻狀況卻越來越糟；我當然知道以職棒選手來說我已經不年輕，但是年紀對我的影響並不大，我的麻煩是我對身體其他部分的虐待，已經讓我的手肘承擔了比受傷還要嚴重的風險。我得想個方法讓自己的天賦和我身體裡的那些奇怪、脆弱、暴怒和熱愛共存，這次我真的要把自己拉起來，整個拉出這個循環。

我站在這個潮濕的、用空心水泥磚堆砌出來的儲藏室裡，頭頂上是巴爾的摩金鶯隊的坎頓球場；我穿著洋基隊的T恤和我灰色的球褲，時間是星期天早上十點，我只想再找出一瓶軒尼詩（Hennessy）白蘭地[1]。從我一踏進球場，我就在休息室和儲藏室之間來來回回的，一杯又一杯的幫自己倒酒，現在距離我兩次先發之間所排定的牛棚練投只剩下一個小時，但我已經醉到連路都走不直；經歷過三次手術和幾百次的宿醉，我總是可以在該上場投球的時候把自己準備好，但是現在我發現整個房間都在打轉，我知道我絕對不可能站上去練投，這下子真的糗大了，**我到底在幹嘛？**

你可能想像不到我這次為什麼會喝成這樣。三天前的星期四晚上，在經歷了一整個球季的高低起伏之後，我在球隊最重要的一場比賽登場先發；今年我們在美國聯盟東區戰績領先了幾乎一整年，八月初我們把戰績領先拉開到六場，大家甚至想像著時隔六年再度贏得世界大賽冠軍會是什麼樣子。我知道如果你是小熊隊還是水手隊或是一大堆其它球隊的球迷，六年沒拿到世界大賽冠軍聽起來沒什麼大不了的，但對洋基隊來說比永恆還久，而且更糟的是我們已經連續兩年沒有

1　軒尼詩是法國出產的一個高級白蘭地品牌。

打進季後賽了；二〇一五年是洋基隊陣中第一次少了德瑞克・基特（Derek Jeter）的領導，二十年來他一直是洋基隊最偉大的游擊手，也是球隊的指標人物，但是他在前一個球季結束後退休了。我們還有卡洛斯・貝爾川（Carlos Beltrán）、布萊恩・麥坎恩（Brian McCann）、艾力克斯・羅德里奎茲（Alex Rodriguez）和田中將大，我們還是對自己充滿信心；但是到了八月底我們就開始出狀況，九月我們的下滑更嚴重，我們最棒的強打者一壘手馬克・塔克薛拉（Mark Teixeira）因為擦棒球打傷了小腿，傷勢卻一直沒有好轉，我們最好的投手內森・伊瓦帝（Nathan Eovaldi）也因為手肘疼痛而無法比賽，一下子我們就變成必須搶下外卡才能擠進季後賽。

一整年球季我對洋基隊的貢獻實在有限，在五月中拿下我的球季首勝之前，我的戰績是〇勝五敗，我的右膝蓋，也就是那個我每次投球都要支撐住我三百磅（一百三十六公斤）體重的右膝關節，經過多年來的持續退化，現在只剩下骨頭壓著骨頭，中間的軟骨已經全都沒了。二〇一四年我只先發了八場比賽，最後一次是五月十日，然後到了七月初就完全關機接受關節鏡手術，我希望能把膝蓋修好，就算只是暫時的也沒關係，因為我幾乎可以確定退休後的第一件事就是要換上人工膝蓋；我花了九個月的時間復健，重新練到我的膝蓋可以有足夠的強度來讓我重新上場比賽。二〇一五年我戴著一個厚重的護膝，真的就一直投球投到了八月底，直到終點線好像一下子又衝到了眼前，我的膝蓋痛到像是有人拿著火車鐵軌的鉚釘一下一下的往裡面敲；我被放上了傷兵名單休息兩個星期，但是靠著神奇的仙丹可體松（Cortisone）[2]，我在十月一日就回到了布朗克斯（The Bronx）[3]的投手丘上迎戰波士頓紅襪隊，他們的戰績很慘，但終究還是我們最重要的世仇，只要擊敗他們我們就可以晉級決賽。藥物麻痺了我的疼痛，我投了五局只被攻下一分，我們以四比一拿下勝利，大家在休息室裡噴灑著香檳，我的膝蓋痛得像要斷了一樣，但我一點都不介意。

隊友們非要把香檳倒在我的頭上，他們不會放過任何每一個人，但是大家在慶祝的時候我一口酒都沒喝，就像我說的，我是一個奇怪的酒鬼；我一直等到我們上了巴士去機場，要去巴爾的摩打那正規球季最後一個已經沒有意義的系列戰時，才開始喝我的軒尼詩。我一路喝上了飛機，在去巴爾的摩四季大酒店的巴士上也繼續喝著；那天晚上我到了旅館房間第一件事就是把小酒吧的門打開，啤酒、葡萄酒、威士忌、龍舌蘭酒，什麼都沒關係，我從小在家鄉加州瓦列霍市的混酒趴就是這樣喝的，房間小酒吧的酒一喝光，我就叫客房服務再送酒來。星期五的天氣很差，整個早上下雨讓我一直延續著喝酒的情緒，我們和金鶯隊的比賽在下午就被宣布取消，所以我坐在旅館房間裡繼續喝，一邊在電腦上隨便挑著電影看；我的好朋友裘瑪．康諾斯（Jomar Connors）打過電話來關心我，他是我從五歲時就一起玩耍的好朋友，也是我跑步時的搭檔，他問我怎麼還

2 可體松俗稱皮質素，在運動醫學上多用來緩解發炎現象。

3 布朗克斯是美國紐約市的一個行政區，也是洋基球場的所在地，洋基隊球迷常以布朗克斯來代稱洋基球場。

沒到金鶯隊外野手艾頓．瓊斯（Adam Jones）的家。瓊斯是我在棒球界最好的朋友之一，我跟裘瑪說我馬上就出發過去，但是我根本沒有離開旅館；我在房間昏睡了幾個小時，清晨兩點醒來之後喝了一點紅牛能量飲料，然後繼續喝酒，或是把紅牛混著灰雁（Grey Goose）伏特加[4]一起喝下去。

我的表弟達奈爾．瓊斯（Darnell Jones）到巴爾的摩來看比賽，就住在同一個旅館裡，我要他再幫我叫更多的酒，後來達奈爾告訴我說當時他非常害怕，因為他從來就沒有看過我的狀況糟成這樣，他不知道該怎麼辦才好。達奈爾想要拉我出去吃點東西，但是我拒絕了，他比我小十歲，我把他當成自己親生弟弟一樣疼愛，我們一起經歷過許多事情，他大概是我最親近的家人；但是連他都知道如果試圖要我停下來不喝酒，我一定會暴跳如雷翻臉，所以他只能盡量讓我放慢速度少喝一點，譬如說當我要他再拿一瓶軒尼詩的時候，他只會叫客房服務送兩杯雙份酒過來。現在回想起來我真的不該那樣子對待達奈爾，多年來對其他的親友也是一樣，但是那時的我處在某種精神崩潰的狀態，而我唯一知道可以克服那種緊張感的方式，就是不停的喝酒。

為了彌補前一天因雨取消的比賽，星期六他們安排了一場雙重戰，而我居然在那天早上跌跌撞撞的找到了球場，順利在休息室裡穿上了我的洋基隊球衣；我沒有要開玩笑，我真的完全不記得整個星期六到底發生了些什麼事，我的隊友們一定早就發現我狀況很糟，但是他們看過我這個德性很多次了，而且晚上喝酒、甚至在比賽中喝酒其實也是棒球文化的一部分，所以完全沒人多看我一眼。在棒球的世界裡，只要你在比賽的時候做好自己的本分，隊友和球團根本不會管你在球場外搞些什麼鬼；我對這種可以把人一分為二的邏輯早就心知肚明：我可以用言語和我的手臂來領導這支球隊，其它時候我就是一個自我毀滅的普通人，不會有人介意。

他們跟我說，當我的隊友們在場上一連輸了兩場比賽給巴爾的摩時，我一直半睡半醒的癱在休息區的板凳上；我自己知道那時候的我大概只是想著要趕快回到四季大酒店，才能趕快再多灌一點酒。

星期天早上當我和達奈爾一起踏進旅館電梯的時候，我是處在半醉半宿醉的狀態，我來來回回的一下子哭鬧著碎念、一下子又氣嘟嘟的要找人吵架，我的腦子高速轉動著，但是想的事情和說出來的話都是一蹋糊塗：「你說，你覺得我需要復健嗎？我跟安柏聊過了，我覺得我需要復健。」等我們到達旅館大廳的時候，我已經哭得一臉都是：「我一定要好好振作起來，我一定要好好振作起來，我會好起來的，我愛你，我的表弟，等我回到紐澤西我就去找你。」

我到球場的時候，洋基隊的公關主管傑森．奇羅（Jason Zillo）到休息室來找我，要我在記者來之前趕快離開，不要讓記者看到我這個慘狀；我沒有足夠的時間讓自己在牛棚練投前更清醒一點，所以我決定再多喝一杯讓自己可以撐過去，球員都知道每個球場的酒放在什麼地方，我走

4 灰雁是法國出產的一個高級伏特加品牌。

進儲藏室立刻就又開了一瓶酒。

就在那一刻我突然被打醒了：我居然打算喝得醉醺醺的去投球，這是我從來沒有做過的事；這太不應該了，我真的需要幫助。這三十五年來我克服了許多挑戰：兒時好友在自己家鄉被開槍打死、父親在我十三歲的時候消失無蹤、成為美國聯盟最年輕的選手、常常是球隊裡唯一的一個黑人選手、再也投不出時速九十五英里的快速直球、家鄉好友們都還在拚搏而我卻已名利雙收的罪惡感等等；我靠著不斷學習、不斷進步，才在這麼高強度的壓力之下，在自己專業領域裡的最高層級獲得成功，我熱愛競爭也熱愛獲勝，但是這一切的一切都只是依附著我的投球能力和我的手臂而存在，而剩餘的我卻一直在逐漸死去。止痛藥可以麻痺我的膝蓋，但是藥效總會過去，酒精則是我精神上的止痛藥，然而酒醉和逃避卻再也無法掩飾我心靈上所承受著的傷痛和迷惘；這已經不像是當我發現快速直球再也壓制不了打者、而必須學會怎麼投卡特球來騙人那樣，這一次我必須誠實面對自己，深入探索自己的情感，才能試著重新成為一個正常人。我站在坎頓球場的儲藏室裡，四十八小時以上的馬拉松式酗酒換來的是宿醉的崩潰和滿臉的眼淚，我完全不知道自己能不能打贏這場仗。

第二章　親愛的瓦列霍

佛斯特木材隊（Foster Lumber）在加州北瓦列霍少棒聯盟就像是大聯盟的紐約洋基隊一樣，雖然他們穿的是有著黃色字樣的紅色球衣，不是洋基隊的條紋設計，但是他們每年都拿冠軍；棒球在北加州是一件大事，在我們家更是這樣，我父親小時候最喜歡的球員是奧克蘭運動家隊（Oakland Athletics）的維達．布魯（Vida Blue），一位拚勁十足的黑人左投手，而我從小就為運動家隊的「霸擊兄弟」（Bash Brothers）們加油，還有那支一九八九年的冠軍隊。十一歲的時候我代表佛斯特木材隊出賽投球，站在打擊區裡的是潘德嘉斯汽車隊（Pendergast Auto）的打者，也是我的表哥喬伊．瑟斯頓（Joey Thurston），那真是一場讓人緊繃的對決；我對喬伊投出的是我最拿手的快速直球，後來喬伊在大聯盟打了七年球，但是這麼多年之後，我還是清楚記得那一球被他一棒掃到外野去，滾啊滾的一直滾到外野牆邊，我一連被打了兩支二壘安打。

我真他媽的氣瘋了，我們還是以三比二領先，但是我在投手丘上被恥辱和憤怒給逼得哭了出來，我沒有去壓抑那些情緒，只是任由它們宣洩出來。下一個上來的打者是「老爸」，他是我在洛瑪維斯塔小學（Loma Vista Elementary School）六年級的好朋友，他是一位右打者，而且他站得離本壘板很近；隔著眼淚我看得不是很清楚，只是用盡了全力把球往本壘丟，然後我就清清楚楚的聽到球「啪」的一聲砸在老爸的左手上，把他的前臂給打斷了。我一點想要傷害他的意思都沒有，但在當下我一點也不在意，那時的我已經把球場當成了出氣筒，只是我完全不懂那股怒氣從何而來。

星期一到了學校，校長大概以為我們會打架，所以把老爸和我都叫來面談，但老爸和我沒事，他知道球場上的事就只是比賽的一部分而已，但運動對我們瓦列霍這裡的人來說就是這麼重要；我們非常認真，而在我成長時期最辛苦的那幾年，運動把我們都拉在了一起，但我的情緒也是從那時開始分裂開來，我必須努力壓抑著那些情緒，直到在球場上才能釋放出來。

瓦列霍對我來說非常重要，想要了解我為什麼這麼不服輸、為什麼這麼在意要與人分享我的一切、為什麼我和心中的這些惡魔拼鬥了這麼久，你一定要先認識這個我成長的地方。

首先是地點，我們在北灣區（North Bay），是一個夾在富裕和奢華之間的藍領尷尬地帶，我們的西南邊是繁華的舊金山（San Francisco），北邊則是高貴的納帕山谷（Napa Valley）；我們是個中等城市，那時的人口大概就十萬人，但對幼時的我來說已經夠大了。瓦列霍被綠色的山丘和優美的田地給環繞，但這裡的居民也是我所見過最堅毅不撓的；我父母兩邊的家庭都是因為非裔美人往北和往西的大遷徙，而在一九四〇年代從美國南方搬來這裡，為的就是一個更美好的生活環境。拉丁美裔的球員，特別是在我剛剛上到大聯盟的時候，常常會因為看到我的姓「沙巴西亞」（Sabathia），就開口用西班牙語跟我聊天，但其實父親這邊的家族是黑人與美國原住民混血，他們是從紐奧爾良（New Orleans）過來的，而且這個姓氏應該要用法語口音來發，念起來比較像是「沙巴帝耶」（Sabatier）才對；沙巴帝耶這個姓氏可以往前追溯到一個居住在法國中部、以製作高品質刀具聞名的家族，它在以前的法國殖民地聖多明戈（Saint-Domingue），也就是現在的海地，好像是個蠻常見的姓氏，所以當時的奴隸主大概就是這樣把它套在了我的祖先身上，後來我的高祖父又不知道在什麼時候才把這名字換成了現在「沙巴西亞」的拼法。

我的祖父艾爾（Al）在二戰時期從路易西安那州（Louisiana）搬到加州，並在梅爾島海軍造船廠（Mare Island Naval Shipyard）幫潛水艇油漆維生，母親那邊的魯弗斯（Rufus）家族則是從密西西比州（Mississippi）的布魯克哈芬（Brookhaven）搬到瓦列霍，外公山姆．魯弗斯（Sam Rufus）是一位焊工，在大戰期間協助打造戰艦擊敗納粹；他們兩邊都是大家庭，沙巴西亞家有九個孩子，魯弗斯家則有六個，他們努力工作養家活口，在當地辛苦地維持著典型的中產階級生活。

瓦列霍在一九四〇年代就已經沒有什麼種族隔離了，特別是大戰期間在海軍基地附近興建起來的的那些社區，我有許多親戚住在一個叫做亨利．佛洛伊德平臺（Henry Floyd Terrace）的社區，他們說那裡曾是當地黑人民權運動的中心點；在一九六〇年代之前那都還是一個很棒的社區，但是後來失業率和犯罪率都開始節節上升，白人家庭則開始往郊區遷移，沒過幾年那邊就變成了像是貧民區一般的聚落。郡政府在一九六七年關閉了亨利・佛洛伊德平臺社區，我阿姨葛蘿莉亞（Gloria），大家都叫她葛洛（Glo），她說大概百分之九十的黑人家庭都被房地產經紀勸說著，一一搬往瓦列霍最東邊一個適合小家庭居住的新社區；可能是為了行銷，那一帶被命名為鄉村俱樂部之巔（Country Club Crest），但是對我們來說那只是一個殘酷的玩笑，因為那一整區被兩條高速公路包夾著，而附近幾英里之內根本沒有半個鄉村俱樂部。外公外婆搬進了一間位在丹寧格街（Dieninger Street）上的單層三房小屋，房子是在一九五〇年代中蓋好的，就在整個社區最邊角的位置上，我猜他們搬進去的時候大概覺得自己搬到了鄉下；於是他們在後院複製了記憶中在南方的童年生活，種下了像是水蜜桃、梨子、杏子和葡萄柚等果樹，也種菜、養雞、養兔子；我媽說她小時候常常從後院翻牆出去，然後就在山丘上的牧地任意遊蕩，或是和那些被放牧著的乳牛們玩耍。

一開始我的父母親就是跟著長輩們走過的老路，父親卡斯頓・查爾斯・沙巴西亞（Carsten Charles Sabathia）從小就被叫做「小卡」（Corky），我的祖母在他九歲的時候就突然因為腎臟機能衰竭而逝世，留下了九個孩子；他在十八歲的時候加入海軍，希望能多看看這個世界，但那時越戰已經接近尾聲，於是海軍把他就近送到了北加州的阿拉米達（Alameda）基地，後來他曾經被調派到西雅圖還有日本，就這樣把對旅遊的熱愛也傳了下來給我。

退伍之後他回到梅爾島海軍造船廠的倉庫工作，我的母親瑪姬・魯弗斯（Margie Rufus）那時在倉庫的辦公室上班，母親說有一天她注意到了父親，於是他們就開始聊起天來；她覺得他很帥，於是就向一位女性朋友打聽他，然後才發現「小卡」原來是她同一所高中年長四歲的學長，而且剛好就是我阿姨狄尼絲（Denise）的同班同學。在那之後母親就常常藉故經過父親工作的區域，不久之後他們開始約會，伴著海軍准將（Commodores）、百樂門（Parliament）等樂團，還有貝瑞・懷特（Barry White）的浪漫音樂跳起舞來；一九八年七月二十一日我出生的時候，父親才二十三歲，而母親只有十九歲。母親說她在醫院的時候又害怕又緊張，當他們把我送到房間時我正在哇哇大哭，母親根本不知道該怎麼辦才好；幸好那時有一位來探望的朋友立刻把我抱起來，然後放在母親懷裡，他們說我立刻就安靜了下來。

我被取名為卡斯頓・查爾斯・沙巴西亞二世（Carsten Charles Sabathia Jr.），而爸媽總是叫我「小西」（Little C），據說我的祖母爾瑪（Irma）早年常常到加州維尼西亞（Venetia）找一位叫做卡斯頓這個怪名字的肉販買肉，她覺得這個名字很好聽，於是就把我爸也取了一樣的名字；後來等到我出現，我外婆艾索（Ethel）總是念不好卡斯頓，只能一直叫我「西西」（CC），但這從此就成了我的小名。

我的父親很活潑外向，總是說個不停，特別愛講笑話，他還曾經和幾個朋友組了一個合唱團體，專門唱誘惑合唱團（Temptations）的歌曲，他在開心的時候總是會大喊一聲「靠！」而母親就比較安靜，但她也喜歡跳舞和講故事；領著最低薪資的年輕父母生活特別辛苦，偏偏他們的新生兒體重八磅（約三千六百二十八公克）、身長二十一英吋（約五十三公分），而且胃口還非常好。我的大伯艾德溫（Edwin）和他的太太吉妮雅（Genia）就住在附近的聖荷西（San Jose），我們常常跳上廂型車就開往他們家一起過生日或是野餐，吉妮雅伯母最愛講我五歲去他們家玩時的故事；她說我爸提醒過她我會特別早起，然後自己去吃一碗早餐麥片「熱身」，而且大概一小時之後等到大家都起床要吃早餐的時候，我會繼續跟大家一起吃，就像什麼都沒吃過一樣。

我出生時我們住在一間很棒的小公寓裡，就在父母親工作的梅爾島附近一條叫做田納西街的路上，我猜那時我們大概總是在看電視，因為葛洛阿姨說她總是擔心從來都沒有聽過我講話，直到有一天我突然從嘴裡吐出了「靈魂列車」這個音樂綜藝節目的名字，她才放下心來。我是個快樂的孩子，我超愛E.T.外星人和加菲貓，還有海洋世界裡的那些動物，我更愛運動，而且是所有的運動；有一張照片完美捕捉了我對當時的記憶，那時我大概五歲，我在田納西街上的小房間裡，牆上掛滿了各種運動錦旗和變形金剛的海報，還有一些棒球卡片和搖頭娃娃，我熱愛蒐集搖頭娃娃，現在還是。在那張照片裡我站在那一大堆東西中間，心滿意足的對著鏡頭笑著，那就是小時候的我。

我的父母親那時才剛剛開始進入成年人的世界，他們努力給我一切，但預算終究還是有限，我們常常搬家，有的時候可以一連兩三個月保持收支平衡，然後就開始入不敷出，一到月底就連房租也付不出來，這時房東會來敲門；等打發了房東之後，父親會騎著他的腳踏車到鎮上的另一頭，找其他出租公寓的房東想辦法，他是一個討人喜歡的人，也有著一點小聰明，他的大嗓門總有辦法讓人開心的笑出來，總能順利談好條件讓我們能搬去下一個家。搬家的前一個晚上，在我睡著之後，我母親就會把我們僅有的一些東西都打包好，大概就是幾個行李箱而已，然後第二天一早我去上學之後，他們就會利用時間搬進新家；在我八歲之前我們大概搬了七八次家，那時的我什麼也不懂，只是覺得我們好像又搬進了一個更好的地方。大概是七歲還是八歲的時候，我們搬到了一條叫卡拉漢上將街的路上，在那邊一住就是三年多，但即使是那個時候，我還是常常會到外婆家去過夜；現在當我母親提起當年到處搬家的經歷時總會覺得有些羞愧，但我並不那麼覺得。我看到的是兩個年輕人費盡全力在應付這個艱辛的世界，努力保護著他們最愛的兒子而已；這些動亂不安影響了我的成長嗎？也許吧！但若不是到了多年之後的現在，我根本從未有過這種想法。

讓我印象最清晰的一件事，就是成長過程中我扎扎實實的學會了忠誠的重要，我們家族在瓦列霍一帶有許多親戚，只要有一個人過得不好，整個家族都會站出來幫忙，沙巴西亞家團結在一起，魯弗斯家族也是這樣；我是個獨生子，但我有一整個家族的兄弟姊妹和叔伯阿姨關照著我，所以在我長大之後，我也想要盡我的力量照顧他們。多年以來我母親和她的姊姊，也就是我的葛洛阿姨，因為上班時間總是銜接的剛剛好，所以總會互相幫忙照顧對方的孩子；幫助家人就是外公山姆．魯弗斯和外婆艾索．強森立下的好榜樣，外婆總會多煮好多食物送去給她已成年的兒子女兒們，不管是碎肉卷、火腿，還是一大鍋的燉豆。在我還小的時候，父母親都在上班工作，而外婆則在聖拉菲爾（San Rafael）和舊金山（San Francisco）擔任女傭打掃那些大房子，所以已經退休了的外公負責來接我放學，那是我最愛的午後時光；山姆．魯弗斯是一個又高又大的大型人類，身高接近六呎九吋（二〇五公分），而且就像我一樣充滿了想像力，我們常常拿著蒼蠅拍坐在床邊假裝自己在釣魚，我現在會這麼愛在戶外釣魚都是因為我的外公。

但是那些美好的午後時光在我六歲時的夏天就結束了，我的外公因為中風的關係，行動不再像以前那樣方便，他走起路來就像是一隻快累趴了的大熊，我知道他因為動作不能自主、因為再也不能和我一起像以前那樣玩耍而感到難為情；而我因為看到這樣一位高大強壯的男人這樣倒了下來，也覺得難過不已，這是我生命中第一次理解到，原來我真心摯愛的東西隨時都有可能就這樣被奪走。

外公不能來接我放學之後，我從二年級就開始在放學後從洛瑪維斯塔小學走五分鐘的路，到歐米茄大陸男孩女孩俱樂部（Boys and Girls Club）[1]去，那裡的輔導老師每天都會盯著你把功課做完，還會讓你讀書、寫心得報告；我完全不介意那些功課，因為除了那些之外，還有各種各樣的其他活動，像是拳擊、烹飪，甚至是讓我們這群小孩全都留下來一起過夜的「閉關之夜」等等，俱樂部裡還有一個籃球場，那也是我第一次參加有組織的運動團隊。俱樂部最棒的就是身兼創辦人和主持人的菲爾摩・葛拉罕（Philmore Graham）先生，他是一位充滿自信和活力的黑人紳士，我們所有的小孩們總是恭恭敬敬的叫他「葛拉罕先生」；他致力在社區裡提供一個安全的休閒場所給我們，而且總是會停下來和我們每個人聊天，我從二年級開始天天都到俱樂部去，直到九年級時運動佔據了我整個人生，才不再去。

在我九歲的時候，有一天在男孩女孩俱樂部發生的事讓我印象深刻，現在回想起來都像是昨天剛剛發生過似的，那就是大衛・史都華（Dave Stewart）突然就走進來了！我從六、七歲開始就一直都是運動家隊的超級球迷，我甚至曾經在少棒聯盟的主題日時穿著我的球衣走上奧克蘭運動家隊的球場；結果就在那一天，運動家隊的王牌投手就這樣走了進來，我到現在都不曉得那天發生了什麼事，因為大聯盟球員從來就不會到瓦列霍來，那是我第一次和一位大聯盟選手共處一室，也是我第一次發現原來我心目中的大英雄，就跟一般人沒什麼兩樣。大衛是在奧克蘭長大的，而且從小也深受男孩女孩俱樂部的影響，這讓我覺得自己和他更相似了，而且他和我一樣

1　男孩女孩俱樂部成立於一八六〇年，是美國一個專為少年及孩童提供課後輔導及活動的非營利組織，在全美國五十州共有超過四千個據點，服務對象超過四百萬人。

是黑人；八〇年代的運動家隊是一支幾乎全由黑人球員組成的球隊，這對我們在這一帶長大的人來說意義非凡，我們全都因為道格．威廉斯（Doug Williams）[2]穿華盛頓紅人隊（Washington Redskins）[3]的外套，就算他的球隊遠在美國的另一邊也沒關係，因為他是個打進超級盃的黑人四分衛，而且他還打贏了。

我記得那天握了大衛．史都華的手，但是我沒有要簽名，也不太記得他說過些什麼，但是光是他願意花時間來看看我們這群小鬼，就讓我留下了深刻印象；他也在我心中種下了一個想法，那就是如果有一天我也有了什麼大成就，我一定要努力幫助別人，就像大衛．史都華那天在瓦列霍做的一樣。

但在那時我最崇拜的人、也是最靠近在我身邊的偶像，就是我的表哥迪米崔爾斯．戴維斯（Demetrius Davis），他是我葛洛阿姨的獨生子，葛洛阿姨是我母親的大姊，我們常常待在外婆家裡，葛洛阿姨幫忙把我帶大，而我幾乎天天和迪米崔爾斯在一起；他比我大十三歲，是我最想成為的樣子，他是個明星運動員，也是一個超酷的人，他個性外向、像個泰迪熊一樣友善，總是逗得每個人笑嘻嘻的，但是也沒人敢找他麻煩。他身高六尺五吋（一百九十五公分）、體重兩百二十五磅（一百零二公斤），在籃球場上大家都叫他「小尼克」，說他就像是多米尼克．威金斯（Dominique Wilkins）[4]一樣，在美式足球場上大家就只叫他「卡車」；但在我們家裡他的小名是「米米」，原因同樣是因為我們的外婆從迪米崔爾斯小時候就一直這樣叫他，我和朋友一起跟米米去公園玩美式足球的時候，他對待我們就像他對同齡對手一樣毫不留情，但是如果有外人說了什麼對我不禮貌的話，米米總是第一個跳出來保護我。米米是內華達大學雷諾分校（University of Nevada–Reno）美式足球校隊的明星邊鋒（Tight End）[5]，那三年我們開車去看了每一場主場比賽，我兒童時期最早的回憶之一，就是七歲的我被米米扛在他寬大的肩膀上走進球員休息室，而且他還告訴他的隊友們說，這個小表弟長大之後會比他們每一個人都棒；那時候的我總是想著，這就是我長大以後要變成的樣子，我的偶像不在電視上，米米就是我的偶像。

我跟我爸的感情也超好，他開著一臺福特的廂型車，銀色的車身上有著紅色的線條，週末晚上他總會載上一打小孩，然後我們會一起去看露天電影；他會打開後門，然後我們就攤在毯子上一起看《小鬼當家》（Home Alone）、《魔鬼總動員》（Total Recall），或是《蝙蝠俠大顯神威》

2　道格．威廉斯在一九八八年率領華盛頓紅人隊贏得超級盃，是第一位在NFL職業美式足球總冠軍賽中先發及獲勝的黑人四分衛，也是第一位獲選為超級盃最有價值球員的黑人選手。

3　華盛頓紅人隊是一支美國職業美式足球隊伍，現已更名為華盛頓司令隊（Washington Commanders）。

4　多米尼克．威金斯是美國籃球名人堂成員，在NBA職業籃球生涯曾九度入選明星隊，並曾獲得兩次灌籃大賽冠軍，以全能的攻守能力及剽悍的進攻球風著稱。

5　邊鋒是美式足球進攻組的成員，功能在於和線鋒保護四分衛、替跑鋒開路，或是與接球員分擔接球進攻，是球隊進攻時最多變的角色，通常體格高大，並具備快速敏捷的移動及接球能力。

（Batman Returns）這些片子，這也是為什麼我現在這麼熱愛電影，特別是科幻片。

我爸最喜歡的電影是《風雲際會》（Willow）、《第三類接觸》（Close Encounters [of the Third Kind]），還有那部有個機器人長得像人類小孩的《未來小子》（D.A.R.Y.L.）；他還讓我成為了《星際大戰》的忠實影迷，我記得第一集是在瓦列霍歷史悠久的皇后大戲院看的，第二集就是在露天電影院，在我爸的廂型車上看的。

我爸也是一個超級運動迷，位在奧克蘭的金州勇士隊距離我們沒多遠，但是在我小時候他們戰績超爛，我爸是看張伯倫（Wilt Chamberlain）[6]和賈霸（Kareem Abdul-Jabbar）[7]打球長大的，所以他最愛的就是洛杉磯湖人隊，而我也成了一個忠實的湖人球迷；那時正是湖人隊最威風的時刻，除了他們陣中魔術強森（Magic Johnson）、詹姆斯．渥錫（James Worthy）和麥克．古柏（Michael Cooper）這些明星球員之外，我也愛看那些跟我一樣用左手投籃的球員，像是山姆．柏金斯（Sam Perkins）還有克里斯．穆林（Chris Mullin）等等，我想要長大以後能和他們一樣，我還在牆上貼了一張俠客（Shaquille O’Neal）的海報。至於美式足球，我爸和我最愛的就是突擊者隊（Raiders）了，雖然他們在我兩歲的時候就搬家到了洛杉磯去，但我最珍貴的蒐藏品一直都是一組在玩具反斗城（Toys “R” Us）買到的突擊者隊紀念組，裡面還有球隊的迷你頭盔；那時球隊陣中有馬可仕．艾倫（Marcus Allen）、波．傑克森（Bo Jackson）、麥克．黑恩斯（Mike Haynes）、提姆．布朗（Tim Brown）、豪伊．隆恩（Howie Long），我的天啊！真是一支強隊，而且整隊都是硬漢。每個球季一次，我爸會把親人全都塞進廂型車裡，然後沿著五號高速公路一路南下，從賽前的停車場派對一直到整場比賽全都不放過，我們說那是完整的突擊者隊球賽體驗，我超愛的；沿路我們還會順便探望各地的親戚，我一路都穿著我的突擊者球衣，一秒也不肯換下來。

我爸也和我一起蒐集棒球球員卡，他買了一整組Topps公司出品的一九八六年球員卡組給我，現在還被我收在儲藏室裡；威爾．克拉克（Will Clark）是我最喜歡的球員之一，因為他是舊金山巨人隊（San Francisco Giants）的一壘手，而且是一位左撇子，就跟我一樣。但是在我小時候，最熱門的還是要當運動家隊的球迷，我甚至在睡夢中都可以隨口說出運動家隊一九八九年拿下世界冠軍時的先發陣容：內野手有馬克．馬奎爾（Mark McGwire）、湯尼．菲利普斯（Tony Phillips）、麥克．葛列格（Mike Gallego）、華特．懷斯（Walt Weiss），還有卡尼．藍

6　張伯倫是美國籃球名人堂成員，在NBA職業籃球生涯曾拿下兩次總冠軍、四度獲選最有價值球員，並曾十三度入選明星隊；最著名的成就包括曾在單場比賽中拿下一百分、在單場比賽中拿下五十五個籃板球，以及在整個球季平均每場得分高達五十分等等，被譽為是職業籃球史上最偉大的球員之一。

7　賈霸是美國籃球名人堂成員，在NBA職業籃球生涯曾拿下六次總冠軍、六度獲選最有價值球員，並曾十九度入選明星隊；他在大學時曾三度率隊拿下全美國大學聯賽冠軍，並在加入職業籃球之後以特殊的「天鉤」投籃方式聞名，是一名攻守俱佳的傳奇球星。

斯佛（Carney Lansford），外野手有瑞奇・韓德森（Rickey Henderson）、大衛・韓德森（Dave Henderson）、史坦・哈維爾（Stan Javier）、荷西・坎賽科（Jose Canseco），指定打擊是大衛・帕克（Dave Parker），捕手是泰瑞・史丹巴克（Terry Steinbach），然後投手有大衛・史都華、瑞克・哈尼卡特（Rick Honeycutt）、丹尼斯・艾克斯利（Dennis Eckersley），還有總教練湯尼・拉魯薩（Tony La Russa），這些我全都記得。

我從小就是個大個子，四歲時就開始參加球隊打樂樂棒球（T-ball），一開始我什麼都做不好；有一天爸媽帶我去公園練習，我一直揮棒打不到球，怎麼揮都打不到，連球都碰不到，然後我丟出去的球也是軟趴趴的還到處亂飛。我從小幾乎什麼事都用右手做，到現在還是，所以那時我不管揮棒還是投球也都是用右手，但是接下來發生的事情改變了我的一生；其實我不太記得發生了什麼事，我的印象是我爸要我試試看改用左手，但我媽記得的是我自己要求可不可以換用左手，然後我爸大喊了一聲「當然可以！我的兒子絕對不可能棒球打得這麼爛！」不管這是誰的決定，總之我突然一下子就開竅了，揮棒打出去的都是強勁的平飛球，然後就開始把我爸投出來的球都打得又高又遠，他們用橘色的三角錐當作是外野的大牆，我在六歲的時候就可以把球打得遠遠超過那些三角錐；投球也是一樣，我用左手投球時輕鬆自在，而且投出去的球又快又準。我投球蠻厲害的，十二歲時我第一次被選進一支明星隊，第一場比賽我就投了一場無安打比賽，還三振了對方十八位打者中的十七位，另一個出局是我當捕手的好朋友裘瑪接殺了對方的觸擊短打；我爸的死黨那天剛好在現場看球，每次只要我投到兩好球，他就會像電視劇《檀島警騎》（Hawaii Five-O）的男主角一樣大喊一聲「銬起來，丹尼！」，所以那天一整晚都是他大喊「銬起來，丹尼！」的聲音。

剛開始當然覺得蠻好玩的，但是我還是比較想要能打擊，像霸擊兄弟馬奎爾還有坎賽科那樣，當個一壘手或是外野手；自己一個人站在投手丘上，雖然手上握著球、也掌握著整場比賽，感覺好像不錯，但是比較起來還是猛轟全壘打過癮多了。我想要成為一位打者的原因，或許也是因為打擊對我來說是一件需要苦練的事，我的父母親都是優秀的運動員，我媽在高中時是壘球和籃球校隊，我爸則在九歲的時候因為左腿嚴重骨折而在醫院住了一整年，而且從此走路微跛，但是他身高六尺九吋（二百零六公分）而且健壯，所以後來就在當海軍時苦練成為一位次中量級的業餘拳擊手。在從海軍退役之後，我爸又繼續打了幾年比賽，他個子高大而且動作迅速，我最愛的照片是一張他在擂台上的黑白照，他送出一記刺拳，整個人精實健壯，看起來兇狠無比，就有點像艾薩德．查爾斯（Ezzard Charles）[8]那樣。

不用多久，我爸就開始不停跟我媽說，「他一定會上大聯盟的，」有一次他還把我的照片貼

---

8 艾薩德．查爾斯是國際拳擊名人堂成員，曾是重量級世界拳王，也被譽為是史上最佳的輕重量級拳擊手，他的外號是辛辛那提眼鏡蛇，以靈活的防守以及精準的攻擊聞名。

在《運動畫刊》(Sports Illustrated)[9]的封面上，然後跟我說「有一天你一定會成為洋基隊的一員！」我媽總會要他冷靜一點，「別說了！讓他好好長大，他還只是個孩子！」我知道在我們社區一定有很多人長大想要成為老師、成為消防員、成為律師等等，但對我和我的朋友們來說，職業運動不僅僅只是一個美夢而已，那是我們唯一的夢想；二年級的時候老師要我們寫下自己夢想中、除了運動員之外的工作，但我還是寫下了「棒球選手」這幾個字，老師對不起，那時我就知道我的目標是什麼，而且沒有任何事可以改變我的夢想，就算是成績加分也不行。

我爸盡其所能的幫我實現這個夢想，每個月有一天他會從造船廠的工作溜班，然後把我從學校帶出來，我們會去打擊練習場打一整天的球。我四歲到六歲時他是我樂樂棒球隊的教練，等到我打少棒十歲到十二歲組的時候，他就是我少棒隊的教練，至於中間我打幼童組的時候，我們的教練也是我爸的朋友，他叫利托二世(Junior Little)；我七歲時利托教練讓我擔任游擊手、二壘手、哪裡都可以，現在說起來已經是三十三年前的事了，但我還是認為那是我人生中最快樂的幾年，也是我在棒球場上得到最多快樂的時候，利托教練現在還在打快速壘球，我每次回家都會看到他。

我爸很早就把一切都計畫好了，他先是在我的幼童組少棒隊上幫忙教球，但是同時也到佛斯特木材少棒隊去當助理教練，這樣等到我十歲的時候就可以直接以教練之子的身份加入球隊，多出來的名額還可以把我的好友裘瑪給拉進來；我們全隊都是厲害的運動員，有十二歲的馬賽爾・

隆邁爾（Marcel Longmire）[10]和瑞那可・馬基（Runako Magee）、十一歲的雙胞胎內特・波海爾（Nate Berhel）和傑伊・波海爾（Jay Berhel），還有十歲的裘瑪和我，我們兩個是年紀最小的。

有一件事我到現在都還心懷感激，那就是當我開始在各種比賽中不停三振對手的時候，我爸從來都不曾允許教練讓我多投一點，不管是再重要的關鍵比賽，只要我沒有休息滿五天，我爸就不會准我上場投球；現在的情形比以前糟糕多了，孩子們整年都要比賽，而且有些從十三歲就開始每場比賽投一百球，我之所以能一直投到三十九歲，而且手臂幾乎沒有出過什麼問題，就是因為我爸從一開始就這麼保護我。

除了我爸之外，在那些年教導我最多棒球知識的就是我的瑞爾舅舅，泰瑞爾・魯弗斯（Terrell Rufus）是我媽的弟弟，從我六歲到十二歲時，我們每天都會花好幾個小時在外婆的車庫門前練習傳接球；他的個子高高瘦瘦的，但是很強壯，那時候肯定已經二十幾歲了，但他最愛跟我這個年紀不到他一半的外甥玩球，我也玩得很開心。

我能夠成為這樣的一個職業運動員，我媽的功勞一點也不少於我爸和瑞爾舅舅，特別是在我

9　《運動畫刊》是美國歷史悠久的知名運動周刊，時常以表現優異的明星運動員作為雜誌封面，在美國運動媒體界有權威性的地位。

10　馬賽爾・隆邁爾在一九九六年大聯盟新人選秀第十九輪中被芝加哥小熊隊選中加盟。

升上高中之後；大家都說我的個性和我媽一模一樣，她總是看到人性中最美好的一面，而且對所有人都充滿信任，直到這個信任被打破為止。我媽也是個很厲害的運動員，她從小就是個小頑童，看到樹就會去爬，而且常常跟哥哥們扭打成一團；我最矮的舅舅身高六尺四吋（一百九十三公分），我媽也長到六尺高（一百八十三公分），每當裘瑪和我找我爸媽比賽籃球的時候，他們一點也不會手下留情，就算那時我們都才只是八歲的孩子而已。裘瑪和我都很好強，輸了比賽之後我們會在回家的路上一路吵架，指責對方害自己輸給了兩個大人；等到後來我年紀大了一點，我媽甚至會在單挑的時候賞我拐子，但是要是有誰敢欺負我，我媽在保護我的時候更會是一個狠角色。我記得有一年夏天我們到加州的康科德市（Concord, California）比賽，那是一個九歲以下的比賽，而我也才八歲而已，但那時我已經長到五呎五吋（一百六十五公分）高、一百二十五磅（五十七公斤）重，每一次對手教練都會質疑說我不可能未滿九歲，所以我媽總會隨身帶著我的出生證明來應付他們；那天在康科德市我第一次把球打到全壘打牆外，是一隻滿貫全壘打，而且還砸破了一輛車的玻璃，我真的超開心的，但是在我繞壘的時候我聽到一陣吵鬧聲，真的很大聲，而且還不是歡呼聲，我就知道一定出了什麼事。後來我才知道觀眾席上有一位女士，聽說是對手球隊的家長，她一直在大聲抱怨說我個子太大了，不應該代表這支球隊上比賽，於是我媽忍不住就回了一句說「那是我兒子」，但是那位女士大聲回了一句「我才不管！」，於是我媽就一拳揮了過去，還打斷了那位女士的鼻子！其實我媽平常很文靜的，但是千萬別以為你可以在她面前講她家人的壞話，因為你一定會付出代價的。

想知道我小時候有多好勝嗎？大概在我四歲之前，我有一個好朋友叫做丹尼（Danny），我整天都會找丹尼用軟球比賽籃球，而且我會一直用垃圾話挑釁：**來啊丹尼，你守不住我的，來啊來啊！**丹尼一次都沒有贏過，但是重點是丹尼不是真人，他是我為了可以百戰百勝所幻想出來的對手，根本就不存在。

多年以後當我開始在大聯盟有了一點成績，體育記者和球迷們都開始猜為什麼我的帽沿總是向著我右眼的方向斜斜的；**是不是他不知道自己帽子沒戴好？還是這和北加州的什麼幫派有關？他想引起什麼流行嗎？**這些都讓我覺得好笑。是沒錯，我確實覺得自己看起來還蠻酷的，這個造型好像讓我多了一點氣勢，但那其實也只是我最舒服的一個方式而已，我就是想把帽子那樣戴著，而且那和什麼引導流行一點關係都沒有。我大概是在十歲的時候開始常常投球，但是如果我在關鍵時刻被打出安打、被對手一連攻下好幾分，或是開始投出保送的時候，我都會非常非常生氣，甚至會在投手丘上就忍不住哭出來，所以我只好把帽子往下拉，越拉越低想把眼淚給遮住；絕大多數的時候我的捕手都是裘瑪，每次他看到我開始拉帽子的時候，他就知道完蛋了，因為我接下來一定會越來越用力投球，所以我那個招牌造型的起源，其實就只是我想要隱藏自己的情緒而已。

母親當然知道我在搞什麼鬼，但是她才不會由著我這樣任性；有一次我被打了一支全壘打之後又在投手丘上哭了起來，那一局結束我走回板凳上的時候，我就感覺到她狠狠的瞪著我，「幫幫忙，老兄，」她在我走下球場時就對我說著，「你是在開我玩笑吧！」比賽結束之後，我們直接坐進那輛兩門的福特護衛者（Ford Escort）小車裡；在回外公家的路上一路安靜，然後一進門她就把我拉進浴室，那裡我們可以有一點隱私，也避開外公外婆的視線，然後她把我一把推往牆上。「你以為你有什麼了不起？C. C.沙巴西亞就永遠都不會被打安打嗎？」我聽到祖母在門外問我們發生了什麼事，但母親沒打算放過我；就像當我因為裁判的判決而生氣時一樣，我記得我十四歲的時候曾經向一位裁判抱怨，結果母親就直接叫教練把我給換下場，就在比賽進行中，而且那還是一場季後賽，我到現在都還確定那是個誤判。

當我表現好的時候，她教導我要謙卑，我記得大概是十二還是十三歲的時候，有一場比賽我三振了好多對手，而且還打了幾支全壘打；賽後上車時我很得意的問母親說，「妳有看那場比賽嗎？」

「有啊！」她說，「但是今天在佛羅里達州（Florida）有個小孩打了五支全壘打，你要加油，再努力一點。」我後來才理解母親當時的用意，她是要讓我知道我並不是高人一等，而如果我犯了錯，那就該扛起該負的責任，不准抱怨，更不准哭。

而且她不只是盯著我在運動上的進步或是球場上的表現而已，九年級的時候我有兩門課翹掉了兩堂，於是我才剛剛進行到一半的籃球球季就這樣被她畫上了句點；到了十年級，我的西班牙文課只拿到D，母親就又把我從籃球隊裡給拉了出來。至於父親，他也一樣是個老派的家長，有些事我都已經不記得原因了，但是我記得在大概是在八歲還是九歲的時候，我不知道為了什麼事情哭個不停，父親就叫我一個人走路回家，而他就在一旁開著車慢慢跟著。

但大多數的時候，我都覺得母親像是我的大姊姊一樣，而我們就是最好的朋友；她總是叫我「老兄」，到現在還是這樣，我完完全全信任她，而且總是覺得我不管什麼事情都可以問她，就像有一次我甚至問她說，「媽，如果用雞蛋丟人家的車，會不會惹上麻煩？」

「當然會，」她笑著對我說。

母親曾經是壘球選手，她會戴上捕手頭盔、穿上護胸和護腿，然後到後院去幫我接球，一直持續到我十二歲時快速直球差點打斷她的手為止；「去找別人吧！」母親一邊拉下面罩一邊說，我知道她的手一定很痛，但她聽起來驕傲無比，「你已經超越我了。」

一九九二年夏天，我們的少棒明星隊創下了過去其他瓦列霍球隊從未有過的成績，而我們的團體照非常有趣，上面有十四個黑人小孩和一個白人小孩，唯一一個不在照片裡的是大衛·柏恩斯汀（Dave Bernstine），小柏是我從幼稚園到六年級時最好的朋友，雖然才十一歲而已，但是他個子很高大，而且總是把球打得又高又遠；那年夏天他從我們朋友傑瑞家外面的斜坡上跑下來，絆了一跤，然後就把腳踝給扭斷了，我們只差幾場比賽就可以打進在賓夕法尼亞州（Pennsylvania）舉行的世界少棒大賽（Little League World Series），我到現在都認為要是小柏沒有受傷，我們一定會拿下世界冠軍的，我常常告訴他我現在還在生他的氣。

沒能到威廉波特去打世界少棒大賽確實很讓人失望，但是如果要說受傷或是創傷的話，那就完全比不上接下來要發生在我身上的事了。大概是三四年前開始，母親開始常常到我房間，晚上就睡在我雙層床的下鋪，當時我沒想太多，畢竟睡覺時有她在是一件很讓人安心的事；我覺得我父母親之間的關係好像還不錯，能想起他們之間的吵架也只有一次，那時我們剛剛才搬進瓦列霍西區的一個新住處，差不多是一九九二年的聖誕節，他們發生了一次劇烈的爭執。

在那之後沒多久的某一天，父親出門去上班，母親把我們所有的家當都打包了起來，然後我們就走了；她一直沒有告訴我任何細節，她說那都是為了保護我，直到現在仍是如此。「我超會搬家的，因為我訓練有素，」母親總是這樣說，臉上的笑容帶著深意，「你爸和我就是分道揚鑣了，我還是愛小卡（父親的小名），但我們的婚姻已經不存在了。」現在身為一個成年人，我終於懂得當年發生了什麼事，他們都很年輕，生了個孩子，他們付出全力努力維持著這個家庭，但是差不多到了我五歲的時候，他們的感情就已經走到了盡頭。

那時我還小，完全沒想過會發生這樣的事，他們分開讓我很受傷，但是我從來沒有跟任何人說過，我最好的朋友裘瑪他的父母親也分開了，但是我連他也沒有說；小時候我很少有朋友是父母親都住在一起的，而我自己則是被一個大家庭扶養長大，除了我的父母親之外還有我的外公外婆和叔伯阿姨們。在我們搬走之後，父母親之間的關係似乎就比之前好了一些，我覺得母親做了一件非常勇敢、也非常重要的事，那就是她從未對我說過父親的不是；不管他們之間發生過什麼事，她希望我能和父親和平共處，而他們也從未正式離婚。

母親帶著我搬去和她的姊姊狄尼絲阿姨（Denise）一起住，我們都叫她妮西阿姨，父母親的分開並沒有影響我太多，但真正讓我不高興的是妮西阿姨住在瓦列霍市的另一頭，在南區；在那邊我只有兩個表哥凱文（Kevin）和傑凡（Javon），所以足足有三年的時間，我只有在去探望外公外婆的時候才會到戶外玩。

裘瑪的父親也住在鄉村俱樂部之巔那個社區，所以只要我回到那邊，我們整個週末都會混在一起，有時候騎著腳踏車到處跑，有時候打電動一打就是好幾個小時，像是特庫摩盃美式足球（Tecmo Bowl Football）或是其他的好幾種棒球遊戲等等，我總是選運動家隊，而裘瑪就一直都是大都會隊，因為他是個捕手，而蓋瑞・卡特（Gary Carter）[11]是他的偶像。我們也會到他父親家後院，在牆上用噴漆畫出一個好球帶然後練投，或是在我外婆家的前院找一大票人來，玩一個我們叫做「黑人擒抱」的遊戲，把美式足球高高的往上丟，接到的人就要想辦法從院子的這一頭

---

11 蓋瑞・卡特是美國棒球名人堂的成員，十九年的大聯盟生涯曾先後效力於四支球隊，並十一度入選明星球員，他在一九八六年效力於紐約大都會隊（New York Mets）時拿下世界冠軍，他是少數攻守俱佳的捕手，並以優異的領導能力著稱。

跑到另一頭去達陣，一邊還要躲避其他人的飛撲擒抱；裘瑪和我會打鬥、哭鬧、和好，然後又倒帶重來，等到我們長大了些，裘瑪還常常在我犯錯的時候替我頂罪，我們就像親兄弟一樣。

就因為我們的友誼如此緊密、又如此熱愛運動，所以我們得以從小就把這一帶環境的險惡給隔絕在外；槍聲？這裡天天都有，但我們已經無感，而且每天都可以聽到他媽的警察直升機在大家上空盤旋，他們一直都在抓人。曾經有一位體育記者從愛達荷州（Idaho）過來報導另一位運動員的故事，他是這樣描述我們社區的：「鄉村俱樂部之巔這個社區街道荒涼、門窗緊閉，如果中產階級的美國夢走上了岔路，最後的終點就是這裡。」

我知道對那些住在比較高級社區的人來說，我們的巔峰社區（鄉村俱樂部之巔）看起來很破落，我們也知道這裡到處都是幫派和毒品，但我從來就不覺得危險，這就是我們成長的環境而已；小時候我們只想要打球，所以我們每天都走路或是騎車去公園打球，完全不管我們周圍那些事有多瘋狂。然而不管我們多努力不去想那些事，我們自己心裡也知道出錯的空間真的非常小，我們年紀都很小，但是都被環境逼著每天要做出那些連自己都無法解釋的重大決定；如果想要爭取那麼一點點僥倖成功的機會，我們幾乎是在小學畢業前就要決定好自己人生的目標在哪裡。我有一個好朋友從我們九歲時就一直是一位非常優秀的少棒選手，但是當我們十三歲的時候，他就已經被關到少年感化院去了；他不是唯一一個這樣的例子，我知道好多人因為身邊沒有人引導著他們、給他們希望，於是很快地就惹上了一身麻煩。加州在一九九四年、我十三歲的時候啟用了

「三振出局法」（Three-Strike Law）[12]，我們社區有很多人都因此而入獄服刑。

如果要列出那些我生命中最糟糕的事，父母親分居這件事肯定不會被排在前面，但是第一件最糟糕的事來得很快，那是我人生中第一次感受到心碎，我的外公山姆．魯弗斯在一九九四年四月因為肺癌過世了，那年他七十二歲。我在喪禮上整個人是關機的，不管是在球場上還是球場外，整理情緒、調整情緒是我一輩子都掙扎著在做的事；有很長一段時間我只能試著把所有的痛苦和焦慮都鎖在心裡，想要像個男子漢般的撐過去。我對於外公喪禮唯一的記憶就是我穿了一件他的西裝，他的過世對我打擊很大，我只能把自己包裹在他的衣服裡，好像那樣就可以把他留在我身邊；那年在喪禮之後，我穿著同一件西裝參加自己八年級的結業典禮，就像帶著外公一起參加一樣。

那年夏天我表哥凱文出獄了，他比我大四歲，從小我只要跟在他身邊就覺得安全；他是一個對自己人絕對忠誠的人，但是也就是因為這樣，所以不管任何小事都有可能讓他和人發生衝突。他的脾氣超級壞，在我們家裡讓人又愛又恨，那年八月我剛剛進高中，有一天我正在美式足球隊練球時，我的表姐芝芝（Gigi）突然衝進來對著我說，「我們現在就要回家，立刻！」但是又不

12 三振出局法始於德州，目的是為了遏止罪犯連續犯下重罪，該法案對犯下第三次或更多重罪的累犯大幅加重量刑，最高可達無期徒刑並長時間不得申請假釋；此法案在加州執行最為徹底，監獄人口居全美之冠。

告訴我為什麼；我只好把球衣和肩膀護具都脫下來，然後穿著球褲和護墊就跳上她的車，回到家他們才告訴我凱文死了，他在搶劫加油站的時候被人開槍殺了。這消息讓我像觸電一般受到震撼，我好愛凱文，等到回去練球的時候，我在每一組動作都用盡全力去衝撞隊友；在那之後的四年，我成了高中美式足球有史以來最棒的練習球員，每次我都像是要殺人一般全力衝撞，因為我心中有太多無法解釋的憤怒需要被發洩。等到真正開始比賽時，我反而像是被抽離了似的全無頭緒，完全不知道自己在幹嘛，也不停的因為犯規而受到處罰；但我仍然熱愛美式足球，因為在球場上我可以完全變身，盡情的喊叫、嘶吼而不會被人糾正，這是我很早就學會的事。

我的父母親分居了，但是在外公過世之後，為了怕外婆覺得冷清，父親決定搬回來和他的丈母娘一起住；我們的家庭真的就是如此瘋狂，但也如此緊密。

我十五歲時父親搬離了外婆家，於是母親和我就搬了回去，外婆家就是我的避難所，它位在一個小山丘上，就在克洛寧道（Cronin Drive）和丹寧格街（Dieninger Street）的街角；當我站在屋子前時，我可以清楚看到大概一英里之外、瓦列霍海洋世界裡那些遊樂設施的燈光，在晚上特別清楚。丹寧格街並不長，只有一個段落，所以讓我們覺得我們擁有了自己的一個小小世界；一層樓高的房子很小很低調，淺咖啡色的牆配上斜斜的灰色瓦片屋頂，門前有一塊突起的小草坪，還有一條車道開往只能停一輛車的車庫。後面有一塊稍微大一點、方形的後院；小時候外公外婆曾在那邊種植果樹，有一顆扭曲著的葡萄柚樹一直都在，但等到我十五歲搬回去的時候，更後面那塊母親曾經在上面奔跑過的乳牛牧地，卻早已被填作他用了。

到外公外婆的家要先沿著車道上去，然後穿過一個短短的小彎道，前門一進去就是客廳；右手邊是一個壁爐，外婆總是確保著裡面有火。北加州有時確實有點涼，但對在南方長大的她來說，大概一整年都覺得這裡冷；我們常常一起熬夜看電視，我靠著外婆的膝蓋，溫暖的爐火總是讓我在地板上就睡著了。客廳的左邊是個小小的餐廳，後面還有個更小的廚房；我永遠也搞不懂外婆是怎麼從那個小小的廚房裡變出那些美味的醬汁、她的香蕉布丁，還有她的各種茶點蛋糕，把那麼多人都餵得飽飽的。通往三個睡房的是一條窄窄的走廊，大概比起飛機上的走道寬不了多少，最後面的是外公外婆的臥房，芝芝表姐的房間在旁邊剛好正對著廚房，最前面靠右邊、也是最小的那一間則是由我兩個舅舅希維（Seavey）和瑞爾（Rell）共用；我大多是睡在客廳的沙發上，一直要等到十六歲時才有了自己的房間，而且我們全部人要共用一間小小的浴室！

我媽總會盯著我要做功課，每個星期天我們都去好撒馬利亞人浸信會教堂（Good Samaritan Baptist Church），但我每星期二也會去教堂參加唱詩班的排練，每星期四則要接受訓練當帶位員；我都在早上洗澡，等我回到房間時我的床都已經鋪好，衣服也被燙好，我被寵壞了嗎？也許有一點，但那就是我的外婆。

外公外婆家一直就是我的基地，就算是我們還住在城的另一邊時，母親還是常常把我放在外公外婆家，我會在那邊過夜，然後騎腳踏車回學校。瓦列霍位在北灣區，我的學校裡有許多來自菲律賓、墨西哥、中東地區的同學，白人和黑人同學也不少；成長過程中我們都知道這世上有種族歧視這東西，但我要一直到成年、一直到進了大聯盟之後，才真正面對道這件事。對我來說，被人用那個「N開頭的字[13]」問候是一件很奇怪的事，我來自灣區，在那裡種族多元是一件再平常不過的事，多麼美好。

不過巔峰社區就真的是個全黑人的聚落了，這裡總是有許多和我年齡相近的孩子，而外公外婆的家就是所有我表兄弟姐妹齊聚玩耍的地方；我愛他們全部，但跟我最好的是內森．波海爾（Nathan Berhel）和傑森．波海爾（Jason Berhel），我們的外婆是姐妹，她們在一九四〇年代一起從路易西安那州搬到加州來定居。內特和傑伊（分別為內森與傑森的暱稱）的父親是艾倫（Aaron）伯伯，他是我父親的表哥，也是我們少棒隊的教練。

內特和傑伊是雙胞胎，他們個子不高但很結實，而且從小就聲音沙啞像老人一樣，他們很聰明，很有活力，而且很強悍，是很厲害的運動健將；雖然比我年長一歲，但不管是什麼運動項目，我們總會在同一隊上。在棒球隊上，內特是我傳接球的搭檔，他和傑伊後來都成為對我一生有重大影響的人，他們雖然是表親，但其實就是我的真兄弟。

丹寧格街上的那棟房子是我人生最重要的基石，我在簽下第一份大聯盟合約的時候就立刻把它買了下來。幾年前我媽曾經想要把它賣掉，但我不可能讓這樣的事發生，那個小地方充滿了愛，也曾經有過一點點小麻煩；我的舅舅們曾經在那邊打過架，打得亂七八糟的，我記得外公外婆試著要把他們分開，外婆流著淚，而我只能假裝自己已經睡著。現在回想起來很奇怪，但那時我以為每個人的家裡都是這個樣子，我以為那就是最正常的事；當然你在我們社區到處都看得到吸毒鬼，每個家庭都有吸毒和酗酒的問題，沒有人可以倖免，但我早早就告訴自己絕對不能被這些人傷害。我有一塊棲身之地，我衣食無虞，沒有淪落到在危險的街上遊蕩，我沒有什麼好害怕的。

不管經歷了多少痛苦，我們一家人總是一起度過，兩個舅舅可以星期三晚上在後院吵到大打出手，但是到了星期天早上我們全家都會出現在教堂，一個不少；然後下午全都集合在外公外婆家吃午飯，二十五個人有的坐在車庫，有的坐在前院。不管發生在多奇怪瘋狂的事，都沒辦法拆散這個家，我們到現在都還在一起，緊密無比。

在這個社區長大，大概就像是在任何一個貧民區一樣，你永遠都在擔心受傷和確保安全之間調適自己，即使再怎麼確定知道自己當下很安全，你總是知道門外的世界到處都是暴力和危險；一個大家庭可以讓你感覺受到了保護，但這一切也隨時就可能會分崩離析全都不見。這一切讓人學會堅強，最少是假裝堅強，隨時會有人教你要當個男子漢，舉例來說，我聽很多圖

13　在此指黑鬼（Nigger），是一個對非洲裔族群有強烈歧視意圖的字；為了避免造成冒犯，即使在被提到時也大多會委婉的以「N開頭的字」代替。

帕克（Tupac Shakur）、德瑞（Dr. Dre）、史努比狗狗（Snoop Dogg）的音樂，還有E-40（Earl Stevens）[14]，因為他是瓦列霍人；我也愛王子（Prince）[15]，我們把他的《紫雨》（Purple Rain）的VHS音樂錄影帶都看到壞了，但我超級喜歡麥可・傑克遜（Michael Jackson）[16]，只是常常因為這樣而被人笑，在瓦列霍大家都覺得王子和麥可太柔弱了，所以如果你喜歡他們的音樂，那表示你一定也是軟趴趴的。但我實在太愛王子和麥可了，所以我才不管別人他媽的怎麼想，我甚至還買了麥可・傑克森的娃娃！我是個超級粉絲，連我媽都會開我玩笑，我們坐在沙發上看電視的時候，她會突然摀住我的眼睛然後開玩笑說：「麥克・傑克森在電視上！啊！你錯過了！」

到我開始打職業棒球的時候，有時我會帶一些隊友到我們的巔峰社區來，他們都說那是他們看過最艱困的地方，但我對成長時期的回憶卻是那裏美好的、強而有力的社區感和彼此之間的連結；每條街上都有我的親友，或是有人認識我的父母親和外公外婆，而在我青少年時期，那種有人關心著我的感覺特別對我的人生有很大的影響。從我外公外婆家沿著斜坡往下走大概一英里，就在北瓦列霍公園棒球場的對街有個長方形的商店區，那裏有一個叫做國王市場的店家，是這一帶最大的菸酒零售店；每一個窗戶上都有粗大的鐵窗，但是這裡有最好吃的辣香腸三明治，也提供支票兌現的服務。有一個在瓦列霍長大的饒舌歌手叫麥克・德瑞（Mac Dre），十五歲的時候我們只聽他的音樂，而他總是待在在國王市場，所以我和大衛・柏恩斯汀常常騎著腳踏車過去，就只是想看看德瑞在不在。國王市場就在大門街（Gateway Drive）的街角，而那一帶在那時差不多就是個每天二十四小時開放的露天藥品市場；亂糟糟的、神智恍惚的毒蟲會迎向那些因為紅燈而停下的車，拍打著車窗向他們討錢。有一天下午我正從索拉諾中學（Solano Middle School）回家，我走進國王市場想要買一包洋芋片，沒有要惹什麼麻煩，只是隨口和人聊聊天；那時我已經是個小有名氣的運動員，有一個我從來沒見過、帶點年紀的中年人對著我走來，然後對我說：「我知道你是誰，我們都認識你媽，這裡不是你該來的地方，騎著你的腳踏車滾出這裡，不要再回來，因為有一天你會是個有點成就的人。」

瓦列霍這裡有兩所高中，一個是霍肯中學（Hogan），一個是瓦列霍（Vallejo）中學，霍肯中學的籃球教練佛斯特．希克斯（**Foster Hicks**）和我們家熟識，我大概從還是小嬰兒的時候就認識希克斯教練了，他非常非常想要我加入他的球隊，也以為我會去念霍肯，因為我外公外婆家就在學區內；但是我大部分的朋友，特別是我的好兄弟內特和傑伊都在瓦列霍中學，所以我在入學

---

14 圖帕克．夏庫爾、德瑞博士或德瑞醫生、史努比狗狗、E-40皆為美國知名的饒舌音樂家，屬於早期成名的大師級人物，風格以頗受爭議的幫派饒舌或是嘻哈為主，但成名後接逐漸融入主流音樂，成為美國流行文化的重要因素。

15 王子為一九八〇年代美國流行樂代表人物之一，作品風格多變且廣受歡迎，對美國流行音樂影響卓著，也是史上最暢銷的音樂藝術家之一。

16 麥可．傑克遜是美國著名音樂家，一九八二年所發性的專輯《顫慄》（Thriller）至今仍是全球銷售量最高的音樂專輯，他以獨特的音樂與舞步被公認為是流行音樂之王，也是全球流行文化的代表人物。

文件上用了他們的地址，就去念了瓦列霍。我知道霍肯的教練們一定非常生氣，但他們沒有表現出來，而且什麼也沒做，我很確定他們大概也收了一些本來被估計會來念瓦列霍高中的學生吧！

九〇年代的瓦列霍非常以自己的社區為榮，不管是孩子們在丹佛利公園（Dan Foley Park）的運動競賽、社區活動日、街區派對等等，大家都會跑出來和左鄰右舍一起同歡；我們一起烤肉、一起聽音樂，鄰居街坊的感情都很好，就像是一個大家庭一樣，要是到小店裡買東西，你一定會遇上認識的人。

這就是為什麼不管瓦列霍有千般不好，它還是這麼吸引人，那是個我熟悉的地方，我總是一再找理由回到這裡，甚至可以說是被它用神奇的引力給拉著回來。曾經有好多我從小就仰慕的人、優秀的運動選手，他們比我大個幾歲，但從來沒能完整發揮他們的運動天分；可能是錯誤的決定，或是不幸的遭遇，瓦列霍這裡有幾百萬個例子。瑞那可．馬基比我大兩歲，他是個了不起的運動員，又是游擊手又能投球；那渾小子在十二歲的時候快速球球速大概就已經有七十八英里了，而且他曲球投得超級好，投過三場無安打比賽，但是他在監獄裡待了好多年，放出來的時候已經是癌症第四期了。傑森．肖利（Jason Shelley）比我大了六歲，是瓦列霍有史以來最厲害的美式足球和棒球兩棲球員之一，我就是因為他才從小選擇穿著十八號球衣的，他去了華盛頓大學（University of Washington），大一新生那一年就在一九九三年的玫瑰盃（Rose Bowl）大賽接了三球，一共跑了一百碼；但是第二年他就因為在八個月內犯法被逮捕了三次而被退學，後來他痛改前非，轉學去了比較不知名的小學校，後來還到歐洲去打職業美式足球。有些人比較聰明，有些人比較幸運，有些人則是兩者皆有，像是巴比・布魯克斯（Bobby Brooks）就是個例子，他也住在巔峰社區，但是他去念了霍肯中學；他比我大四歲，是那種標準的貧民區模範生，他成績好，從不在街上鬼混，有空就在男孩女孩俱樂部當我們的小老師。要像巴比這樣熬出來真的需要很堅強的決心，他後來去加州州立大學弗雷斯諾分校（Fresno State）唸書，然後加入了職業美式足球NFL的突擊者隊（Raiders）[17]打了三年球，又到美洲虎隊（Jaguars）[18]打了一年。現在他搬回了瓦列霍市擔任高中美式足球教練，而且還從事與執法有關的工作，他的小孩和裘瑪的小孩是同學。

瓦列霍出過許多表現優異的運動員，還有很多人都在職業選秀很高的籤位就被球隊選走，我的成績當然很不錯，但是要跟瓦列霍這裡有史以來的運動員比起來，我大概只能排第十五名，或是更低；但人生際遇難料，有些決定背後的艱難不是外人可以理解的。對於那些沒有在貧民區長大的人來說，指三道四是很容易的：「循規蹈矩很難嗎？為什麼他會做出錯的決定？」但是如果

17　突擊者隊是一支美國職業美式足球隊伍，曾先後以加州奧克蘭市、洛杉磯市為基地，自二〇二〇年起搬遷至內華達州拉斯維加斯市，並更名為拉斯維加斯突擊者隊。

18　傑克遜維爾美洲虎隊是一支以佛羅里達州傑克遜維爾市為基地的美國職業美式足球隊伍。

你從小就活在那種壓力之下，而且你極少看到和你一樣的人可以有什麼成就或是可以活多久，你就只會活在當下。很多和我一起長大的人，他們遇上的障礙和困難都不是他們自己惹出來的，他們的運動生涯沒能繼續下去我一點都不怪他們，但當時的我想要闖出一番天地，我想要逃出那個困境。

第三章　現在你是老大了

我這個懶鬼的想法是這樣的：我在高中時期一整年參加三種運動校隊只有一個原因，那就是我每年只需要在美式足球季前認真鍛鍊體能就好，在那之後就可以直接進入籃球季，然後就是棒球季。我討厭跑步，我記得是一九九四年春天的一個下午，我十三歲的時候，我們參加貝比魯斯聯盟[1]的少棒隊正在練習衝刺跑，而我就是在全隊後面慢吞吞的那個；我們用的是瓦列霍高中的場地，那時高中棒球隊的球員們也正在練球，很多校隊二軍的球員我都認識，所以我就慢跑過去和他們聊起天來，結果一個教練看到了就立刻問我說，「你在幹嘛？你幹嘛過來跟我的球員講話？」我肯定是自作聰明回了嘴，但是教練還來不及對我發脾氣，其中有一個球員就立刻打了岔

1　貝比魯斯聯盟是一個創立於一九五一年的美國孩童棒壘球組織，目前規模超過一百萬名球員，並在全世界二十四個國家都有分支。

說，「教練！他是我表弟，就是我們一直在跟你說的那個傢伙！」

我的表哥內特．波海爾是位左撇子中外野手，他的雙胞胎兄弟傑伊是位二壘手，而且他們是球隊打線上的第一棒和第二棒；他們一入選瓦列霍校隊二軍就開始向教練誇讚我說：「等你見到我們表弟就知道了！」結果想不到我會是在這樣的情況下和教練第一次見面，我的手上還拿著一根特大號的士力架（Snickers）巧克力棒[2]；沒辦法，我從小就特別容易餓，所以練球時我總會在口袋裡藏著糖果棒。

教練說，「我聽說你今年在貝比魯斯聯盟表現不錯，你應該很興奮明年就要進高中了吧？」

我聳了聳肩，「大概吧！」

他接著問我，「你打什麼位置？」

我看了看球場另一邊，有一群二軍的球員正在衝刺跑，於是我就問教練說，「他們是什麼位置的選手？」

「那些都是投手啊！」教練說。

「那我當一壘手好了。」

我就是這樣認識艾伯．哈布斯（Abe Hobbs）教練的，那時他才二十三歲，是一位精力充沛、奮鬥不懈的小個子；他在瓦列霍長大，後來曾在西奧勒岡大學（Western Oregon University）打球。

他留著平頭，看起來就像是海軍陸戰隊的成員，從很多方向來看，我和他都是天差地遠的人，但是我們的共同點全成了最強而有力的連結；哈布斯就是個棒球人，他真心關懷身邊的人，而我們很快就建立起非常親密的關係，一直到現在都還是這樣。哈布斯教練在一九九五年和諾姆．譚納（Norm Tanner）一起成為瓦列霍校隊的共同總教練，並在第二年就單獨接手這支球隊，這一切對我來說都來的恰是時候；在我念高中那四年我們贏了很多比賽，是一段很美好的時光，而他也教導了我許多關於人生責任的大道理。

我們在夏天也花了很多時間在一起，那時哈布斯教練同時也在警察的體育聯盟裡帶領一支球隊；我們每天都花五、六個小時一起練球，我知道這在日本很正常，但是在加州當然不是。哈布斯教練知道只要他能把我們都留在球場上，我們就不會有時間在球場外惹上麻煩，特別是如果我們每天都被操得累到骨子裡去；他還開始每天到教室去點名，確定每個球員都有乖乖到教室上課，他也會順便檢查我們的考試成績。其實他心裡很清楚不是每個人都能夠有機會打職業棒球，絕大多數的人甚至連一點邊都沾不上，但是他一直在我們眼前吊著一個美夢：只要認真練球、在高中當上先發球員，他就會幫我們安排到社區大學，或是第二級、甚至第一級的大學校隊去；我

2　士力架是一種由美國瑪氏食品製造販售的巧克力棒，裡面包有花生、軟焦糖以及牛軋糖，在全世界都廣受歡迎，是最暢銷的巧克力棒之一。

到現在都好像還可以聽到他的聲音說，**把成績維持好，努力打球，沒多久你就可以領到大學畢業證書，這樣你的人生才能有轉機。**那時候的我們如果照著他的規劃努力，最後都會成為各自家庭中第一個進到大學就讀的成員，但是他從來沒有因為我在球場上的表現越來越好而拍我馬屁；即使是後來我獲獎無數，有越來越多人說我很可能會成為職棒選秀第一輪的人選，哈布斯教練還是一直提醒著我：「小子，誰都知道你會投火球，誰都知道你棒得不得了，但是下了球場以後你想成為什麼樣的人？你的人生會是什麼樣子？」

讓我舉個例子來說明哈布斯教練對我們的影響遠遠不止棒球而已，就拿我們的棒球場來說，我們要一直等到我高中的最後一年，才得到一個真正的專屬場地，而那完全都是因為哈布斯教練的努力。他剛到瓦列霍高中的時候是一位體育老師，他要教健康教育課，同時也是學校的教練，那時學校只有一個美式足球球場跟一整片空著的草地，根本沒有棒球場；於是哈布斯教練開始寫信申請經費，也從學區拿到了一點錢，他借來山貓推土機和其他重機具，還徵求學生加入工班行列，用了三年的課餘時間，居然就把棒球場給整理出來了。他整理出來的還不只是棒球場，在右外野牆外有一座大型的鐵皮屋，那裏有學校使用中的美術教室、修車廠，還有一間給女學生使用的育嬰室；哈布斯教練不知怎麼說服了學校，把剩餘的空位讓他整理出了一間「教室」。除了用那間教室來教課之外，每天下午他會把所有桌椅全都推開，把那裏變成棒球隊的休息室，而且地方大到我們還可以練投練打；也就是在那裡，哈布斯教練開始告訴我所有關於傑基・羅賓森

（Jackie Robinson）的事。

我早就知道傑基．羅賓森了，主流文化和學校課程有一系列被認可的黑人先鋒和模範人物，就像是點名一樣：喬治．華盛頓．卡弗（George Washington Carver）[3]、弗雷德里克．道格拉斯（Frederick Douglass）[4]、馬丁．路德．金恩博士（Dr. Martin Luther King Jr.）[5]、羅莎．帕克斯（Rosa Parks）[6]，傑基．羅賓森當然也是其中之一；我的祖父在路易西安那州長大，後來搬到加州之後也因為傑基．羅賓森而成為了道奇隊的球迷。有一天我不記得是為什麼，有人在我們棒球隊的休息室裡提到了羅賓森，而哈布斯教練立刻就發現我除了知道羅賓森在大聯盟打過球之外，對於他的一切都一無所知；「小子，你給我去圖書館搞懂這個人，這對你非常重要。」以一個成

3　喬治．華盛頓．卡弗是美國著名的黑人農業科學家及發明家，倡導以花生、甜薯等作物取代當時普遍種植的棉花，並研發多種技術來改善土壤品質；在種族意識仍然強烈的二十世紀早期，卡弗對農業科學的貢獻跨越了種族藩籬，受到當時白人主流社會普遍的推崇與重視。

4　弗雷德里克．道格拉斯是十九世紀美國著名的黑人政治家、社會改革者，也是廢除奴隸制度的代表人物之一；他在逃脫奴隸身分之後成為著名的演說家及作家，並於一八八九年被派往海地時成為美國第一位黑人外交使節。

5　馬丁．路德．金恩博士是美國黑人民權運動領袖之一，以非暴力的方式表達訴求，多次領導遊行爭取投票權、廢除種族隔離，以及改善勞工權益等平權運動，並於一九六四年獲得諾貝爾和平獎。

6　羅莎．帕克斯是美國黑人民權運動領袖之一，一九五五年因拒絕在公車上讓出座位給白人乘客而被逮捕，後續引發一連串的黑人社區對公車系統的抵制，最後法院判定阿拉巴馬州公車系統的種族隔離規定違憲。

年白人對黑人孩子說這樣的話，很容易就會讓人覺得有種居高臨下的優越感，但哈布斯教練從來都不曾給我這樣的感覺，他反而讓我覺得他是在鼓勵我、督促我；他常常給我們各種不同領域的書，而我在讀完之後就會回去問他問題，但他教導我最多的就是關於傑基・羅賓森的事。我相信貝比・魯斯（Babe Ruth）、泰・柯布（Ty Cobb）都是很棒很厲害的球員，但是在大聯盟一九四七年開放讓黑人打球之前，那些紀錄都不該算數。

哈布斯教練在多年以後告訴我說，當時他想建立起一種風氣，把「道德的纖維」灌注在他的球員們身上，他希望我們都能認識那些前輩球員，也能體會他們所經歷過的艱辛；但他也感覺到我很快就會要面對外面的那個世界，所以他是要我在各個方面都能做好準備。

有一件他特別鼓勵我們全隊的，就是要我們全心接受自己來自貧民區的這個身分；我們當然隱藏不了全隊都是黑人的事實，所以我們不會故意有什麼誇張的言行，但是如果有人要來挑釁的話，我們也絕對不會退縮，而這種挑釁還真不少。在高中二年級的時候，我們拿下了十六歲以下級別的全州冠軍，因此得到了去印第安納坡里斯（Indianapolis）參加全國大賽的機會；有一場比賽的對手來自邁阿密（Miami）戴德都會區（Metro Dade），全隊成員是由十四所不同高中的優秀球員所組成，而我們就只是一群在同一個社區打球的小鬼。每一場比賽開始前，我們全隊都會在中外野圍成一個圓圈，就像是狗狗在標記自己的地盤一樣，如果不是在自己主場比賽，大概看起來會讓人覺得太高調了些；那些來自戴德郡都會區的選手們看到我們這個樣子，就跑出來在我們外面圍了一圈，把我們包圍在裡面。我們有一兩位會說西班牙文的隊友告訴大家，說聽到這些邁阿密的選手在對我們說垃圾話，我們全隊當然立刻就激動了起來，教練們和工作人員一看到狀況不對，都立刻就衝了出來把我們兩邊分開。

比賽還是正常開打，但我們根本不是對手，他們隊上的好手比我們多，而我們就只能靠我投球來壓制他們，而我是不會退縮的；我們取得了領先，但是戴德郡都會區隊上最高大的傢伙立刻打了一支全壘打，那是我在這個層級被打出最毫無疑問的一支全壘打。投手教練看到我把帽子壓低，也看到我的鼻孔一張一合的，他想要叫暫停出來安撫我的情緒，但是哈布斯教練制止了投手教練，他想看看我在這樣高張力的劣勢情況下會怎麼應付。

我直接一球就砸在下一棒打者的爛耳朵上。

我們還是輸了，但其實比賽很接近，也許砸到那名打者有嚇到那些人，但那並不是我的初衷，那個年紀的我才不懂怎麼去策略性的威嚇對手，砸到那個人純粹只是因為我的憤怒而已；那時的我已經不能像十歲、十一歲，甚至十二歲時一樣，在投手丘上把帽沿壓下來哭，我必須要用別的方法來發洩我的情緒，於是我把被打全壘打的氣全都發在下一棒打者身上。後來我才學會怎麼在球場上把我的怒氣做更好的運用，譬如說用近身球嚇嚇打者，而不是直接拿球砸他們；但是如果要說到怎麼在球場外控制我的情緒，那就花了我更多更長的時間。

個子長得又高又壯在球場上帶給我很大的優勢，但是在其他地方卻會讓我被人誤解；我身高六尺五吋（約一百九十五公分）、體重兩百二十五磅（約一百零二公斤），每個人都覺得我一定像個成年人一樣充滿自信，但他們都忘了我其實才十四歲。我知道自己個子不小，但是剛進高中時我真的很緊張，馬賽爾．隆邁爾（Marcel Longmire）是我的保護傘，要是沒有他的話我真不知道該怎麼辦才好；他比我大兩歲，我十歲時就認識他了，那時我們在佛斯特木材隊（Foster Lumber）一起打少棒，直到現在。我管他媽媽叫珍妮阿姨，她和我媽在我們打少棒的時候就成了好朋友；馬賽爾學業成績很好，又是明星運動員，我進高中以後他很照顧我，總是在我最需要的時候讓我覺得安心。高中二年級的時候我加入美式足球校隊二軍，但是在球季快結束的時候被叫上了一軍當候補；我們的先發四分衛在第一場季後賽的第四節受了傷，於是我就被推上去帶領球隊了！我第一次帶隊進攻，就以一個角落長傳達陣得分，但是到了比賽尾聲，我們還是落後兩分，我們在第四次進攻的時候必須前進二十碼才能繼續，不然球季就要結束了；馬賽爾一定是從我眼神裡看出我的驚慌，於是在集合的時候他拉住了我頭盔上的橫槓對我吼道，「把球丟給我！什麼都別管，拿好球就後退，找到我以後就用力把球丟過來！」我想都沒想，拿到了球就使盡全力丟了出去，馬賽爾跳得高高的，用一隻手把球給撈了下來，讓我們順利拿到繼續進攻的機會，只是最後功虧一簣還是輸了那場比賽，但那次的經驗徹底改變了我，它讓我學會怎麼去當一個領導者，也讓我留下了深刻的印象。

高中二年級我成了瓦列霍高中籃球和棒球校隊的先發球員，隊長都是年紀比我大的學長，我也把他們當作榜樣，但是在高中時期，大家總會覺得個子最大、表現最好的球員就是球隊的領導者；我得到許多關注，但是我一直沒辦法說服自己成為一個領導者，那不是我想做的事。哈布斯教練總是對我耳提面命，要我學會當一個領導者，不停告訴我領導者的重要性，提醒我應該注意自己的言行舉止；對我來說，我覺得他大概只是想要說服我多跑幾圈，**去他的！我才不要當什麼領導者！**

然而很詭異的是，接連兩次在購物中心裡的經驗，讓我的想法開始有了改變。高中三年級那年我們籃球隊一起去了外地，有一天我們計畫要在練球之後去購物中心逛逛街；瓦列霍籃球校隊的維克．華勒斯（Vic Wallace）把我拉到了一旁，他對我說：「現在你就是這支球隊的老大了。」

我的直覺反應就是：「開什麼玩笑？我們隊上有喬伊、有史考特、有布蘭登，哪裡輪得到我？」

但是教練說：「你還沒搞懂，你已經是我們整個學校的領袖人物之一了。」

「不會吧！」我說。

教練很年輕，就跟我媽同樣年紀，他說：「你必須接受這個事實了，你的一舉一動都要注意，因為大家都會跟著你的榜樣，等等我們去逛街的時候你就可以看看有多少人會當你的跟屁蟲，要是你講話大聲點，要是你發神經像個小混混一樣胡鬧，你看看會有多少人跟你一樣。」於是我就照做了，我在購物中心裡像發了瘋似的又叫又鬧，很快的每個隊友都跟我一樣鬧起事來，我腦袋裡的開關就這樣打開了：**真的是這樣啊！他們真的都跟在我後面，就算我沒有要他們學我，他們還是會照著我的榜樣去做，所以我真的不能亂來，真的要注意自己！**

於是我開始注意自己的言行了，但是「到底應該怎麼做一個領導者」這個想法要一直到高中三年級的十二月才真正在我腦子裡生了根。我們籃球隊在聖誕節期間到加州洛戴（Lodi）去比賽，而且打進了冠軍賽，在冠軍賽前我們有一點休閒時間，於是華勒斯教練決定帶我們去附近逛街；那時候瓦列霍高中的吉祥物是阿帕契人[7]，所以我們在逛街的時候都穿著我們大紅色的全套熱身運動衣，結果一下子我們就被一整群穿著藍色系衣服的幫派份子給包圍住了，他們是瘸幫（Crips）[8]。髒話和叫罵很快就激烈起來，華勒斯教練大喊著要我們趕緊離開購物中心，但我們就是一群被腎上腺素衝上腦的青少年男孩，根本沒人理會教練在喊些什麼；我注意到教練臉色越來越焦慮，我的腦袋突然就像被敲了一下，「我們不是來這裡鬧事的！」我對著我的隊友們大喊，「再不離開這裡，我們晚上就別想打比賽了！」一下子大家馬上就冷靜了下來，最少我們瓦列霍的人是這樣，我們馬上就離開了現場。

那種感覺挺不錯的，但我還是不太確定自己身為領導者的角色。很久以前我就知道只要站上球場，我一定是全隊最厲害的那一個，我要成為最好的，要闖出一番事業；我對這件事充滿了信心，甚至到了自以為是、臭屁的地步，**我才不要只是和大家一樣**。但是一離開球場，我就不想特別被人注意，我想要和大家打成一片，和大家一起廝混，沒有誰比誰好；我從小就身處在這種緊綁的矛盾中，一直都沒辦法擺脫，後來等到我開始賺錢，這些事就又變得更加複雜。

我在瓦列霍高中棒球隊、美式足球隊，和籃球隊上學到的生活技能比我在教室中學到的還多，學校的課程有時候很有趣，但我知道我的未來在球場上；我的高中老師們也都知道，他們有些甚至故意找我麻煩，大概是想要向其他學生證明我就是一個不唸書的蠢運動員。有一年我們的英文期末考考的是《蒼蠅王》這本書，我在課堂討論的時候一直打混，完全沒有參加，因為這本書的電影版我早就看過一千遍了；我知道我一定可以考得很好，而且果然如此，當考卷發回來的時候我拿了一百分，但是老師卻給了我一個F把我當掉了！他說我一定是作弊，因為他從來沒看我打開過那本書，所以絕對不可能考那麼高分，囉哩囉嗦的說了一大堆。

好，我承認他說我沒打開書，那是真的，但是有必要嗎？電影我看了那麼多遍，故事早就熟得不能再熟了。體育主任聽說我拿了個F被當掉，就把我和英文老師都找來開會，他直接對英文老師說：「如果C.C.在你那堂爛課的成績沒有拿到B或更好，你就給我滾出去。」從那一刻起我就知道，我的高中生活將會過得非常輕鬆，英文老師是唯一一個找過我麻煩的人，不過千萬別誤

7　阿帕契人是美國西南方數個原住民部族的總稱。

8　瘸幫是美國最惡名昭彰的幫派之一，於一九六〇年代成立於洛杉磯，並以南加州海岸區為主要根據地，成員一律以藍色作為代表色。

會，我知道讀書很重要，我也很認真上課，成績並不差，但是我們得實際點，運動員在學校就是有一套不同的規則；沒錯，我們有一些普通人沒有的捷徑，但是少來跟我說教，特別是像我們這些黑人運動員，我們從來就沒有得到過足夠的資源，也不會有和一般人一樣平等的機會，所以別用那些一般人的標準來要求我。我是一個黑人，我在一個絕大多數時候都被當權者視而不見的社區裡長大，所以那些所謂的「標準」對我來說都只是不公平的偏見；有錢人從小就可以選擇比較好的學校，白人一般來說都會特別得到老師的耐心和體諒，甚至測驗試題也都偏向白人的文化和經歷。我當然知道充實的教育對我有多重要，但是運動成績卻是我掙脫這個環境最好的方式，所以我把絕大部分的精力全都投注在運動上，因為我很早就已經知道，這個社會系統對我的認知就是這樣。

我在高中一年級的時候第一次注意到有球探拿著雷達測速槍對準我，到二年級的時候每次我上場投球就會有大概四、五位球探在場；同樣的這幾位球探也會在冬天的籃球季出現在球場，就和大學籃球隊的球探們坐在一起，秋天時則是第一級大學的美式足球球探們。一開始我覺得蠻酷的，但是很快我就學會不去注意他們，因為我最重視的還是當下的比賽，我知道只要我一直都有好表現，後面該發生的事就讓它們順其自然就好。

然而有時候真的很難不去注意到他們，而且這些關注反而會讓我更興奮，在高中最後一年時就是這樣，我們去沙加緬度（Sacramento）附近的伍德蘭（Woodland）比賽，他們隊上也有一位頂級的球員，他是一位左打的外野手，名字叫做湯尼・托卡多（Tony Torcato）。比賽開始前我走去牛棚準備熱身，一路上大概有三十個球探跟著我，那時籃球季才剛剛結束，我還沒有完全進入棒球的最佳狀態，所以哈布斯教練對我很小心，把比賽的投球數量限制在四十五球；第一局我三振了前兩棒打者，然後托卡多打了一個軟趴趴的滾地球，從一、二壘之間穿越出去變成安打，解除危機之後我很輕鬆的一直投到第三局，就投滿四十五球了。哈布斯教練走上投手丘來，但我把球藏在背後，我跟他說，「教練，讓我再跟湯尼對決一次，拜託啦！讓我再投下去。」教練搖了搖頭，但是轉身離開讓我繼續留在比賽裡，我用了四球就把托卡多三振出局，然後就自己走回了休息區。

在瓦列霍成長的艱困環境，給了我足夠的淬鍊讓我可以離開瓦列霍；我們都知道在瓦列霍這個地方，特別是我們那個社區成長的黑人孩子，是不會得到第二次機會的，任何事情對我們來說都是充滿壓力的人生賭注。即使在我們應該充滿歡樂的成長過程中，我們都知道自己隨時都有可能跌落谷底；有天晚上我們開車回家，才剛剛轉上聖賢街（Sage Street），距離家門大概只剩下六個路口，我們就毫無理由的被警車給攔了下來。從小我媽就告訴我面對警察的時候一定要非常非常小心，特別是在車上的時候，但就因為黑人的身分，就算我們全部都規規矩矩的來，還是很有可能隨時惹上大麻煩；警察走過來叫我把窗戶搖下來，但是我的車窗是壞的，必須要用一支筆插著才能轉動窗把，我才彎下身想要撿筆，就發現自己犯了大錯，一下子一把槍就抵在了我的頭上，而我的臉已經被緊緊壓在地面。

這種生活環境的壓力也展現在我的球風上，我並不是個明星球員，一場比賽大概平均得個八分左右，但是籃板我可以搶十幾個；我對球隊最大的貢獻就是噴垃圾話，進而把全隊的氣勢都帶起來，我就是九〇年代後期瓦列霍阿帕契人隊的卓雷蒙·格林（Draymond Green）[9]。**對我們揮拳？什麼意思？沒人可以對我們揮拳，想都別想，我們是最強的瓦列霍！**有一次我們在沙加緬度國王隊（Sacramento Kings）的亞可球場（Arco Arena）[10]和耶穌會高中比賽，比賽打得非常激烈，我撲到地上去搶球，剛好和對方一位球員爭執不下，於是裁判吹哨要我們跳球決定；從地板上站起身的時候我動作比較快，邊噴垃圾話邊踢了他一腳，除了裁判之外的每個人都看在眼裡，耶穌會的球迷氣死了，噓聲四起的大聲喊著說：「幹掉那渾小子！把他趕出比賽！」我只是笑一笑就走向板凳。當時的我並不懂，我在球場上爆發的情緒並不單純只是我的好勝心而已；我在球場上可以把自己的情緒掌握得很好，該爆發的時候就爆發，而且還被大家鼓勵去善用這些能量，但是在人生其它的領域就不是這樣了，我只能把我的情緒隱藏起來，或是用喝酒來麻痺這些情緒。

當然，我們贏了對耶穌會的那場比賽，在我高中的最後兩年，我們總共只輸了六場比賽，有幾次我還控制住自己，讓自己不要太激動；像是對奧克蘭高中的那場比賽，我們真的是把他們打爆了，結果我在界外發球的時候，有位防守我的球員忍不住跟我說，「你們控制一下，得分不要太誇張，不然你們的巴士今天晚上會開不出這裡，」於是那晚我不得不閉嘴。

那些世仇和對戰並不僅止於體育館裡而已，在我住的巔峰社區，我們一直和瓦列霍市南區一個叫做山腳邊（Hillside）的社區合不來；沒人知道為什麼或是怎麼開始的，反正我們巔峰就是不跟他們山腳邊打交道。每個社區都有各種幫派，巔峰社區的老一輩是歡樂屋幫（Romper Room Gang），年輕一點的是芝麻街幫（Sesame Street），簡稱小麻（Ses），還有一個叫小玩家（Young Players）的幫派，大家就直接叫他們YP；這些幫派幹的都是最典型的幫派爛事，搶劫、偷竊、販毒等等，大部分都是不痛不癢的小罪，只有歡樂屋幫的人最兇，他們還搶銀行。電視節目**〈未解之謎〉**（*Unsolved Mysteries*）做了一段節目專門介紹他們，說歡樂屋被懷疑至少搶劫過二十九間披薩店；黑人娛樂電視臺（Black Entertainment Television, BET）的紀錄片節目**〈美國幫派紀實〉**（*American Gangster*）說饒舌歌手麥克．德瑞（Mac Dre）也是歡樂屋的成員，這我不確定，但我們以前都是同一個學校的，我可以理解人生的種種抉擇很可能就把人帶往了不同的地方。

---

9 卓雷蒙．格林為美國職籃NBA著名球星，以強悍的防守能力著稱，曾獲選為二〇一七年球季年度最佳防守球員，並四度入選明星賽，他擅長以犀利言詞刺激對手情緒，是金洲勇士隊（Golden State Warriors）四度奪得總冠軍的一大功臣。

10 亞可球場位於加州沙加緬度市（Sacramento），一九八八年至二〇一六年間為美國職籃NBA沙加緬度國王隊的主場。

我高中二年級的時候，哈布斯教練還沒把瓦列霍中學的球場給蓋好，我們的主場比賽都是在丹佛利公園（Dan Foley Park）進行，大概距離我們學校兩英里；有一天我和一位學長一起開車去球場，我們沿著校園後面阿默多街（Amador Street）的斜坡開過去，然後我發現有一輛車在我們背後跟著，越跟越近，非常近。學長也看到了，但是他只是把音樂轉得更大聲，也不管後面那輛車，那輛車就這樣一直跟著不肯走；我們開的是一輛卡特拉斯（Cutlass）[11]，前座是沒有分隔的長沙發型座椅，當車子開到斜坡頂的時候，學長把車子停了下來對我說，「C，你過來開車。」然後他伸手到前座椅子底下，掏出一把我這輩子見過最大的槍，他下車對著另一輛車的那些人走過去惡狠狠的說，「他媽的是想怎樣？」他穿著全套棒球衣，手上拿著那把特大號手槍，而我就他媽的坐在駕駛座上，如果他開槍打了那幾個傢伙，我就得一起進監獄了，但我沒在怕的；**該發生的就是該發生，該做的事就得做**，這就是我們的社區，宿命論就是這樣貼在我們身上，像另一層皮膚似的。學長跳回車廂，就像什麼事都沒發生過似的，我們就這樣開去比賽，超酷；我從沒跟任何人說過這件事，但說起我所遇到過隨時可能顛覆我人生的關鍵時刻，這絕對不是僅有的一次。

高中那四年我們球隊表現得非常棒，打美式足球時我是防守邊鋒（Defensive End）、邊鋒（Tight End），甚至偶爾還客串當四分衛（Quarterback）。我們連續兩年都打進分區季後賽；籃球我們就更厲害了，在我高中最後一年，我們打進北加州冠軍賽，三位隊友畢業之後還進了第一級的大學校隊。我被公認會在職業棒球選秀的第一輪就被選走，但我最大的困擾，如果有的話，就是我其實不知道自己想要什麼；我自己知道要打進NBA的機率不大，但我真的很愛籃球，我也熱愛美式足球的暴烈，可是我在棒球界可以找到光明的未來。在三年級那年的十月，我聚精會神地看著由勇士隊出戰洋基隊的世界大賽，十九歲安德魯．瓊斯（Andruw Jones）在他的前兩次打擊都擊出全壘打，那時我心裡就想著，**天啊！那就是我，我也要在二十歲之前就站上大聯盟！**那時我就決定我要打職業棒球；但到了四年級畢業前夕，我還是慎重考慮著是否要接受夏威夷大學的獎學金（University of Hawaii），因為他們同意要讓我加入美式足球和棒球校隊，而不是像其他學校一樣要我專精在棒球上，或是早早進入小聯盟認真只打職棒。

我有聽不完的意見和各種建議，但卻一直沒能聽到我爸的聲音，在他和我媽分開之後，他搬進外婆家住了幾個月，然後就搬到舊金山去了；我爸在那裏有一個哥哥，大家都叫他嬉皮喬伊，因為他有著一頭又長又捲的頭髮，就是標準六〇年代的黑人蓬蓬頭。我的大伯嬉皮喬伊很酷，我還在初中的那些年，我爸常常會回來我們社區裡的一些派對聚會；但是海軍從一九九三年開始關閉瓦列霍的基地，到一九九六年把梅爾島海軍造船廠這個瓦列霍最大的工作機會全給關了，一下子好多原本會來球場看比賽的爸爸們也全都跟著消失不見。我爸「消失」的時候我差不多十五

11 卡特拉斯是美國通用汽車（General Motors）旗下車商奧茲摩比（Oldsmobile）所生產的一款車型，也被翻譯成「短劍」。

歲，他在瓦列霍南邊的康科德海軍武器場（Concord Naval Weapons Station）找到了新工作，然後就慢慢淡出了我的生活圈，沒人知道為什麼，我也試著不去想太多；我媽會和他通電話，讓他知道我過得怎麼樣，但他再也不來看我了，我不懂為什麼。我總會在高中棒球比賽的時候看看他有沒有在看臺上，如果沒看到他，我就會在賽後問我媽，「我爸有來嗎？」她總是說「沒有，今晚沒來，但下次他會來。」有一次我媽跟我說到她送我去美式足球練習的時候，看到周圍都是其他球員的爸爸，她想到我沒能擁有那樣的關愛，忍不住就在離開的路上淚流滿面。

在我高中那幾年，我爸常常幾個月也不來一個電話，回到瓦列霍的次數更少，但他總會突然出現；有一次他帶我去舊金山看太陽馬戲團（Cirque du Soleil），真的很開心，另一次就沒那麼有趣了。每個學年尾聲的年度舞會前，學校都會有許多活動，其中一個活動就是全校會去六旗樂園（Six Flags）玩；三年級那年裘瑪和我換好衣服準備要從外婆家出發去六旗樂園的時候，我爸突然出現在家裡，而且還命令我們把草坪整理好。「我要好好教教你，」他說，「男人就該知道怎麼做好這些家裡的事。」我不敢相信，但我們還是一起走出門外，我的外婆跟了出來，直接對著我爸說，「西西什麼都不必做，我才不管你說什麼，西西不用剪前院的草，他只要好好打棒球就好。」於是裘瑪和我就出發去六旗樂園了。

那幾年我不知道我爸到底住在哪裡，也不知道他到底怎麼養活自己，他開過一陣子卡車，很多年以後我媽還告訴我他賣過大麻，但他從未放棄過我，也努力嘗試著要幫忙，但他幫忙的方式卻常常讓人一頭霧水；譬如說他會突然打電話給我媽，要她立刻出門和他見面，有時是在附近的小店，有時他甚至就把車子停在馬路邊，但他總是要我媽別帶我去。我媽會去見他，他會給我媽一些錢，問問我的狀況，然後又消失不見；我媽說他非常小心隱藏所有和他有關的線索不讓我們知道，她說我爸不想讓他兒子聽到關於他不好的事，我當然想念他，但老實說我已經不太在意他從我生命中缺席了。

除此之外，那時我已經是青少年了，我有太多更有趣的事情可以做；我算是蠻乖的，但有時候我也會搞搞鬼；那時我媽在崔佛斯空軍基地（Travis Air Force Base）當夜班總機，有一次大概是我十五、六歲的時候，我在她剛開車出門上班時就打了電話去基地留話，說能不能請她到了打個電話回家，我只想確定她有安全抵達。我媽一到公司就立刻打了電話回家，從她的語氣中我知道她很開心我這麼關心她，但是大概五、六年以後她才知道，當時我打電話過去真正的目的，是因為我想和朋友在家裡開個派對，所以要確定她有開始當班而已；「你這小子真的太混蛋了，」事隔多年我媽總是這樣罵我，「那種假關心真的是太冷血了！」當然現在這就只是我們之間的玩笑話而已。

我第一次喝酒是十四歲的時候，我住在裘瑪家，我們不知道從哪裡弄來了一瓶琴酒，就一起溜出去到公園，然後把它整瓶乾了；我喜歡酒帶給我的那種感覺，它讓我放鬆，也不再因為人們對我的看法而感到那麼焦慮，我也更能和人閒聊互動了，於是我開始喝酒，偷偷的不讓人知道。

我沒辦法說我平均大概喝多少，我只知道真的很多，而且一開始就是這樣；有一陣子裘瑪幾乎像是住在我家一樣，我們在我房間衣櫥裡藏了一大瓶的嘉樂時（Carlo Rossi）葡萄酒，就用一大團衣服蓋在底下。記得我說外婆總是替我整理房間、鋪床、洗衣服嗎？有一天她在我上學的時候打掃我房間，結果就翻出了那瓶嘉樂時交給我媽；我媽把那瓶酒放在客廳桌上，然後就坐在旁邊等我們回家，我們一進門她就對著裘瑪說，「我知道這東西一定是你的，因為西西才不會幹這種事。」我一句話都沒說。

朋友之間總是有辦不完的派對可以去，我那時已經小有名氣，但我很內向，所以總是站在邊上而且從不跳舞，但是高三那年的一個晚上改變了我的一生；我記得那是在我籃球隊隊友布萊恩．道格拉斯（Brian Douglas）的家，我十一年級的時候，那晚不停有女孩子來找我跳舞，我只能不停拒絕她們，只有一個女孩引起了我的注意。她是唯一一個沒有來找我說話的，她和朋友們坐在沙發上，個子很修長，有著一頭淺褐色的秀髮，她的眼神和笑容有一種神奇的魔力，可以穿越屋子裡吵雜的音樂和所有的人，我們坐著聊天幾乎聊了一整個晚上；她家住在瓦列霍南區，所以在高中之前我們念的學校都不一樣；她比我小一歲，但是她的哥哥喬伊是大我一年的學長，而且我才剛剛從他手中把瓦列霍中學籃球校隊先發球員的位置給搶走！從一開始我就感受到安柏．卡特（Amber Carter）的聰慧、幽默、和優秀，她不只是一個有遠大夢想的女孩，而是她早已把人生都計畫好了，她要先進大學，然後目標是當高中校長；以那時我們學校的女生來說，你不會太常聽到有人說這樣的話，我當下就知道我們的個性是完全相反的，而且到現在還是這樣。安柏可以走進任何場合跟任何人聊起天來，而我只想面對越少人越好；我很想說當時我立刻就知道我們是天生一對，但那時我才十六歲，而且已經有了一個可以算是女朋友的對象；安柏就不一樣了，她那天晚上回家就向她哥哥打聽我，「你認識西西嗎？」

「認識啊，怎麼了？」喬伊說。

「他會是你的妹夫。」那時安柏是這樣回答他的。

她一點都沒說錯，而且我超愛她居然可以從一開始就那麼肯定，但我更愛喬伊當時的回答。

「我的天啊！你有看過西西裸體嗎？他把衣服脫下來的時候，有一身嚇死人的胸毛！」

還好這件事沒有把安柏嚇跑，但也許那是因為她早就知道後面還有更多更嚴重的試煉在等待著她。

第四章 我準備好了

那是我高中最後一年的冬天，但是我想放棄一切。在外人眼中我的前途一片光明，每個人都說接下來我唯一的困擾，就是要決定該接受一份大學獎學金，還是和職業球隊簽約開始賺錢，但沒人知道就在二月的某一天，這一切對我來說都不重要了。

我媽生我養我，但絕大多數的時候我們感覺更像是姊弟，她常常都要上大夜班，所以大概從我八歲開始，外婆才是那個每天照顧我的人；外婆個性溫暖、充滿活力，而且總是笑呵呵的，既樂觀又堅強。五年級的時候我因為肺炎而必須住院，我的狀況非常不好，必須接受腰椎穿刺；母親無法忍受看到我受苦，於是是由外婆在病房裡陪著我，讓他們為我進行治療。

外婆的愛無遠弗屆，不管家裡任何人需要幫助，她總是毫無保留的盡自己力量幫忙，但她對我的愛有時卻很有趣；外婆從來不會錯過我的比賽，不管是棒球、美式足球還是籃球，而且她比賽時眼中只有我，其他人完全都不存在。外婆會坐在瓦列霍中學籃球比賽觀眾席的第一排，離我們球員席的距離大概只有三個位子，而且整晚都把眼光鎖定在我身上；當選手有精彩表現的時候觀眾總會互相問說「你看到了嗎」，而外婆總是搖搖頭，因為她的眼裡只有我。有一次在一場美式足球比賽，我的隊友因為受傷而必須被用擔架抬出球場，我媽因為正在洗手間而錯過了整件事；後來她問外婆說剛剛發生了什麼事，外婆的反應是聳了聳肩，「我沒注意，」外婆說，「反正又不是西西在擔架上。」有一次我想去海洋世界打工，立刻就遭到外婆的制止，她說「你沒時間浪費在那種事上，你的重心應該是棒球。」

我想要有一番大成就，想要成為一個成功闖出瓦列霍、而且闖出一番大事業的人，但是我的另一個動力來源就是我想要帶著外婆一起搬出貧民區；她這一生經歷了太多、也為我們這個家庭付出了太多，她應該要被帶去一個平靜美好的好地方安享晚年，再也不必擔心那些付不完的帳單和飛天的子彈。我永遠都不會忘記我是在外婆家的後院開始丟球的，那時我好像只有五歲，我撿起了一棵樹上掉下來的葡萄柚，然後用力往大概十呎外的一張椅子丟了過去，一球就把椅子給砸翻了。

高三結束那年我被選入全聯盟明星隊，棒球和籃球都是，我距離要實現把外婆帶出巔峰社區的夢想越來越近了；最明顯的證據就是有越來越多的陌生人開始出現在丹寧格街的外婆家，在那之前，這個地方是大學教練們在天黑之後根本就不敢來的。

一開始都很好，ＵＣＬＡ[1]**的教練來了！亞利桑那州立大學的教練來了！辛辛那提紅人隊的**

球探！克里夫蘭印地安人隊的球探！巨人隊也來了！連史考特・波拉斯[2]（Scott Boras）都來了！

但很快的我就受不了這種緊迫盯人的關注，因為從我高三結束開始，一直到一年之後我高中畢業被職棒球隊選中，這段期間不管白天晚上，總是會有大學招生代表、運動經紀人，或是職棒球探到我們家裡來，每天都是這樣；我記得是美式足球球季進行中、大概是聖誕節前，我終於跟我媽說，「媽，你選吧！我不在乎了，我他媽懶得管是什麼學校、還是哪支球隊選到我，誰要當我的經紀人都沒關係，我受夠了。」太多無聊的問題，太多無意義的推銷了，太多不值得信任的人，這一切全都是未知數。

真正讓人擔心的是外婆的健康狀況，十月時她剛滿七十歲，身體健康的不得了，但是就在聖誕節來臨時，她在一次和教會朋友們出遊的時候中風了；外婆很強健，她是那種每星期有四天上教堂，但仍會對你破口大罵的人，所以她硬撐了五天都不願意去看醫生。那次中風對外婆影響很大，她的右半身有部分麻痺，而且她一直沒有接受完整的復健治療，她是堅持到聖誕節之後，因為實在太嚴重了，才終於同意去醫院的；後來每天籃球隊練習之後我就會去看她，一直陪她到晚

1　University of California, Los Angeles，加州大學洛杉磯分校。

2　波拉斯是著名的運動經紀人，主要專精於職業棒球，自二〇一三年起即被富比士（Forbes）評選為「全世界最具有影響力的運動經紀人」。

上十一點甚至半夜，我們一起看美式足球的超級盃，看丹佛爆冷門擊敗了綠灣，那是約翰．艾爾威（John Elway）[3]的第一個冠軍。雖然我們身處醫院，但那些日子是我最美好的回憶之一，就我和外婆兩個人共處一室，鬼扯瞎聊一下子就是好幾個小時。

沒有多久外婆就感染上了肺炎，病況嚴重到醫院不得不放棄治療請她回家；後來她幾乎都被困在床上，看著她每天越來越衰弱而我卻無能為力，那是我第一次感受到心碎的痛苦。

外婆有一個小鈴鐺，晚上只要一聽到鈴鐺聲，我和妮西阿姨就會去幫她換尿布，一月三十一日晚上外婆特別不舒服，幾乎每隔一個小時就會搖鈴鐺；到了早上我沖澡的時候，我突然聽到阿姨大叫「快打九一一！」外婆的呼吸突然停了，救護車來把她接走時她的雙眼已經閉上，他們帶著外婆去醫院，但我知道她已經離開我們了。

那天我照常去學校，晚上還有一場籃球比賽，我照常上場比賽，但對周圍的一切都無動於衷，我被人一個拐子打在臉上，鮮血滿嘴滿身都是，但自己一點感覺都沒有；我對外婆的喪禮沒什麼印象，只記得那是我這輩子最痛苦的一天，我想放棄一切，籃球、棒球、學業，全都不要了，外婆是我認真努力的唯一理由，而現在這所有的一切都已經隨她而去。幾天之後我告訴我媽，說我什麼都不在意了，我們就坐在客廳裡，周圍全是外婆的照片，但外婆已經不在，房子就像是個空洞一樣；我們聊了好久，最後母親跟我說：「不然這樣好了，不管你以後想做什麼，不管是完成高中學業、進大學讀書，還是直接參加選秀，你都把之後的一切當作是為了外婆而做，每天全力以赴，讓外婆可以以你為榮。」

在剩下的籃球球季裡，我的腿比我的心還沉重，但母親的話在我腦子裡落下了印記，鞭策著我繼續往前走，我們那年的戰績是三十二勝二敗，第二敗是在全州季後賽的分區冠軍賽中敗給對手，也結束了我們的球季；賽後在休息室裡我們全隊哭成一團，但我臉上卻帶著微笑，因為我知道我們已經盡了全力，而外婆一定會以我們為榮，對我來說和失去外婆相比，輸掉這場比賽根本不算什麼。

外婆的過世改變了我的人生，原本我覺得去念大學會是一件有趣的事，但我們沒錢，我的家庭無法承擔讓我去念大學的那些開支，就算是拿到全額獎學金也一樣；過去幾年外婆的社會安全保險金（Social Security）[4]是我們全家重要的收入來源，外婆過世之後就不會再有，要是我去UCLA或是去夏威夷讀大學，然後受了傷不能打球的話要怎麼辦？於是「去讀大學」變成只是我和職業球隊談合約時的談判工具，打球比賽都很好玩，但是現在我必須替家人賺錢了，我一定要和球隊簽下合約才行，因為要是我不能在棒球場上功成名就，我就得去找一份工作，這就是人

3　艾爾威是美國NFL職業美式足球史上著名的四分衛之一，職業生涯十六年都在丹佛野馬隊（Denver Broncos）度過；他曾兩度率領野馬隊拿下超級盃冠軍，並九度入選全聯盟明星隊。

4　社會安全保險金是美國聯邦政府的退休福利政策，主要發放給有過工作經驗的退休納稅人、年長者，及符合規定的殘疾人士等等。

生的現實面，我一點都不覺得有什麼不公平；我的想法很簡單，**如果要有人撐起這個家，那就讓我來好了，現在最適合扛起這個責任的人就是我**，這點壓力我承受得住，我是個成年人了，最少那時的我是這樣想的。

到了六月，美國職棒大聯盟的選秀日一天比一天接近，我的朋友和家人們也越來越興奮，他們都在猜到底是哪一隊會選上我；各種各樣的猜測都有，因為有的球隊想要選我當野手，其他的則會選我當投手。我唯一的條件就是希望能在西岸，因為那是我熟悉的地方，而且我熱愛這裡溫暖的氣候；巨人隊似乎對我特別有興趣，我曾經參加過一支由他們贊助的高中明星賽球隊，而且他們在選秀的第一輪就有三次選擇球員的籤位，如果我能在距離家鄉一小時左右的舊金山打球，那就太酷了。

後來我聽說有些球隊把對我的評價降級了，因為他們認為從瓦列霍這種貧民區出來的球員可能比較不受控，所以也不太願意服從教練，球團不想冒險把前段的選秀籤位用在這樣的球員身上，對我來說這就是毫無事實根據的種族歧視；另一個對我的歧見就是我似乎不能控制自己的情緒，雖然這對一個十七歲的孩子來說未免也太不公平，也讓我感到受傷，但我可以理解球探為什麼會這樣想。在我高中的最後一年，我的情緒管理是完全失控的，球探們對我的成長過程完全不了解，而且就算我在球場上對著裁判或是對手大吼大叫，其實我心中對自己更加嚴苛；每天晚上我躺在床上盯著天花板，心裡就不停問著自己：**我到底會被哪一隊選走？我能有好的成就嗎？我**

做的決定正確嗎？但是說到底，其實早就沒什麼可以考慮的了。

到了選秀那一天，我不想待在家裡和親友們一起等球團電話來通知我選秀的結果，所以我一大早就去了學校；那大概是我這輩子僅有的幾次自己迫不及待的上學去，但即使是躲到學校去，我還是一樣緊張，也沒能避開有人趁機開我玩笑。選秀前有一則突然興起的謠言就是辛辛那提打算要用第七個選秀順位選我，所以我的好朋友大衛．柏恩斯汀在歷史課時突然就回頭跟我說，「嘿，兄弟，第七順位，紅人隊！」我的心跳突然加快了一下，但大衛只是對著我笑，他根本什麼都不知道，只是瞎說的而已。

我媽就待在家裡，透過網路來注意選秀的狀況，別忘了那是一九九八年，所以上網還是用電話撥接連線的；有好幾位比我先選走的球員後來都成為很棒的大聯盟球員，像是派特．波若（**Pat Burrell**）、馬克．穆爾德（**Mark Mulder**），**J**．**D**．德魯（**J. D. Drew**）、卡洛斯．佩尼亞（**Carlos Peña**）、傑夫．威佛（**Jeff Weaver**）、布萊德．李吉（**Brad Lidge**）等等，但是我以為會選擇我的球隊卻都沒有選我，紅人隊選了奧斯汀．克恩斯（**Austin Kearns**）、海盜隊選了范德堡大學（**Vanderbilt**）一位叫做克林特．強斯頓（**Clint Johnston**）的左投手、巨人隊把第十九籤用來選了……湯尼．托卡多（**Tony Torcato**），就是那個我對決過數不清多次，而且在伍德蘭（**Woodland**）的那場比賽也被我三振過的外野手！後來當我知道這件事的時候，我真的氣瘋了，巨人隊的理由是他們會用同樣第一輪的下一個籤位選我，但我說實話，被自己家鄉的球隊忽略真的讓我很不爽，**我明明就在這，我是全加州最棒的球員！你們他媽的在搞甚麼鬼？你們到底對我有什麼不滿？**我就像被重重打了一巴掌一樣，那是一種羞辱。

後來是在早上第三節課、美術課的時候，學校透過廣播向全校宣布了這個消息：「恭喜C.C.沙巴西亞剛剛在第一輪選秀中被克里夫蘭印地安人隊選中。」我們班上的同學都為我鼓掌，感覺蠻不錯的，我們等這一天等了好久，現在它終於降臨了。

高中最後一年球季我的投球成績是六勝〇敗，防禦率只有〇・七七，而且我平均每一局都三振掉兩位打者，幾乎沒人能打到我的球；後來到了在史塔克頓（Stockton）的分區冠軍賽，我連續封鎖了對手四局，但是在第五局一開始就連續投出兩次保送，我的腦子裡又開始有了亂七八糟的念頭：**我是不是根本就沒有大家說的那麼好？**還好我馬上把自己拉了回來，一下子拿到兩個出局數，但是下一球就砸到了打者身上，被對方攻佔成了滿壘，我的什麼沉著穩定全都被打到九霄雲外去了；這原本應該是個最精采的結局，由我這個大明星領導球隊贏得高中生涯的最後一場比賽，結果下一球是個暴投，球一直滾到本壘後方的牆邊，對方一口氣得了兩分。這一局還沒結束，下一個打者打擊時一壘的跑者開始往二壘盜壘，我完全忘了三壘還有跑者，結果又被對方輕鬆回到本壘得分；然後是一支中右外野方向深遠的三壘安打，一棒送回了第五分，最後我們就以五比三輸了比賽。比賽結束後我坐在板凳上狠狠哭了好久，「什麼都沒有了，」我對記者說。

畢業舞會之後我們全都應該要去六旗樂園玩，那是學校的傳統，然後大家會去奧克蘭的派對續攤，最後在旅館睡一晚再回家，我超級期待的；但是就在畢業舞會前一天，我爸突然又出現在外婆家，要我在畢業舞會的第二天一早去參加一個測試，因為有兩位來自克里夫蘭的教練想看看。

「去吃屎吧！我才不可能從奧克蘭趕回來！」我告訴他說。

我們爭執不下，我非常憤怒，選秀都結束了還要測試什麼？我受夠了，再也不想理那些和選秀有關的事，我只想好好享受我高中生涯的最後一個晚上。

「你今晚就要回來，好好準備明天和這些人見面！」我爸堅持。

最後我還是聽話了，因為那兩位是印地安人隊派來的體能教練和球探督察，我們一起去了公園，他們要我脫下上衣，然後做了一些愚蠢的測試，就像是個單人的美式足球體能測試一樣；他們還給了我一份選擇題的考卷，我根本連題目都懶得看，只是用最快的速度隨便亂勾了一些答案就把考卷退了回去，如果他們對我成為職業球員的能力還有任何懷疑的話，那他們到底選我幹嘛？這件事我到現在想起來都還覺得生氣。

那時的我已經筋疲力盡，特別是在心理上更加嚴重，從外婆過世、到職棒選秀、一直到高中學期的結束，我感覺整個人就像被掏空了一樣；我知道在選秀第一輪被選走是一件很了不起的事，但我還是覺得很空虛，因為外婆已經不在了，我無法和她分享這一切。從那時開始我的人生就陷入了這樣的迴旋裡，不管我有再大再好的成就，總覺得隨之而來的就是相對等的、甚至更糟的失敗和打擊。

選秀和畢業典禮之後的那幾個星期我就像陷入一陣迷霧之中一樣，緊跟在外婆過世的傷痛之後，是選秀第一輪被選走的狂喜，但我無法在這些強烈的情緒衝突之間調適自己，只能把它們全都推開；我和高中好友們一起慶祝，但卻又對自己的未來緊張無比，我們一起挑了一位經紀人，但大概只是因為他曾經送給我一套新西裝，他代表我去和印地安人隊談合約，整整拖了一個月卻毫無進展，我當然想要有一份大合約，但這樣拖下去也不是辦法。

有天早上我媽從大夜班下班回家，我站在玄關等她，一手帶著我的手套，另一手拿著一顆棒球，「媽，我準備好了，」我對她說。

我們坐在母親的床上一起撥了電話去克里夫蘭，直接和印地安人隊的總經理約翰．哈特（John Hart）通話；我媽向對方要求一百五十萬美金的簽約金，但哈特只願意給一百三十萬，母親用手摀住話筒，悄聲向我覆述了那個數字，我點了點頭，一句話都沒說。

「我們接受，」母親就這樣回覆哈特。

我們掛上電話，然後緊緊抱在一起大叫，那是歡呼，更是解脫。

另一個未解的難題就是進入職棒之後我到底要選擇哪一個身分？即使是在選秀期間，如果你問我是不是一位投手，我很可能都會覺得你在胡說什麼，我只是剛好球投得特別好而已。我熱愛打擊，高中最後一年我的打擊率是五成八六，在對美熹德（Merced）的季後賽後段我們一度落後三分，我在滿壘的情況下上場打擊，而對方剛好也換上了新的後援投手，他曾經被我警告過千萬別投直球給我；我的表哥內森那時正站在欄杆邊，我走過去跟他拿了一把葵瓜子塞進嘴裡，因為我知道投手已經中了我的計，一定會投一個曲球來對付我，我跟內森說，「看好了，我會把這球打到外太空去，」結果第一球果然就是曲球，大滿貫，球被我一棒打到中外野牆外的樹林裡去了。

如果選我的是辛辛那提，我想我大概就會被當成是一位打者來培養，匹茲堡大概也會把我當成打者，我是真的很愛打擊；高中時有一次去外地比賽，我把球打飛出去撞到了右外野後面的燈柱，但是那些愚蠢的裁判因為在濃霧中看不清楚球飛出去的方向，於是只裁定那是一支三壘安打。舊金山認定了我是投手，但是克里夫蘭我就搞不清楚他們了，七月份在我簽約之後沒幾天，我打了電話給當時的副總經理馬克．夏培洛（Mark Shapiro），我直接問他「我到底會是一壘手還是投手？」馬克笑了，他叫我把球棒都留在家裡別帶去球隊；他說我會去印地安人隊新人層級的阿帕拉契聯盟（Appalachian League）報到，球隊位在北卡羅萊納州（North Carolina）的伯靈頓市（Burlington），我完全不知道那是哪裡，但我一點也不介意，因為我才十七歲，我要開始靠打棒球來賺錢養家了。

第五章　菜鳥

一九九八年時小聯盟的週薪是兩百元美金，我大概把一百七十五元都花在電話卡上。

我曾經離開過瓦列霍去外地比賽，但是那些最長都不超過一星期，而且只有兩次完全沒有父母或是任何長輩的陪伴，但是現在我被球隊分發到了北卡羅萊納州的一個南方小鎮，距離瓦列霍幾乎有三千英里之遠；我誰都不認識，而且在這裡一住就會要好幾個月。到伯靈頓的的二天早上我就打電話給我媽說，如果我現在放棄的話可以嗎？我要把錢都還給球隊嗎？如果要還錢的話，我就只好想辦法撐完這個球季。

我沒放棄，但是我大概連續哭了四個晚上，而且只要我人一不在球場上，我就立刻拿起電話；每天下午三點我會用公用電話打給我媽，每天晚上我會打給安柏和其他親友，那時正是盛夏，瓦列霍的大家都開心的在聚會玩耍，我只想聽他們告訴我那些我錯過的快樂時光，一點細節都不願意放過。

但在我這邊的世界，我和我的隊友們住在一個叫做柯克汽車旅社的破爛小旅館裡，白天熱得像地獄一樣，但是我們沒辦法游泳，因為之前有幾個多明尼加來的隊友在游泳池裡小便，於是旅館老闆一怒之下就把水全放光了；旅館房間沒辦法開伙，不過反正我不會煮飯，無所謂，我也從來就不知道該怎麼洗衣服，所以只要衣服髒了我就去鄰近的沃爾瑪（Walmart）[1]買新的。

我超想家的，幾個星期以後我實在受不了了，就把袞瑪給召喚了過來，從此他就成了我的室友和好伙伴，就像在家裡時一樣；這多少有點幫助，但我們還是會覺得無聊，所以總是跑去逛購物中心殺時間，我還穿了耳洞。在球場上，我很快就發現我對於投球這件事根本什麼都不懂，完全就是一無所知。還記得第一次在伯靈頓進牛棚練投的時候我超級興奮的，我第一次穿上了印地安人隊的球衣，**我是職業球員了！**其他的投手們都站在旁邊等著我，我猜他們心裡都想著說：**讓我們來看看這個第一指名的傢伙能變出甚麼把戲吧！**投手教練卡爾．威利斯（Carl Willis）對我說：「先來讓我看看你的幾個四縫線，然後再投幾個二縫線吧！」

我看著他傻傻的回了一句：「什麼縫線？」

「你的球啊！我想看看你的四縫線快速直球，還有二縫線的快速直球。」

我還是不懂他在說什麼，於是我就像我平常那樣握著球，手指沒有一個按在縫線上，我全都握在球中間，縫線圍繞起來像馬蹄鐵一樣的那個球面上。

卡爾抬頭看了看我，「從來沒有人教過你怎麼投四縫線嗎？」

我搖了搖頭，「沒有，那是什麼？」

卡爾把球拿過去，食指和中指握著球與縫線垂直，指腹剛好按在縫線上，大拇指在底下把球卡住，球面上縫線馬蹄鐵的開口向著身體外側，**原來這就是四縫線直球的握法啊！**

卡爾看到我投曲球時要用力扭轉我的手腕，也看到我投滑球時要把手臂角度給放下來才行，我連怎麼在投手丘上利用投手板站好，也不會。十五歲的時候我去加州中部參加過一個由薩利納斯辣椒隊（Salinas Peppers）舉辦的棒球營，其中有一位投手教我在投球時往前站個幾英吋，不用真的站在投手板上，反正裁判根本看不到；高中時我又高又壯，左手投球可以投出時速九十三英哩，還真的從來都沒有人糾正過我，但是這招到了職業棒球就行不通了。

卡爾在大聯盟打過九年球，這是他擔任教練的第二年，他才三十八歲，而且非常有耐心，這大概我最幸運的一件事；我一眼就看出他在想什麼：**我的天啊！這小鬼實在太嫩了！**但是他完全沒有批評我，也沒有笑我，在教我怎麼握球之後，他開始糾正我的站位，把我的左腳（也就是我的軸腳，就是投手用來往本壘方向推動全身力量的那隻腳）移動到投手板側邊站定；也不過就是這樣投了兩次牛棚之後，我的球速就從每小時九十三英里變成了九十九英里，有一天當我在打擊練習投球給隊友時，就聽到旁邊準備打擊的隊友在說：「這是什麼鬼！」

---

1 美國的大型連鎖零售暨量販店，全球共有八千五百間門市。

新人聯盟的球季很短，這是因為大部分的球員都才剛剛打完一整個高中或是大學球季，我總共只投了五場比賽，而且被打得比我平常慘，十八局被打了二十支安打，但是我也三振了三十五位打者；阿帕拉契聯盟其他的球隊都分布在四個州的小鎮裡，所以每次去像是維吉尼亞州的布魯菲爾德（Bluefield, Virginia）或是田納西州的金斯波特（Kingsport, Tennessee）那些地方，我們都要坐上四個小時的巴士在山路裡彎來彎去，那些小鎮看臺上的觀眾幾乎全是白人，而我最痛恨的就是坐長程巴士。時間一久我開始慢慢比較習慣，也開始覺得比較開心了一點，在我每次先發之前，我都會請球隊司機載我們去溫蒂漢堡吃一頓（Wendy's），我會吞下一份大號經典餐當作是我的賽前餐，身為一個選秀第一輪的新人，大家對我總是會偏心一點。

有些隊友有車，所以在休兵日的時候我們會一起去地方上的夜店，我那時還沒滿二十一歲，當然不能合法喝酒，但有些年長的隊友會讓我借用他們的證件；有一位委內瑞拉來的左投手長得和我完全不一樣，但他剛好皮膚黝黑，而這就夠了，因為酒保根本不會仔細看證件上的照片。有時候一些小舞廳會讓我和裘瑪進門，但是因為我們還未成年，所以不會拿到可以買酒的手環，但這也不是問題；我會直接駐紮在洗手間裡，讓隊友一次拿著兩、三杯酒進來，一下子就全喝得乾乾淨淨。

伯靈頓新人聯盟的球季在八月底就結束了，但是印地安人隊把我送往俄亥俄州亞克朗市（Akron, Ohio）的二A球隊去做幾次牛棚練投，這樣馬克．夏培洛和其他的高層人員可以從克里夫蘭下來看看他們的投資有沒有進步，然後九月我就出發去佛羅里達的指導聯盟（Instructional League）了；我的天啊！這一連好幾個月真是難熬，那是我這輩子打過最多棒球的一年，到年底我真的是整個人都要被榨乾了，而且我有好多簽約金可以花，我等不及要回到瓦列霍去爽一下。

回到加州後我花的第一筆大錢就是買了一輛卡瑪洛（Camaro）[2]，那輛車超美的，我在這世上最厲害的兩件事就是投球和開車，其他的我就還有待學習，反正我們在這世界上有很多事情可以學；買車之後沒有多久我把車開回去車行保養，裘瑪陪著我一起在那邊瞎混等著他們把車弄好，然後我們就注意到在展示間停著一輛全新的凱雷德（Escalade）[3]。那時凱雷德剛剛上市，是一款最紅最酷的高級車，裘瑪和我想也沒想就往車裡爬，我們坐在前座東看西看一邊瞎聊，突然一個老白男人走近我們，就在窗邊用一種很看不起人的口氣說道：「如果你們認真工作，也許有一天你們會買得起這輛車的。」這讓我火冒三丈，忍不住回嘴說：「我告訴你，我今天就不下車了，我現在就買它。」那白人是個銷售員，我的話讓他雙眼一亮，但是當他聽到我說我要另外一位黑人銷售員來幫我處理買車手續時，他的眼睛瞪得更大了；最好笑的是因為我只有十八歲，所

---

2 卡瑪洛是美國車商雪佛蘭（Chevrolet）所生產的著名跑車，自一九六六年至今已售出超過五百萬輛，著名電影變形金剛（Transformers）中廣受歡迎的角色「大黃蜂」即是以卡瑪洛做為原型。

3 凱雷德是美國車商凱迪拉克（Cadillac）所生產的大型豪華休旅車，自一九九九年起陸續生產多個尺寸及性能各有不同的版本，是該品牌中最能代表車主身分及地位的頂級車款。

以我必須等我媽過來車行簽字才能真的把車開走，但我就是他媽的把那輛凱雷德從車行給開了出去。

但別的時候我這種年輕多金的臭脾氣就未必能有這麼好的下場。有一晚我們去參加在奧克蘭的一個派對，我喝了好幾小時的酒，後來我們就坐在凱德雷的前座，安柏坐在我的腿上，而我的另一個朋友則坐在後座；我看到他的女朋友正在往我們車子走回來，但是在路邊被一個我們不認識的男人給纏上了，我立刻就對著我朋友大喊：「你沒看到有人在跟你女朋友搭訕嗎？你可以嗎？」我朋友也對著我吼回來，然後我們全部都下了車，我扯下了上衣，立刻就向著那個陌生男人衝過去，毫不保留的大聲用髒話問候他，一下子我們就在大街上大打出手，連路人都過來把我抓住往凱德雷裡塞。

我喝酒的時候就是這樣，一點小事就會讓我整個人爆炸，後來安柏告訴我說，那些年我就像是故意在找麻煩似的，總是要挑釁別人讓人來戳我。也許她是對的，但是我自己知道，雖然我心甘情願一肩扛起了養家的重責大任，那些突如其來的大量金錢以及周圍一張張向我攤開的手，都成了出乎我意料之外的重大壓力；我知道一般人的刻板印象是當有人功成名就時，各種各樣原本全沒看過的手都會伸過來要錢，但我遇上的卻不是這種陌生人，而正因為這樣，我反而更加迷惘也更加痛苦，因為那些覺得自己可以分一杯羹的全都是我的朋友和家人。**幫我出個饒舌歌專輯吧！幫我辦個饒舌歌的活動吧！**這些遠遠比不上後來我和洋基隊簽下大約之後所碰上的那些人，那些要我蓋教堂、蓋學校、蓋各種各樣東西的混蛋；但那時的我真的很想幫忙，我只是受不了他們那種理所當然的態度，好像他們早就決定了自己什麼屁事都不用做，只要把事情都推給我就好。後來我發覺如果我不和他們斷絕關係的話，這些人會永遠就這樣貼在我身上，所以我還真的不得不踢走了好幾個人；但是就在那個我最需要依靠、最需要至親好友陪伴和關心的時候，金錢反而在我們之間製造了距離，也讓一些原本親密無比的感情逐漸疏離了。我實在沒辦法拒絕人，我知道有些人真的很需要我拉他們一把，而我更不想讓人覺得我自以為高人一等，於是最後這些累積著的壓力全都會在我酒醉時爆發出來。

在我高中快畢業的時候，我爸變得比較常來看我，但我還是從不知道他到底何時會突然出現、會待多久，還有離開之後又會去哪裡；我對這些細節其實也不太在意，只要他來看我我就很高興，因為我知道他從來就不是為錢而來，也壓根沒把我當成是搖錢樹。他是真心以我為榮也為我高興，我最愛和他聊以後登上大聯盟之後的日子，幻想那會是什麼樣子，畢竟這麼多年來我們一起練了那麼久，就是為了有朝一日能一起迎接那一天。

然後那個迴旋又出現了：只要我的人生開始過得美好順遂，一定就會有不幸的事情接著發生來把這一切給中和掉。一九九九年一月的某一天，在我出發去春訓報到前沒有多久，我爸突然要我去醫生那裏接他，在那之前他一直看起來很健康，也從沒跟我提過他為什麼要去看醫生；在開車回家的路上我爸靜靜的看著窗外沒怎麼說話，直到我們回到瓦列霍下高速公路的時候，大概是在一個暫停的路口，他對我說道：「小子，我有個壞消息要跟你說，我病得不輕。」

他沒跟我說細節，很明顯的有難言之隱，直到我們進了家門，他在我媽身邊坐下來之後，是我媽告訴我說他得了ＨＩＶ。

我感覺到自己的喉嚨緊了一下，但我沒哭出來，那是之後的事，我也沒問他是怎麼得病的，我不想知道，也不在乎；我沒想過他會不會是同性戀，也沒看過他用毒或是在我面前犯毒癮，我不知道會不會是針頭傳染的，總之我對ＨＩＶ一點也不懂，只知道對一九九九年時的我們來說，那就是死刑。對我來說最重要也最令我恐懼的，就是在當時我以為我很快就會失去他了；但是後來我才知道，早在兩年前他就已經告訴過我媽他確診的消息，而為了避免影響我的情緒，是他們決定暫時保守住這個祕密，這對他們來說肯定也不是件一容易的事。

在我們開車快到家的時候，我想我爸那時可能說過他覺得蠻開心的之類的話，我不太記得了，但我知道我什麼都沒說，從那天起，我的腦子裡就只有一小段話不停地繞了好幾年，那是我最虔誠的祈禱：**請讓父親陪伴著我們越久越好**。

球季休息的那幾個月都是安柏陪著我，她在健康中心的櫃台工作，我為了能多跟她相處，就在那裏辦了會員；我們確實已經墜入愛河，但是有太多外力把我們往不同的方向拉扯，她即將從高中畢業，而且已經決定要去聖地牙哥州立大學（San Diego State University）繼續學業。老實說，我對安柏的好感遠比她對我的多，她肯定沒有想過結婚的事，如果我們能修成正果當然很好，但是她對自己的人生早已有了詳細的規劃：她想要成為高中校長，然後把整個瓦列霍扛在肩上往前邁進。安柏的父親是黑人，母親則是白人，她成長的過程也和一般人大不相同；多年以後她常說自己的家庭就像電視劇〈**無恥之徒**〉（*Shameless*）一樣，而且這不是在開玩笑。不能怪她對我有所防備，安柏的父親從越南回來時帶著藥癮和酒癮，所以她對我們這種人一點也不陌生。

二月，就在我要出發去春訓前，我記得我和安柏坐在她家門口，我對她說：「妳就是我的女朋友了。」我常常從外地打電話給她，而且很多時候我媽也會一起在線上，安柏和自己媽媽的感情並不是太好，所以我希望她和我媽能成為好朋友。

那年春天安柏在學校被選為年度舞會的皇后，但是舞會總不能自己一個人去，所以她告訴我說，她會邀請一位前男友擔任她的舞伴；她說他們之間早已沒有情愫，但我只是覺得不好過，因為我沒能在這重要的一天陪在她身邊。

還好，球季開始沒多久我就受傷了。在球季開始之前的冬天我沒做任何訓練，因為我以為等我到了佛羅里達春訓開始之後再慢慢準備就好；開始練球沒有多久，馬克．夏培洛和約翰．哈特就來看我第一次進牛棚練投，我看到他們坐在打擊練習區後面，很自然的就卯足了全力催球速，想讓他們看看第一指名的好身手，結果我反而把自己的手肘給弄傷了。傷勢並不嚴重，但印地安人隊並不打算冒險，他們要我停止練投，並且在春訓結束之後把我送到克里夫蘭去復健，預計最少會到六月為止。五月的時候我問球隊能不能讓我回加州幾天，我的計畫是要回家給安柏一個驚喜，然後和她一起去她的年度舞會；我把一切都計畫好了，直到出發日前有一天我們三個人都在電話上的時候，我媽突然脫口而出跟安柏說：「知道西西要回來陪妳去舞會，妳一定很開心吧？」

一九九九年是我在小聯盟的第二年，也是我第一次見識到許多美國南方和中西部的小鎮，由於手肘受傷的關係，我的球季一開始並不順利；印地安人先把我送去了短期一A在俄亥俄州尼爾斯市（Niles, Ohio）的球隊，我在那裏待了六場比賽。等到我恢復健康、狀況也不錯的時候，他們把我送去了南大西洋聯盟位在喬治亞州哥倫布市（Columbus, Georgia）的一A球隊；那時正是夏天，我說服了我媽和安柏一起飛過來看我，想讓她們陪我幾個星期，結果她們才剛下飛機，球隊就通知我說要立刻去北卡羅萊納州的金斯頓市（Kinston, North Carolina）報到，我媽和安柏就只好跳上我的車和我一起過去。最後我們還是一起度過了快樂的幾個星期，但安柏也第一次體驗到棒球世界滿滿的不確定性；等到她必須返回西岸準備大學開學的時候，她已經準備好要全力追逐她的夢想了，我覺得自己一定會再見到安柏，就跟這一次一樣，但其實我也不敢確定。

接下來一年我們的感情就一直這樣懸在半空，球季結束的時候我回到瓦列霍去和她膩在一起，但是小聯盟球季進行間的那六個月，絕大多數的時間我們就只能靠電話保持聯繫；我們的感情狀態也造成了我開始出現多重人格：在家時我就像以前一樣依賴，但是當我外出打球、和另一群朋友在一起的時候，我就成了一個獨立的男子漢。當時的我畢竟只有十九歲，實在不知道要怎麼調適球場外的那兩個我，於是我只好喝更多的酒，讓自己能在閒暇社交的狀態下更放鬆下來。

和球隊簽下第一份合約的幾個月之後，我買了一棟新房子給我媽，那是一棟有四個房間的農莊式建築，就位在瓦列霍市艾琳街（Irene Drive）上一個安靜的路段；我很得意可以靠自己的能力把她從貧民區搬出來，搬進一個安全安心的環境，而且再也不必擔心可能哪一天又要搬家。球季休息的時候我都會和我媽一起住在艾琳街，而且我們非常樂於與人分享我們的新家；大部分的星期五和星期六晚上我們都會辦派對，邀請二、三十位我媽和我的朋友們一起歡聚，有一次安柏放假回家，也來參加我們的聚會，她很驚訝的問我說，「在自己媽媽面前喝酒不會覺得奇怪嗎？」我從來沒煩惱過這個問題，我還沒滿二十一歲，家裡的酒當然都是我媽去買，哪有甚麼好奇怪的？而且我媽的想法是如果我都一定要喝酒的話，她寧可我在她的監視之下在家裡喝。

然而大部分的時候有沒有監督的結果都是一樣的。我們那時候開的叫做卡地班（Cutty Bang）混酒趴，卡地在灣區俚語是「怪怪的」、「不太合法」的意思，聽起來很像另一個字「卡弟」（Cuddie）；卡弟是我們巔峰社區特有的暱稱，像我和裘瑪就是「卡弟」而不是「兄弟」（Buddies），彼此互相問候時也會說「還好嗎，卡弟？」總而言之，卡地班是一種混酒，正常版本就是把坦奎瑞（Tanqueray）和施格蘭（Seagram）兩種琴酒和檸檬口味的百家得（Bacardí）蘭姆酒還有鳳梨汁混在一起；這玩意兒可不是開玩笑的，一下子就可以把人弄醉，但我可以喝很多都沒問題。我們會去好市多（Costco）買最大瓶的酒，那時候的我不知道為什麼每次喝酒都一定要喝到掛，每次都一定要喝到人事不知才行；不過喝到昏迷不醒其實對大家都好，因為我不是一個酒品好的人，如果喝醉卻沒有喝掛的話，我一定會到處找人打架，隨便誰都打。

有時候我會在週末開車去聖地牙哥找安柏，我們會穿過國界去墨西哥的提華那市（Tijuana, Mexico）玩；有一晚我們走出夜店的時候我已經醉了，這是很平常的事，剛好在門口也碰到有人要離開，我突然就對他吼了起來：「看什麼看？你幹嘛盯著我女朋友看？」對方當然也不會示弱，一下子我們兩個就向著對方吼個沒完，很快的墨西哥警察就趕到了現場；我知道他們最喜歡抓那些在街上打架的人，然後把那些人洗劫一空，誰都知道一個未成年美國黑人在提華納的監獄裡不會有好下場，但那時的我又醉又怒，什麼都管不了。

警察把我和另外那個傢伙給抓了起來，但安柏腦筋動得超快，她馬上就大喊著說，「他們是好朋友啦！只是聊天大聲了一點而已！」趁著警察還搞不清楚狀況的時候，安柏湊到我耳邊說，「快把你口袋裡所有的東西都掏出來給他們，快點！」我一把抓出大概兩百元美金的鈔票，全都塞進其中一位警察的手裡。

「OK，你可以走了，」他說。

我們用最快的速度跳上車，夾著尾巴就朝著國界往北開，幾個小時之後我退了酒，不停的跟安柏道歉；你可能認為這種千鈞一髮的狀況會讓我稍微收斂一點，但是沒有，因為我總是認為自己可以控制得很好。

這種自信來自我的左手，不管我的人生變成什麼樣子，我的左手一直都是無敵的，在球場上我完全輾壓對手，已經到了我會失去耐性的地步。二〇〇〇年印地安人隊第一次邀請我去參加大聯盟春訓，春訓基地位在佛羅里達中部坦帕市（Tampa）和奧蘭多市（Orlando）之間一個叫做溫特哈文（Winter Haven）的小鎮，我知道我是不可能站上一軍的，但是能和那些大聯盟選手在一起練球就已經讓我開心的不得了；我和他們在同一間休息室裡一起換衣服：小山迪・阿洛馬（Sandy Alomar Jr.）、肯尼・洛夫頓（Kenny Lofton）、大衛・賈斯提斯（David Justice）、巴特羅・柯隆（Bartolo Colón）等等，這些都是我小時候就看過的球員，還有曼尼・拉米瑞茲（Manny Ramírez）。在印地安人隊的前兩年，曼尼總會在春訓時來球隊旅館找我，然後帶我出去吃飯，而且一直把我當成是多明尼加人，直到有一天他終於忍不住問我說，「兄弟，你怎麼從來都不說西班牙話啊？」

我大笑著告訴他說，「大哥，我是加州人啊！」

所有的一切都讓我覺得美夢就在眼前，我甚至可以真實觸摸到我夢想中的一切；當我第一次走進大聯盟選手的春訓休息室時，我一眼就看到了那個有著我名字的置物櫃，裡面還有一件白得發亮的印地安人隊主場球衣。我還沒有跟球隊要求說要哪個球衣背號，因為當年那不是小聯盟球員能做的事，連選秀第一輪的頂級新人也沒有這種特權；而就算我們剛好幸運選到了一個屬於投手的球衣背號，通常是二十幾號到四十幾號，但傳統規定就是如果有資深前輩因為轉隊或是被交易而加入球隊，他們就有資格優先把年輕球員的球衣背號給拿走。

我的球衣背號是五十二號，對投手來說是個大了一點的數字，通常大家看到這種數字就知道你只是個來春訓充人場的新人，幾乎不會有站上大聯盟開季名單的機會，但最少我拿到的不是六十幾甚至七十幾號；我一看到五十二就覺得，靠！說不定我還真有機會在大聯盟搶到一個位置，而且我也知道以後幾乎不會有人要來跟我搶這個號碼。我立刻就愛上了這個號碼，這是我的，我再也不用擔心以後要換什麼別的號碼，我告訴自己說，**我一定要保住這個大號碼，它永遠都是我的。**

春訓時發生了另一件重要的事，但那時我還不曉得那有多關鍵。有一天在春訓基地後面的小聯盟球場上，有一位瘦瘦高高、氣質出眾、大概六十多歲的前輩走了過來向我打招呼；他叫泥貓．葛蘭特（**Mudcat Grant**）[4]，在大聯盟打了十四年的球，而且從一九五八年開始的前六年半他都是印地安人隊的成員，現在則在球隊非正式的指導年輕球員。他說他看好我有機會成為很棒的投手，甚至可能成為「黑人王牌」中的一員，意思就是說我有機會成為一位在單一球季拿下超過二十勝的黑人投手。

泥貓還告訴我說，如果有一天我和球隊一起去了堪薩斯市（**Kansas City**）比賽，我一定要去黑人聯盟棒球博物館（**Negro Leagues Baseball Museum**）參觀，並且拜訪一位叫做巴克．歐尼爾（**Buck O'Neil**）的前輩，他曾是堪薩斯帝王隊（**Kansas City Monarchs**）的明星球員，而且是大聯盟的第一位黑人教練。

在我登上大聯盟的新人年，我第一次和印地安人隊去堪薩斯市比賽的時候，巴克就出現在球場上的打擊籠邊看我們的打擊練習；那時他已經八十一歲了，但是剛剛才從皇家隊球探的職位上退休，他對我說，「嘿，大個子，我很愛看你投球喔！」

我嚇了一跳，「你知道我？」

巴克非常熱情，還給了我滿滿的鼓勵，他很會說故事，而且他終生的志業就是要繼續傳承黑人聯盟的歷史；他常常在賽前和我一起坐在板凳上，然後告訴我說：「西西，你讓我想到子彈喬・羅根（Bullet Joe Rogan）[5]。」比賽時巴克都坐在本壘後方稍微靠近三壘側，每次我投完一局走下投手丘的時候，我都會拉拉我的帽沿向他致意；他是我和那些黑人聯盟前輩球員們之間的連結，沒有他們披荊斬棘就不會有現在的我們。

二〇〇六年巴克過世了，但每次只要到了堪薩斯市，我一定都會去博物館看看薩奇・佩吉（Satchel Paige）、魯布・佛斯特（Rube Foster），還有賈許・吉布森（Josh Gibson）他們的陳列

---

4 葛蘭特本名詹姆士・提摩西・葛蘭特（James Timothy Grant Jr.），曾兩度入選明星隊，並且是第一位在美國聯盟拿下單季二十勝的黑人投手；他在克里夫蘭印地安人隊時獲得了泥貓這個外號，並曾率領明尼蘇達雙城隊打進一九六五年的世界大賽，可惜最後敗給了洛杉磯道奇隊。

5 羅根本名威伯・喬・羅根（Wilber Joe Rogan），是黑人聯盟史上勝投場數最多的投手，也是生涯打擊率上排名第四的野手；他於一九九八年入選美國棒球名人堂，是美國職棒早年最著名的兩棲球員之一。

物；這些都是我的英雄，我常常想念他們，就像我想念巴克一樣。

十九歲的我只有一個目標，那就是盡快站上大聯盟，越快越好，而且我還要盡情享受這個過程；我在二〇〇〇年春訓的時候認識了密爾頓．布萊德利（Milton Bradley），他比我大兩歲多一點，已經在小聯盟裡打了四年的球，那時他是蒙特婁博覽會隊（Montreal Expos）的外野手，但我們被介紹認識之後，就發現彼此有好多共通點。他是個來自加州的黑人，從小由母親一人獨自帶大，他有一點社交障礙，不太能和人相處，而這些我全都能理解；我們一拍即合，密爾頓既忠誠又細心，但是他也情緒化，一直到幾年之後他被交易到印地安人隊來，我才知道他心中也藏有魔鬼。他一直都是一個很好的朋友，年輕時我們只要碰在一起就非常瘋狂，那年春訓時我們去了佛羅里達州的麥爾茲堡市（Fort Myers, Florida）參加派對，我整個人醉到掛；情況糟到我被送進了急診室去洗胃，但是第二天我還是站上了投手丘投球，所以球隊裡沒幾個人知道發生了什麼事，更沒有人對我指指點點。

春訓結束後印地安人隊又把我送回了北卡羅萊納州的金斯頓市（Kinston, North Carolina）一A球隊，讓我從那邊開始我的第二個球季，前十場比賽我在五十六局裡三振了六十九位打者，逼得他們非把我升上亞克朗市（Akron）的二A不可；在二A我的對手就不一樣了，每場都會碰到三、四位被培養著要上大聯盟的打者，但我還是一個一個修理他們，平均每一局都可以三振掉一個對手。我的曲球和變速球越來越犀利，但大多數的時候我還是用快速直球壓制他們。

球場上的成績有時候會帶來一些意料之外的好處，有一天晚上我和裘瑪一起去亞克朗的一個夜店，從加州來探望的安柏也在車上；回家的路上車子左搖右晃的，我從照後鏡看到後面閃起了警車的警示燈，趕緊就把車子停在路邊。裘瑪驚慌失措的說，「快把一分錢硬幣放進嘴裡！多含幾個在嘴裡，他們就聞不出酒精的味道！」我不知道這到底是真的假的，但我們真的就在車上到處找一分錢的硬幣，我不記得到底有沒有找到，但我確定記得的是最後那一點都不重要；警察看了一眼我的駕駛執照就對我說：「原來你是C. C.沙巴西亞啊！別擔心，讓我來護送你們，確保你們能安全回家。」這並不是第一次，當然更不會是最後一次運動員的身分幫了我大忙，讓我可以避開這些大麻煩。

大聯盟的印地安人隊在二〇〇〇年球季結束時是美國聯盟中區的第二名，落後第一名的芝加哥白襪隊有五場勝差，而球隊最大的弱點就是先發投手；那時棒球界的主流戰略仍然是由四位先發投手來輪值，二十七歲的巴特羅·柯隆是王牌、三十三歲的右投手大衛·波爾巴（Dave Burba）也不錯、三十七歲的資深左投手查克·芬利（Chuck Finley）原本是球隊的王牌，但是現在只能靠經驗硬撐，在那之後印地安人隊就沒什麼能用的先發投手了。球季結束之後的那個冬天，球隊就開始提到我這位全隊最受期待的超級新人，如果我能在春訓期間站穩一個先發投手的位置，說不定就可以幫球隊克服難關打進季後賽。

那年冬天我回到瓦列霍，只要一有空就和安柏約會，我們常常聊起我爸，我最愛安柏的一點，就是我可以毫無保留的對她傾訴我心中的所有想法，像是我對他染上HIV的憂慮，以及我對我們父子感情的失望等等，但是安柏從未見過我爸。有一個週末當她從聖地牙哥回來的時候，我對她說我希望她能和我一起去見見我爸，因為那對我來說是一件很重要的事，我希望他們能更進一步認識彼此。

我媽告訴過我說父親已經住進了位在舊金山的一所醫院，當我們走進他的病房時，父親戴著一頂印地安人隊的帽子，而且他很高興終於可以見到安柏；我爸把我們介紹給他的室友，然後帶著我們到處散步，向醫院裡的其他人誇讚我有多棒，我們坐著聊天、吃著點心、然後一個多小時之後我和安柏向父親說了再見。

上車的時候安柏問我說：「你爸的勒戒療程進行多久了？」

我答不出來：「什麼意思？」我一直以為我爸住院是因為要治療被感染的HIV。

安柏說：「你沒注意到那地方是鎖上的嗎？你爸連送我們到車邊都不行，那就是一個勒戒中心！你怎麼這麼天真？」

也許我真的是天真吧！不然就是我只想把這些痛苦和令人害怕的事都給鎖在外面，我媽從未跟我說過一句關於父親的壞話，而且她總是努力幫我把真實人生的那些雜亂和紛擾排除在外；我想我就真的只是太高興可以見到我爸，而完全沒有去注意到周圍那些顯而易見的事實。

安柏總是直來直往，但伴隨著她的直率則是滿滿的惻隱之心；她最吸引我的一點，就是從一開始她就會直接糾正我的愚蠢，而且她從不會說謊騙我。安柏真實誠懇而且充滿愛心，從來不耍心機也不易怒，而且很能替人設想；她的父親曾有多年酗酒及毒癮的問題，一位叔父則有海洛英的毒癮，「你的父親就是在接受毒癮勒戒，」安柏對我說，「這些都是我們早就面對過的問題，沒什麼好覺得丟臉的。」我有點無法接受自己居然沒能注意到我爸的真實狀態，但我很感謝有安柏在我身邊陪我一起面對這一切。

我更感謝的是我爸在舊金山完成了他的勒戒療程，戒除了他的毒癮，那是他人生的轉捩點，也讓他真的開始重新進入我的人生。那年九月我們一起從瓦列霍搭乘渡輪去舊金山看了一場巨人隊的比賽，那是在我十三歲父親離家之後就再也沒有做過的事，然而我們卻幾乎沒看多少比賽；我喜歡新球場，那是巨人隊第一年搬進這座當時被叫做太平洋貝爾球場（Pacific Bell Park）的新家，就在市中心，整個海灣就位在強打者貝瑞．邦茲（Barry Bonds）和右外野看臺後面，美得不得了。整場比賽我爸和我在新球場裡走來走去，一邊欣賞不同角度的風景一邊聊著天，我們已經有七年沒有這樣混在一起消磨時間了，那種感覺真好。

那年冬天我非常認真鍛鍊自己，從來沒有那麼認真過，之後也沒有；一月的時候球隊邀請了幾位投手到克里夫蘭去練投，總教練查理．曼紐爾（Charlie Manuel）對我說，「只要你春訓時好好表現，你就會升上大聯盟。」我聽了超開心的。

那次利用冬天去克里夫蘭時我還順便沾了一下籃球，印地安人隊的首席防護員保羅．史畢庫薩（Paul Spicuzza）是一位高中和業餘籃球裁判，他一直拉著我說，「你千萬要來看看這孩子打球。」我真的熱愛各種運動，而且比起棒球，我可能還是個更熱情的籃球迷，但是我絕對不可能專程跑去亞克朗看一個他媽的十年級高中生打籃球。有一天晚上保羅說的那支球隊，聖文生—聖瑪莉（St. Vincent–St. Mary）中學剛好到岡德球場（Gund Arena）比賽，就在我們印地安人隊的傑克布斯球場（Jacobs Field）對街，於是我終於走過去看了他們比賽，實在太驚人了：勒布朗．詹姆斯（LeBron James）那時才十六歲，但是他已經是個成年人的尺寸；後來我還看他打過幾次美式足球，他是一個非常棒的接球員，而且如果他想要的話，絕對可以在職業美式足球NFL出賽，當然他最後選擇了籃球，他也是我見過唯一一位可以在年紀那麼輕的時候就承受那麼大的壓力，卻還能不負預期、順利功成名就的運動員。在運動的領域裡要面對成功所帶來的各種挑戰，勒布朗他絕對是第一名，後來我們在克里夫蘭被介紹認識，而經由他我認識了威廉．衛斯理，或是你要叫他「世界的衛斯」（World Wide Wes）也行，還有麥佛瑞克．卡特（Maverick Carter），幾年下來我們都成了很好的朋友。

最重要的一點是，我最關心的還是我自己的職業生涯，還有來自各個方向的各種壓力，前一年（二〇〇〇年）印地安人隊邀請我去參加大聯盟春訓的時候，大家都知道大聯盟名單沒有我的位置；我只是去那裏見見世面，練球也都是和其他的小聯盟球員一起，一點壓力也沒有。這次就不一樣了，二〇〇一年的我雖然緊張，但是到春訓報到的時候我是充滿信心的，我絕對不會讓印地安人隊再把我送回小聯盟去。

擠上大聯盟邊緣有一個最大的好處，就是球隊會讓我們住在一個叫做南方沙丘（Southern Dunes）的度假中心，這比起大部分小聯盟球員在春訓時住的地方高級太多了，他們只能住在一個很老舊的假日酒店（Holiday Inn）。南方沙丘有一個高爾夫球場，而且大家都住在獨棟的別墅裡，和我一起住的是三位投手：大衛．瑞斯克（David Riske）、戴文．羅傑斯（Devin Rogers）以及萊恩．德瑞斯（Ryan Drese）；我們都是剛剛開始賺錢的年輕人，所以整個房子裡什麼鬼東西都有：PlayStation電視遊樂機、所有你想像得到的遊戲碟片、高爾夫球桿、電子器材等等。我們的房子就在高爾夫球場第一洞發球區的旁邊，所以我們總是輪流躺在客廳的沙發上看他們開球，只要他們一開始揮桿，我們就會用力按下手上的瓦斯汽笛來嚇他們。

春訓的慣例就是每天早上大概八點鐘的時候到球場去練球，除非當天輪到你出場比賽，否則通常中午過後沒多久一天就結束了；我們每天練完球就開著高爾夫球車到處跑，一起打打高爾夫球、辦個烤肉派對，或是玩一種叫做投杯球（Beer Pong）的喝啤酒遊戲，很快的我們就成了親密的好朋友。

每年春天印地安人隊四〇和五〇年代最偉大的投手之一鮑伯．費勒（Bob Feller）就會到春訓基地來提點我們，他是個不開玩笑也不說廢話的好教練，我非常喜歡那種態度，他總是會問我說，「今年你打算要贏幾場比賽？」

而我總會回答說，「大概二十場吧！我猜，」因為在那個時候二十勝就是頂尖投手的評量標準。

「那你今年球季要先發幾場？」費勒也會這樣問。

「大概三十五場，」我會這樣回答。

「什麼？所以你的意思是說你準備要輸十五場球？不行！每次先發都要想辦法贏球才行！」

這種態度就是為什麼我不太會去看球探報告；球探報告現在越來越詳細了，但是這些報告總會說「這傢伙特別會打滑球」，但我的態度永遠都是：**那是因為他還沒見過我的滑球！等到今天看到我的滑球他就完蛋了！告訴我對方打線誰的狀況好就夠了，其他的我一點都不需要知道。**

印地安人隊的春訓對我來說這麼重要，還有另外一個原因，那就是我爸一直都在，還有他最好的朋友艾倫・雷克（Allen Lake）也是；父親熱愛溫特哈文這個小鎮，而這裡的居民們也愛他，他就像是個市長一樣，我們走進澳美客牛排館（Outback Steakhouse）的時候，每一位員工都會熱情的叫他「小卡！」

春訓一開始的時候我在投手丘上表現得並不好，但我很快就穩定下來，接著的整個月都投得很好，然而隨著球季開幕日逐漸接近，事情開始有點怪怪的；球隊高層沒人告訴我到底我有沒有被選進大聯盟的開季名單，查理・曼紐爾和投手教練迪克・波歐（Dick Pole）也只是叫我繼續認真練球而已。一直到了春訓的最尾聲，球隊要飛去克里夫蘭準備球季開幕的前兩天，他們還是沒有任何決定；看起來他們好像是想從我和一位二十九歲的後援投手史提夫．卡爾塞（Steve Karsay）之中選一人，因為其他的人全都已經開始打包收拾，要把東西都寄出去了。

我爸飛回加州的班機就和球隊離開佛羅里達飛往俄亥俄州的班機訂在同一天，我開車載著父親和艾倫去奧蘭多機場搭機，而球隊的巴士也從春訓基地開了出來，看來是把我留了下來；我又氣又怒，忍不住哭了起來，「他們他媽的跟我說如果我投得好，我就會被升上大聯盟，」我跟我爸說，「結果現在看起來他們是要把我送去三A，去水牛城（Buffalo）那個鬼地方！太不可思議了！」

我爸沒有太大反應，但我好感謝他那時可以陪我一起，「沒關係的，」他說，「你才二十歲，你的機會遲早會來，他們只是先選了一個年紀比你大的而已。」

我們停下來加油，我的手機響了，是查理．曼紐爾打來的，他說：「西西，你在球隊名單上，很抱歉我們沒能更早一點告訴你，我們是剛剛才做的決定。」

我哭得更用力了，但是我又忍不住笑，我抱著我爸又哭又笑的停不下來。有一張我最喜歡的照片，就是我爸、艾倫．雷克還有我三個人在機場的人行道邊，他們剛剛下車，而我剛剛才接到球隊的通知；我們三個人咧著嘴開心笑著，我爸看起來開心得就像是要自己直接飛起來飛回舊金山去，不用搭飛機了。

印地安人隊要我在佛羅里達多留一個星期，在春訓基地多投一次牛棚，因為距離我球季的第一場先發還有七天之久。後來我才知道哈特和夏培洛（他在二〇〇一年球季之後被升官成為總經理）不贊成我這麼快上到大聯盟，他們認為在小聯盟多待一陣子會讓我的情緒更穩定一點；但是查理和狄克都說，「去他媽的，西西早就準備好了，而且我們需要他一整季都在大聯盟做出貢獻。」這就是為什麼我永遠愛死他們了，雖然我自己一個人被留在了溫特哈文，要多待個幾天，但是我已經是個大聯盟球員了；我是美國聯盟最年輕的選手，我的美夢要成真了。

第六章　生存法則

那是一個美好的星期天下午，陽光普照，而且對四月初的克里夫蘭來說已經有點熱，球賽開打時的氣溫大概是華氏七十五度（攝氏二十四度以上）；四萬多人的看臺上還坐著我媽和安柏，她們都穿著背號五十二號的印地安人隊球衣，還有裘瑪和我的幾個同輩親戚。這是完美的一天，也是我最完美的大聯盟初登板。

但我完全不知道我在幹嘛。

我當時就搞不懂，現在也想不起來，到底是為什麼印地安人隊要在比賽的前一晚把我從溫特哈文飛來克里夫蘭？我到了旅館，躺在一張陌生的床上，緊張到無法入睡，然後星期天到了球場我要站到一個從未站過的投手丘上，去投我大聯盟生涯的第一球，去實現我人生中最重要的一刻；我踏上投手板準備投那八顆熱身球時，腦子裡只有一個念頭：**幹！你昨晚幹嘛不睡覺，你知道我現在有多累嗎？**我的兩條腿都軟了。

不管怎麼說，我還是催出了一顆九十二英里的好球，站在打擊區裡的是巴爾的摩金鶯隊（Baltimore Orioles）的外野手布雷迪・安德森（Brady Anderson），但我根本沒有看見他；第四球他打了一個平凡的高飛球到左外野去，威爾・寇德洛（Wil Cordero）接了那球成為一出局，是個好開始。

等我回過神來，第一局仍然在進行中，但我不知道怎麼讓兩個他媽的跑者上了壘，而我已經連續投了十七顆快速直球，**這到底是怎麼回事？**第二棒打者麥克・伯狄克（Mike Bordick）打了一個左中外野方向的二壘安打，然後我保送了迪萊諾・迪席爾茲（Delino DeShields），**去你的，這好球帶也太小了吧！到底是要我把球丟到哪去！**下一球是個暴投，跑者上到了二壘和三壘，然後在兩好兩壞的情況下我送了一記快速直球過去給傑夫・寇乃伊（Jeff Conine），被他一棒敲到左外野的全壘打牆外；**幹！他根本沒有用力打吧？然後就變成全壘打了？這裡真的沒那麼容易混啊！**我上大聯盟才七分鐘而已，就已經讓球隊落後三分了。

下一個打者讓我覺得就是生死存亡戰了，如果麥克・金凱德（Mike Kinkade）這位打擊不是很好的左外野手也成功上壘，那我就真的完蛋了，可能會連我大聯盟的第一局投球都沒辦法完成。深呼吸，好球；界外球，兩好球；然後我連續投了兩個壞球，情況又不妙了，但是我終於削到了內角下緣，主審布萊恩・歐諾拉（Brian O’Nora）判了金凱德出局，這是我在大聯盟的第一個三振出局！整個世界終於慢了下來，下一位打者擊出了一個滾地球給羅比・阿洛馬（Robbie

Alomar），我終於可以回到休息區了；我被大聯盟打者們重擊了一頓，但我挺住了。

第二局上半的第一位打者是小卡爾・瑞普肯（Cal Ripken Jr.），他是一位傳奇人物，而且肯定會被選入名人堂，**小卡爾・瑞普肯！**我讓他打了一個游擊方向的滾地球出局，然後連著解決掉接下來的七名打者，終於開始覺得自己進入狀況了；我總共只再讓兩位打者上壘，一個是因為擊出二壘安打，另一個則是被保送，而且在查理・曼紐爾（Charlie Manuel）上來投手丘把我替換下場之前，我再也沒有失分。五局上半兩出局的時候我被換下場去，我一共投了一百零三球，心裡覺得有點失望，但我真的已經累趴了。

還有一件事情可以說明我那時有多青澀多天真，比賽結束後我在洗澡的時候，大衛・波爾巴對著我大喊了一聲，「幹得好，菜鳥！你脫鉤（Spit the hook）[1]了！」我腦子裡的回應是，**他到底在胡說八道些什麼東西？**從小到大我當過一壘手、左外野手，然後是投手；進入職棒以後我就專職擔任投手了，但是即使到了現在站上大聯盟，還是有一大堆我不懂的事，就像怎麼樣算是勝利投手還是敗戰投手，我就從來沒搞懂過。隊友艾利斯・柏克（Ellis Burks）後來解釋給我聽說，我退場的時候我們以三比二落後金鶯隊，如果我們就這樣一直落後到比賽結束然後輸球的話，我就會是這場比賽的敗戰投手；但是因為後來我們得分而且超前了，而且最後還以四比三贏

1　英文棒球俚語以魚鉤、被魚鉤吊住來比擬必須承擔勝敗戰績的投手，脫鉤表示比賽勝負關係已與該名投手無關。

了比賽，於是我就「脫鉤」了，比賽的勝敗紀錄都與我無關。

同樣的學習經歷後來一再發生。我的第二場先發是對底特律（Detroit），我的心情比較平靜，但我的表現卻沒有特別好：五局、五支安打、失四分；但我們在一局上半就先攻下了六分，而且一路領先到最後以九比八擊敗了老虎隊，那是我在大聯盟的第一場勝投：二〇〇一年四月十三日，那場比賽的球我收藏起來了。

比較瘋狂一點的是我們慶祝的方式，第二天晚上我們從底特律飛到巴爾的摩的時候，我已經有一點醉了，但那才剛開始而已：波爾巴、查克・芬利、艾利斯、瑞奇・羅德里奎茲（Richie Rodriguez），還有吉姆・湯米（Jim Thome）幾位隊友帶我出去吃晚飯，然後去了酒吧。我只記得第二天早上醒來的時候，我的身上、手上全是鈔票，一坨一坨的，西裝的每一個口袋裡也全都是錢；原來這是印地安人隊的傳統，當一位投手拿到職業生涯的第一場勝投時，隊友們向他祝賀的方式就是把他灌醉然後給他一大筆錢，那天我收到了八千多到快一萬元美金！

球隊上對我好的人真的對我超級好，二〇〇一年的印地安人隊是一隻非常棒的球隊，先發捕手是伊納・狄亞茲（Einar Díaz），他是因為老將小山迪・阿洛馬成為自由球員離隊才接下這個重擔；比賽時我完全依靠他對打者們的了解才能應付這些對手，特別是在第一次遇上他們的時候。一壘手湯米是一個很活潑又好笑的強打者，也是我們休息室裡的重要人物；二壘手是攻守俱佳的羅比・阿洛馬，他大概是我所有遇過的隊友中最聰明的棒球人。游擊手奧馬爾・維茲奎爾（Omar Vizquel）是有史以來最偉大的游擊手之一，先發外野手們也不差：瑪堤・寇多瓦（Marty Cordova）、肯尼・洛夫頓，還有前一年冬天剛剛簽約的自由球員璜恩・岡薩雷茲（Juan González），主要的指定打擊則是艾利斯・柏克；這是一支正在轉型的球隊，印地安人隊前一年才剛剛因為戰績落後西雅圖水手隊（Seattle Mariners）一場勝差沒能拿到外卡而錯過季後賽，然後自由球員曼尼・拉米瑞茲離隊去和波士頓紅襪隊（Boston Red Sox）簽了約，總教練查理・曼紐爾的位子也不是很穩。這是一支資深的球隊，大部分主力球員的年紀都比我大十歲以上，他們有很大的壓力，現在就要贏球。

這支印地安人隊最特別的地方就是大家都相處得非常好，不管是老將還是拉丁球員還是先發球員還是後援投手，都一樣，但很多時候我還是會覺得寂寞；全隊第二年輕的是羅素・布瑞恩（Russell Branyan），他也已經二十五歲了，所以當印地安人隊把大衛・瑞斯克和萊恩・德瑞斯從小聯盟叫上來的時候，對我來說實在太重要了。一九九八年夏天在溫特哈文參加指導聯盟的時候我就認識瑞斯克了，他大概比我大四歲，從小在西雅圖市（Seattle）郊區長大，後來在社區大學念了一年才在選秀中被選中，第五十六輪，但是他的手臂非常有力，而且是一個充滿決心和鬥志的人，我們立刻就成了好朋友；德瑞斯也比我大一點，但他和我一樣來自灣區，他是奧克蘭人，後來去柏克萊（Berkeley）[2]念書，我們三個人在小聯盟時就好得不得了。

2 柏克萊是加州大學柏克萊分校（University of California, Berkeley）的簡稱。

對我最好的資深選手就是艾利斯．柏克，春訓開始沒幾天他就過來自我介紹，他說：「今晚到這裡來找我，我們一起吃飯，聊聊天。」艾利斯那時三十六歲，正要開始他在大聯盟的第十五個球季，什麼場面都見過；他年輕時是在紅襪隊登上大聯盟的，曾經入選明星隊，也曾經和四支不同的球隊都打進季後賽，他受過傷，也被交易過，是個經驗豐富的好前輩。他非常樂意分享他的棒球知識和經歷，如果他沒有上場比賽，或是在我們坐飛機的時候，他都會跟我分析我打者是怎麼面對比賽的，然後教我要怎麼對付他們；他還教我要怎麼透過在投手丘上的態度和氣勢來建立自己「球隊領袖」的身分，他說如果我是系列戰第一戰的先發投手，我的責任就是要輾壓對手，要把球隊的氣勢給建立起來。

但是他真正對我最大的影響卻是在場外，我一直非常在意別人怎麼看我，像是我在哪長大、我穿得怎麼樣，或是我談吐好不好等等，而且我急著想要融入大家，成為團體中的一份子，但是艾利斯以身作則讓我知道資深選手是怎麼面對這些事的，這讓我對大聯盟的適應期輕鬆了許多。二〇〇一年的印地安人隊大部分的隊友都結了婚有小孩，他們在意的事跟我很不一樣，只有艾利斯特別花時間注意我；我每天都穿牛仔褲，不管是去球場、去外地比賽，還是晚上去夜店都這樣穿；艾利斯看不過去就糾正了我說，「你要注意你自己的形象了，」然後他帶著我到他的裁縫師那去訂做了好幾套西裝，「從現在開始你就這樣穿。」艾利斯總會問我錢夠不夠用，或是直接在客場比賽結束之後帶我去吃晚飯；特別是西雅圖、芝加哥，或是德州阿靈頓（Arlington, Texas）

那些我從來沒去過的地方。

除此之外，我的大聯盟初體驗就沒什麼太了不起的地方了，我們到客場比賽的時候，有一位資深的隊友喜歡在午餐時間到脫衣舞俱樂部去，有時他會帶我一起去；東西實在是說不上好吃，但是周圍景觀比起在旅館的餐廳吃飯有趣多了。絕大多數的時候，球隊裡的前輩們都只想要欺負你；惡整菜鳥是很平常的事，大部分選秀第一輪被選進來、拿到高額簽約金的選手都會被老球員們狠狠修理。我的個性比較安靜，很少回嘴，所以比較少被針對，也避開這些麻煩；我會記得要幫前輩們搬裝球的桶子，然後把姿態放低，做好自己的事，但是這很痛苦，因為要一直等到你被選進了明星隊，你才能真正做自己。我上大聯盟時才二十歲，我要一直到二十三歲才敢在休息室裡開口說話，在那之前我就是一直躲著不想被人發現。

但也不是每次都有用，雖然大部分被修理的經驗都很突兀、甚至可以說是幼稚，但那還是很讓人頭痛。有時候比賽結束後我坐在餐廳裡，一位經過的前輩會毫無預警的就把他的手指戳進我的三明治裡；或是有時候我坐在球員休息室的沙發上看電視，某個前輩就會突然大喊「喂菜鳥！你他媽的窩在沙發上幹嘛？」然後就把遙控器從我手中搶走。這些都是莫名其妙的小事，就是要讓你不舒服，也讓你知道你在球隊上沒有任何地位。最糟糕的是有一個傢伙，他總是用那些愚蠢的種族歧視言論問候你，他會在從機場到球隊旅館的巴士上喝得醉醺醺的，然後把全身衣服都脫光，只剩下鞋襪；他找我麻煩的方式就是光溜溜的一屁股坐在我旁邊，怎麼樣都趕不走，所以後來只要是瑞斯克或德瑞斯一從小聯盟被叫上來，我一定拉著他們坐在我旁邊，把那個裸體醉鬼前輩給擋住。

約翰・洛克爾（John Rocker）是那年印地安人隊牛棚的一份子，我們是在六月用史提夫・卡爾塞把他從亞特蘭大換了過來，一開始我對他小心翼翼的，因為他的名聲並不好，幾年前他在接受《運動畫刊》（Sports Illustrated）訪問的時候曾經有過不少歧視同性戀和移民的爭議言論。我沒辦法完全避開他，因為球隊把他的置物櫃就安排在我的旁邊，而我只是個新人，也不能總是跑去坐在沙發上（那是保留給資深球員的）；不過還好，洛克爾出乎意料之外的就只是個普通人，而且更是一個超棒的隊友，後來我們常常聊天，我從不覺得他有什麼偏見，最少對我他沒有。他非常認真練球準備，專注著要幫球隊贏球，而且他表現得也很好。

我對自己在大聯盟新人球季的印象已經很模糊了，但是有一件會永遠在記憶中鮮明無比的事就發生在七月；我們到辛辛那提去比賽，他們陣中的小葛瑞菲（Ken Griffey Jr.）是我從小到大的偶像之一，他是一位左打的強打者、超級厲害的外野手，而且是一位打起球來充滿快樂的黑人球員。我媽也很喜歡小葛瑞菲，所以在早年他還是西雅圖陣中一員時，只要他來奧克蘭比賽，我媽就會帶我去看；現在我也是職業球員了，我下定決心絕對不能被他打出全壘打，不然我會被家鄉的朋友們笑死，我一定要三振他。面對小葛瑞菲的時候我用盡全身力量投球，結果在兩好兩壞的時候我一球砸在他的背上，他非常生氣，而我只想哭。**你知道我超想要請你幫我簽名嗎？**那時我心裡只有這句話，但是小葛瑞菲氣呼呼地走向一壘，狠狠的瞪著我。

整體來說，二〇〇一年我投得很不錯，球季例行賽一共贏了十七場，印地安人隊對我非常有信心，還讓我在季後賽第一輪的第三戰擔任先發投手，那是我們在美國聯盟分區賽的第一場主場比賽，對手是西雅圖。那一年水手隊在例行賽贏了一百一十六場比賽，比我們多贏了二十五場，是全聯盟戰績最好的球隊，但這是一個五戰三勝的系列賽，我們只差一點點就可以把他們淘汰出局；第一戰是我們贏，但是水手隊贏了第二戰，所以第三戰就是最關鍵的轉捩點。那場比賽讓我印象最深刻的就是第一局我和捕手伊納．狄亞茲對於配球一直沒辦法取得共識，我一直搖頭反對他的配球，到了他第二次還是第三次走上投手丘來和我直接溝通的時候，羅比．阿洛馬從二壘走過來加入了我們的對話；他說，「OK，從現在開始我來配球！」他決定了直球是一個手勢、曲球是另一個手勢，他會讓伊納看到，然後伊納再對我比出暗號。羅比對我說，「我不准你搖頭拒絕！」他是我最信任的人，也是我見過最聰明的棒球選手，所以從那一刻起就是由他從二壘配球，完全釋放了我身上的壓力，而且我最後的表現也很不錯：六局、失兩分、三振五次。我三振了布雷特．布恩（Bret Boone）三次，他超級生氣的；那場比賽我們以十七比二獲勝，但是接下來的兩場比賽都被西雅圖給贏走，由他們順利進入美國聯盟冠軍賽和洋基隊對決。幾星期之後，我在新人王的票選中也輸給一位水手隊的球員，他的名字叫鈴木一朗。

但是在我的腦子裡，第一個大聯盟球季帶給我的感覺就像是小時候看的第一場大聯盟比賽一樣：滿滿的不安感。我在投手丘上或是在休息室裡都不覺得自己可以安定下來，總是擔心自己不知道什麼時候會被下放到小聯盟去；每天到球場去，我幾乎都可以確定會有一位傷兵名單上的前輩可以傷癒復出，然後我就會被擠到小聯盟的水牛城去，把先發名單上的位置讓出來。球團裡從來沒有人說什麼話來讓我有這種恐懼，事實上就算是我有哪一場先發比賽表現不好，我都會在報紙上看到總經理約翰・哈特、夏培洛，或是曼紐爾說**不會的，我們不會把西西下放到小聯盟去**；但是我還是沒辦法信任這些官方說法，大概要過了五、六年之後，我才能稍微有點安全感，因為在我腦子裡我還有很長的一段路要走，我不是佩卓・馬丁尼茲（Pedro Martínez）、巴特羅・柯隆，或是羅傑・克萊門斯（Roger Clemens）那種明星選手，而那才是我想要成為的大聯盟選手。我相信我做得到，也知道那是大家對我的期望，我甚至覺得如果不能成為頂尖的球員，那其實就跟失敗沒什麼兩樣。

球季結束後的冬天能回到瓦列霍是一件非常紓壓的事，我享受著在家瞎混的時光，但是同時我也開始發現在成為大聯盟球員之後，我的人生也有一點不一樣了；這是一件很奇怪的事，當你身無分文的時候，沒有人會給你任何好處，但是當你變成有錢人了，大家反而會急著要把各種好東西都送給你。十一月的時候有人邀請我免費去拉斯維加斯看倫諾克斯・劉易斯（Lennox Lewis）和哈西姆・拉曼（Hasim Rahman）之間的重量級拳王爭霸戰；拉曼在四月的時候才大爆冷門將劉易斯擊倒，所以這是一場備受矚目的二度對決，我當然非去不可。機票免費、旅館免費、拳擊賽的門票免費，這一切對我來說都是第一次的美妙體驗，而且還不只於此；有一晚在賭場的貴賓室裡，我的財務顧問介紹我認識了職業女網選手莎琳娜．威廉絲（Serena Williams），她既美麗又聰明，而且還是一位頂尖的運動員，後來我們一起去紐奧爾良市（New Orleans）看了超級盃，也在一場ＥＳＰＮ[3]的派對上見到面。

幾天之後我收到小道消息說，ＥＳＰＮ將會在某個節目中舉辦觀眾投票，問大家誰最適合跟莎琳娜．威廉絲交往？是華盛頓紅人隊的線衛拉瓦．耶靈頓（LaVar Arrington，據說當時已經在和威廉絲約會），還是C.C.沙巴西亞？完蛋了。

我打電話給安柏，開口就問她「還好嗎寶貝？」現在回想起來我們都覺得可笑，但是在當時連安柏都知道，要是我開口叫她寶貝，那肯定是出了什麼事，「我剛剛才知道ＥＳＰＮ要播這個東西，我不知道他們幹嘛要說這個，我認識她沒錯，但是我們沒有在約會，這絕對不是真的。」安柏沒有大吼大叫，她只是靜靜的聽我說，我知道她一點都不相信我，於是我們就分手了；我很傷心，我才二十一歲，安柏會繼續在大學進修的意志，而我也才剛剛展開我職業運動員的人生。

3　ＥＳＰＮ於一九七九年開播，是美國一個全天候二十四小時專門播放體育類型節目的有線電視臺，旗下依節目內容有多個不同頻道，最有名且歷史最久的節目為《世界體育中心》，以新聞播報的方式來呈現每日所有運動賽事的相關新聞及精彩畫面，廣受大眾歡迎。

我們仍然是朋友，但我們也決定要**你走你的路，我過我的橋**；也許有一天我們會再續前緣，也許不會，沒有人知道。

與安柏的感情結束讓我不太開心，但我的前途仍然是一片光明，二月我到春訓基地報到的時候和球隊簽了一張四年、九百五十萬元美金的合約，而且還有第五年的續約選擇權；這張合約讓我稍微有了一點信心，但就算是在簽約之前，我也已經決定這個球季開始我再也不要忍受別人那些不禮貌的待遇。

在那個年代，每一位由耐吉（Nike）贊助的運動員都會收到一本目錄，你可以寫下所有你想要的東西：鞋子、短褲、上衣、帽子、長褲，什麼都可以，給自己給家人親友都可以；對於我這樣一個從貧民區出來二十一歲的孩子來說，這才是一份超級大合約，耐吉要免費送一大堆東西給我，**這也太爽了吧！**我挑選了一些東西請他們寄到溫特哈文來，結果有一天當我跑完步回到休息室的時候，我看到一整疊耐吉的盒子都像聖誕禮物一樣堆在我的置物櫃前面，但是有一個被人拆開了；我找了一圈往淋浴室去，然後就看到那個混帳東西（就是那個在球隊巴士上脫得精光的那個混蛋），他硬擠進一件我幫安柏挑的衣服裡，整件上衣就緊緊勒著他的上半身，整個肥大的肚子挺在外面。我受夠了，跳上去差點殺了那個混蛋，好幾個人衝過來才把我從他身上拉開。

就這樣，後來他再也不找我麻煩了，也沒有人再對我說什麼不禮貌的話了；這種感覺有點奇怪，好像那些前輩之前一直修理我，只是為了等著要看我跳起來暴怒反抗，然後他們才會真正接受我：**對，你投球很棒，可以幫我們贏球很了不起，但我們可還沒決定要不要把你當自己人**。意思大概就是不管再慘再離譜，都沒有人會幫我出頭，直到我自己可以懂得反抗為止；在那之後我就真的變成大家的一份子，但是在那一刻我也決定，以後每一位加入球隊的新人，我都不會讓他們經歷我所經歷過的這一切爛事。

二〇〇二年球季我們一開始打得非常好，一開季前十二場比賽就贏了十一場，我也連續拿了兩場勝投；前一年我贏了十七場比賽，所以我開始覺得**這太容易了！我每年都要拿二十五勝！**然後球隊和我一下子就都陷入了低潮。五月一日球隊的勝率跌到了五成以下，我也被打得很慘，四場比賽輸了三場；但是就在一個休兵沒有比賽的晚上，我惹上了那年最大的麻煩，差一點點就斷送了我的職業生涯和小命。

第七章 好的變化

五月十六日星期四是一個休兵日，就在我們對巴爾的摩和對堪薩斯市兩個系列賽之間，這是我們和球迷見面、順便也賺點外快的好機會；我在克里夫蘭的一個購物中心參加了球員卡的簽名會，主辦單位付我現金，所以我大概帶著一共三千元美金的現鈔離開。裘瑪陪我去吃了一頓很棒的晚餐，然後去我們常去的夜店，叫做喜願，它就位在市中心倉庫區（Warehouse District）的一個小角落裡；倉庫區是克里夫蘭最熱門的夜店集中地，我們要先穿越一個暗黑的小巷才能進到夜店，那種感覺更酷了。

幾個星期前我媽來克里夫蘭看我的時候就注意到我們每晚的夜店行程，她警告我說，「小子，我覺得這樣不太好，你在外面玩得太兇了，最好還是收斂一點。」

我只是笑著對她聳聳肩，「沒事啦！沒問題的。」

我們認識很多熱門夜店的領班，間諜酒吧、喜願（皆為夜店名），都認識，那天晚上他們照常把我們帶進用圍欄區隔開來的貴賓區，裘瑪和我就在那很輕鬆地喝酒閒聊。有一位我們認識的模特兒剛好在慶祝生日，於是領班把幾位客人也帶進了我們的座位區，我們覺得既然他們也是貴賓區的客人，應該不會什麼問題，後來大家聊著聊著才知道他們曾經是克里夫蘭州立大學（Cleveland State University）籃球隊的明星球員；幾個小時之後也晚了，連夜店都要打烊了，但是大家都還玩得很開心，不知道誰說了在市中心的萬豪酒店（Marriott）有一個大套房可以續攤，於是大家就又移動過去了。大聯盟的比賽大多在晚上，而且我們每幾天就要換一個時區比賽，所以球員都快變成晝伏夜出的吸血鬼了，像我幾乎每天都要到四、五點才會上床睡覺，所以續攤這種事我習以為常。

裘瑪和我到了旅館，大概有十五個人在那套房裡，音樂不錯，到處都是美女，而且有很多很多的酒。慢慢的人開始變少了，我們也跟著下樓準備回家，到達旅館大廳的時候我發現我的手錶不見了，那是一支六萬元美金的勞力士，我在浴室洗手的時候把它拿下來過，大概吧？也許；這時我已經醉翻了，記憶並不是很清楚，而且我頭昏眼花的，跟以前我連續喝了幾小時酒的感覺不太一樣，我覺得周圍一片迷糊，而且整個人頭重腳輕的。

裘瑪說他要上樓去幫我找手錶，但是我在大廳等的時候有兩個剛剛也在套房派對的人靠了過來，說他們會帶我上去一起找；他們完全沒有給我選擇的機會，因為其中一人亮了亮手上的槍，就推著我往電梯走。他們把我推進包廂的時候裘瑪也看到了，我們兩個都嚇得像傻瓜一樣：這不

會是真的吧！裘瑪是個火爆脾氣的人，他立刻就大吼出聲：「去你媽的搞什麼鬼！」但是也許是因為剛剛才看到的那把槍，快要醉趴的我突然醒了過來，我可不想被人開槍，而那把九毫米手槍就近在眼前，我趕緊勸裘瑪冷靜下來；那兩個人把我們臉朝下壓制在地板上，然後從我們的口袋裡開始搜刮，那天下午簽名會的現金、我一萬五千元美金的鑽石耳環、兩萬六千元美金用黃金和白金做成的項鍊，全都被它們搶走，然後他們揚長而去，留下我們趴在地上發著抖，那時已經是清晨四點鐘。

他們把我們的手機也拿走了，但我們還是想辦法報了警，警察來的時候好像一點也不在意到底發生了什麼事，只是隨口問著應付我們：**喔……喔……這樣啊……好的**；他們的態度好像就是：**幾個亂七八糟的黑人說自己被另一群亂七八糟的黑人給搶了**而已，小事一樁。然後其中一個警察推了他同伴一下，然後靠過來講了幾句話，我聽不到他說了什麼，但是從他搭檔的反應我知道他說的一定就是：**這傢伙是印地安人隊的球員！**從那一刻起他們的態度整個都變了，立刻就開始詳細詢問當天晚上的所有細節。

當我們到了警察局時，我請警察借我電話，讓我可以打電話給安柏，那時候在克里夫蘭差不多已經五點多了，所以在聖地牙哥是凌晨兩點；我很確定安柏接起電話的時候一定以為又是我喝醉酒亂打電話，但是我說，「寶貝，我讓警察跟妳說，我沒事，但是拜託妳聽警察告訴妳發生了什麼事。」我知道她一定立刻就醒了過來。

警察說：「嗨安柏，西西在我這裡，他很安全，他沒有做錯什麼事。」然後他就解釋了當天晚上發生的事和搶劫案。

當我再度接過話筒的時候，安柏聽起來放心多了，但是我知道她也有點生氣，這我懂，畢竟我已經帶給她太多麻煩，也逼著她經歷過太多這種千鈞一髮的緊張場面；我們才剛分手一個月，結果我又在三更半夜用這種亂七八糟的事來煩她。「西西，你到底想要我怎樣？」安柏問我說，「我人在聖地牙哥，再過幾個小時就要去學校了！」那時的我又累又怕而且半醉半醒的，但我知道這不只是一個單純的失控夜晚而已，我和裘瑪已經玩得太瘋了，我們差一點點就已經死在旅館的地板上。

「如果有妳在這裡陪我，這一切根本都不會發生！」我脫口而出，沒有責怪她的意思，反而是在哀求她，「拜託妳過來這裡，我需要妳在這裡，我們結婚吧！」

我知道這不是什麼羅曼蒂克的求婚儀式，而且安柏也不知道早在兩個星期以前，我就已經打過電話給她的父親，請求他准許我向他女兒求婚；那晚我也喝了很多酒，但我是誠心誠意的，我在整理我的人生，我想計劃自己該怎麼繼續走下去，而我知道這不是我自己一個人可以做到的。

被搶劫後的第二天，安柏向她父親轉告了發生在我身上的事，她說自己不知道該怎麼辦才好。「我覺得他是認真的，」他對她說，「如果他要妳過去，如果他說他需要妳，那妳非去不可。」於是安柏在春季大考之後就打包行李搬出了公寓，她飛到了克里夫蘭到我身邊，但這不會是她最後一次拯救我。

整件事情的起源是星期四晚上的那間夜店，但更瘋狂的是第二天星期五早上我早已計畫好要從暫租的大公寓搬出來，搬到市區另一邊的一幢獨棟房子去；裘瑪和我離開了警察局就回家打包，我們都還在宿醉，而且對前一晚被人持槍搶劫都還餘悸猶存。那天稍晚警察打電話來要我們再回局裡去，他們從旅館調來了大廳的監視錄影，而且立刻就找到了搶劫我們的兩個搶匪；我在警察局一看到監視器的黑白影片，就認出來那兩個搶匪就是克里夫蘭州立大學的退役球星！不到六天他們就被逮捕歸案，其中一個還帶著我的鑽石耳環。

星期五晚上我好不容易在新家裡睡了幾個小時，星期六下午我在對皇家隊雙重戰的第一場比賽先發，我投了六局好球，只丟了兩分的責任失分；我把球場外和球場內所發生的事情都分得清清楚楚的，絕對不會被影響到，我一直都是這樣。

安柏搬進來之後裘瑪就搬回瓦列霍去了，球場外的一切也稍微平靜了下來，但是對印地安人隊來說，這個球季差不多已經完蛋了。前一個冬天球團老闆想要降低全隊薪資，所以羅比・阿洛馬被交易到了大都會隊去，瓚恩・岡薩雷茲也沒有被續約；我們在球季一開始十二戰十一勝之後就一蹶不振了五個月直到季末，我們的王牌投手巴特羅・柯隆是在六月被交易到蒙特婁去，從那時起整個球隊就開始被砍掉重練了。七月初我們的戰績是三十九勝四十七敗，落後第一名九場半的勝差而且戰績毫無起色，他們在我先發迎戰洋基隊前的幾個小時開除了總教練查理・曼紐爾；

我知道總教練會被開除是因為球隊表現不好，但是這仍然讓我有點感同身受，因為就在一年多前是查理為我爭取，讓我可以站上開季的先發名單，我覺得是我表現不夠好才害了他。我的表現時好時壞，有時連續好幾場都投得不錯，然後就會有幾場比賽會保送五個或是被打爆失掉四分等等；大部分的時候都好像我只是站在那用力丟球，用盡全力然後看我可以支持多久而已，一點計畫都沒有，這是我第一次身處在一支勝少敗多的球隊，我痛恨這種感覺。

二〇〇二年球季還是發生了一件特別的事，就在裘瑪和我被搶劫而且差一點被殺掉的那個晚上之後，我爸後來也搬來和我們一起住；他頭腦清醒也戒除了所有的惡習，這也是他九年來第一次全心投入我每天的日常生活當中。我需要他為我的生活建立起一個框架，而他熱愛被人需要；我爸是唯一一個可以對著我大吼、而且我會認真聆聽的人。

他監督工人蓋了一個籃球場，把籃球框裝在了車庫門上，我們逮著了機會就玩一對一鬥牛，現在我終於可以打贏他了。有些時候他好像還是把我和安柏當成是青少年，他會在晚上十點鐘的時候走進我們地下室的撞球間，然後大聲宣布說「好了，該睡覺了」，然後就把燈全關掉；有些時候我還蠻喜歡再度被當成小孩的，因為我從小就可以和我爸聊任何事情，我非常想念那個時候的我們，而現在那種感覺回來了。這是個我未曾預期的禮物，我喜歡他回到我身邊，我也沒想要過問過去幾年的他發生了些什麼事。

我爸成了我的司機，每天下午載我去克里夫蘭球場，然後賽前再回到球場看球，不管有沒有投球都是一樣；他看起來很健康，但他對於感染ＨＩＶ這件事一直諱莫如深；「千萬不要告訴任何人，」他一天到晚這樣說，「我不要讓別人害怕來我們家。」吃飯時他有一套專屬的餐具，雖然他自己知道、我們也一直告訴他說這疾病不會因為這樣而被傳播出去；我爸說他希望我們和他在一起時能更安心一點，但或許真正的理由是他自己覺得害怕，而這些小事會讓他自己覺得安心。

安柏和我常常開玩笑說我爸是一個典型的兇惡黑人，很容易就會被激怒；他可以很風趣健談，但其實他並不太喜歡和人相處，他總是說「如果你要在家裡辦派對的話，要記得跟我說，我不想待在這。」他超級保護我，總是懷疑我身邊的每一個人：**我不喜歡那個財務顧問，他是來騙西西的錢的，為什麼西西的朋友都開他的車？**

早在得知我爸生病之前，安柏就已經在聖地牙哥州立大學進修了一些與ＨＩＶ和愛滋病有關的課程，這些知識在我爸搬進來住之後就變得相當有用；我爸有時會自己停藥，而且看起來反而精神更好也更健康，所以我就會說「那就由著他去吧！」但安柏比我們聰明。她說那些藥在短期雖然會造成一些強烈的副作用，但只有繼續服用才能讓我爸好好活著；藥都放在冰箱裡，安柏會時時檢查來確定我爸有按時吃藥，她也會注意我爸的飲食，讓他吃得健康營養。二〇〇二年我們三個人住在一起，那是我人生到那時為止最快樂的一段時光，雖然球隊最後排名第三，落後雙城隊二十場半的勝差，但我在球季尾聲表現很好，可以穩定的投出好球，也拿下五場勝投讓我最後的戰績變成十三勝十一敗；我是全隊先發場數最多的投手，而且馬克．夏培洛一直告訴記者們說我是球隊最重要的一個基石之一，球隊會以我為中心來繼續加強改進。

我爸重新回到了我的生命中，安柏也和我成為伴侶，印地安人隊的球員名單也明顯地變年輕了：我們在二〇〇一年球季中把我的好朋友密爾頓．布萊德利給交易了過來，代價是把巴特羅．柯隆給送去了博覽會隊，而且這筆交易還帶來了幾位很有潛力的新人，像是格雷迪．塞斯摩爾（Grady Sizemore）、布蘭登．菲利普斯（Brandon Phillips），還有一個來自阿肯色州（Arkansas）瘦瘦的左投手叫克里夫．李（Cliff Lee）。那年冬天我們聘用了一位新的總教練，他叫艾瑞克．衛吉（Eric Wedge），只有三十四歲，而且看起來人不錯；我在小聯盟時的啟蒙教練卡爾．威利斯也被升了上來，變成了新任的大聯盟投手教練。我非常期待新球季趕快展開，看起來二〇〇三年會是超級棒的一年。

第八章　結合與分離

安柏遲了。一月中時我們搬到亞利桑那大概已經一個月了，二〇〇二年球季我的體重突破了三百磅（一百三十六公斤），遠超過一九九八年我參加選秀時的二百五十五磅（一百一十五公斤），所以印地安人隊要我在球季結束後到一個訓練中心參加密集的訓練課程。我們租了一個公寓單位，安柏每天會開車接送我受訓，下午四點準時來接我，但是今天她沒有出現；我撥了電話到她手機，也留了話，接著又打，又留了話，一共大概打了十五通以上，我越打越擔心。

安柏差不多過了一個小時之後才到，她說不知道為什麼自己睡翻了，她這段時間一直沒來由的很容易累，隨時都想要大睡一場；「我到底是怎麼了？」她說，然後想到自己在另一件事情上也遲到了：她的月事上個星期就該來了。

我興奮得大喊：「太好了！這下子妳不准回聖地牙哥了！」在這之前，為了安柏應該要回去完成大學學業還是和我一起前往克里夫蘭，我們已經爭執了好幾個月，這其實也應該怪我，因為在我和裘瑪被搶劫的那個晚上、我從警察局打電話給安柏求婚之後，我就一直沒有任何後續動作；我一直想要認真完成求婚這件事，但是心裡頭還是有些關卡過不去，因為我始終無法確定自己能不能承擔起婚姻關係，能不能盡到責任成為一個好丈夫。我一直很崇拜我的艾德溫叔叔和他太太吉妮雅，他們經歷了婚姻中的高低起伏卻始終不離不棄，是我們家族的基石，也是婚姻關係的楷模，而我無法確定自己能不能做到和他們一樣。我一直拖著沒去買戒指，而安柏的閨蜜們則是一直告訴她說很確定我會在她九月過生日的時候給她驚喜，她期待了很久，結果什麼都沒有，我們慶祝了她的生日，但是沒有求婚戒指；後來安柏猜想我應該是計畫在感恩節的時候向她求婚，那時我們全家都會在瓦列霍一起分享這個美好的時刻，結果還是沒有。「你還沒準備好，」她對我說，「我整個秋季學期休學就是為了你告訴我說要結婚，現在我要回聖地牙哥完成學業了，我很快就可以拿到學位，然後我們再來討論未來要怎麼走。」我太需要安柏了，多年下來這成為一個非常沉重的負擔，不管她再怎麼愛我，這對她來說還是一點都不公平；那時我雖然很不情願，但還是同意她應該要重返校園，在某些層面來說我可以理解、甚至很羨慕她以一位黑人女性的身分，努力嘗試要掙脫家族歷史所加諸在她身上的枷鎖，於是我下定決心要完成我的求婚大事，聖誕節就是最完美的時機。

我買了一個很美的戒指，我練習了自己要說的話，我還和我爸策劃了一個小劇本：等安柏在聖誕節早上走到聖誕樹前時，我會單膝下跪，然後我爸會把整段求婚給拍攝下來；但是聖誕節前的這段醞釀讓我坐立難安，我幾乎一整個星期沒睡，我整天想著要是自己搞砸了怎麼辦？要是安柏拒絕了怎麼辦？我頭痛得都要炸開了，而且緊張得直冒冷汗，越來越嚴重。

到了聖誕夜，我們在房間換衣服準備要去安柏母親家聚餐，求婚戒指就在我的口袋裡，我站在安柏背後，再也忍不住了；當她轉身的時候我已經單膝跪下，把戒指盒推到了她面前，幸好我還順利吐出了「妳願意嫁給我嗎？」幾個字。我們下樓的時候我爸我媽都生氣了，因為我居然承受不了壓力脫稿演出，沒能照計畫等到第二天聖誕節早上再求婚，所以他們沒能為那個重要時刻留下照片做紀錄；現在我們每次想起都覺得好笑，因為那是史上最糟糕的求婚記，還好安柏有點頭同意。

經過了聖誕節的求婚和一月的「遲到」，安柏還是在春季學期回到聖地牙哥州立大學；我媽是不可能讓懷著她孫子的安柏和另外三個大學女生同居一室的，於是我幫安柏另外租了一個公寓，還買了一隻小狗和她作伴。六月時她搬回到克里夫蘭，在某一次產前檢查的時候我們坐在等候室裡，護士稱呼她為「安柏．卡特」，那讓我很不舒服；也許是我比較傳統，或是我比較大男人、想要我們在各方面都真正合而為一，或者也有可能是我暗自覺得自己可能留不住生命中最重要的這個人，總之當我們回到車上時，我忍不住脫口而出說：「剛剛我覺得很丟臉，明明我也在場，但是她們居然稱呼妳卡特小姐而不是沙巴西亞太太，我不能接受我們都要有孩子了，而妳的姓還是卡特，我們一定要結婚，現在就要，現在就去法院公證。」安柏從沒想過自己會這樣結婚，她想要有一個盛大的儀式，要在家人和好友的環繞之下有一個美好的結婚典禮，她也不想要懷著孩子結婚，她想要羅曼蒂克的婚禮，這我可以理解，但是我試著用現實面來說服她；她痛恨就醫時必須使用她自己的健康保險，但是如果我們結婚的話，她就可以名正言順地使用我印地安人隊的保險（待遇好太多了）。我也承諾她說等到我們有時間好好籌備，我們可以回到瓦列霍辦一個最盛大的婚禮，但是我決定現在就要去法院公證，而且我們不必告訴任何人。

我們還是各自讓步了一些，先通知了我父母親還有我的葛洛阿姨，他們從加州飛過來和我們作伴，而且發誓會保守秘密；安柏和我的母親瑪姬就像親生母女一樣，那時她反而是和自己媽媽比較有距離，我們把大日子訂在一個球隊的休息日，六月九日。那天安柏穿著一件素雅但又美得不得了的綠色禮服，法官笑咪咪的宣布我們正式成為夫妻；我在興奮的同時也鬆了一口氣，而且好像沒有人認出我是誰，這表示沒有人會知道我們已經結婚，我們可以等到真正要辦婚禮儀式的時候再宣布這個消息。

那天晚上我們坐在家裡看電視，是一個克里夫蘭在地的電視臺，但是突然電視畫面下緣出現了新聞快報，一排小字捲動而過：**印地安人隊投手C.C.沙巴西亞今天和高中甜心完成人生大事**，安柏立刻拿起電話撥給她媽。

我們結婚一個月後另一件讓人驚喜交加的大事又降臨在我的身上，這次是棒球。整個四月我們球隊的戰績很慘，只有七勝二十敗，但是到了五月我們贏多輸少，開始慢慢有了一點起色；累積了兩年的經驗加上投手教練卡爾．威利斯常常在耳邊提點，我在投手丘上越來越有自信，控球也越來越好，能夠把快速直球送到好球帶邊邊角角的地方，不再需要全力催球速來和打者硬拚。七月初時我的個人戰績是八勝三敗，而且在美國聯盟投手的三振總數和防禦率排名上名列前茅，但至今我仍然記得那個賽前下午，當總教練艾瑞克．衛吉在他辦公室告訴我說我被選進明星隊時，我是多麼的驚喜；美國聯盟明星隊上的先發投手有羅傑．克萊門斯、洛伊．哈勒戴（Roy Halladay），還有馬克．穆爾德（Mark Mulder），他們都是成名已久的偉大投手，而我，二十三歲來自瓦列霍的我居然可以和他們同在一隊，我簡直爽翻天了。

幾分鐘過後我的電話響起，是母親，她在電話另一頭說道，「我有事跟你說。」

「哇！妳已經聽說了嗎？我被選進明星大賽了！」

「不是的，是你爸一直胃痛，所以他去看了醫生，他們說是胃癌，絕症，只剩下六個星期了。」

我整個人一片空白，剩下的只有傷心和難以置信。他在消失那麼多年後終於回到我們身邊，我和他又和以前一樣親近，然後他現在又要走了，而且這一次是永遠離開？我已經看過太多人英年早逝，但這一次真的太不公平也太殘忍了。我沒有去芝加哥[1]，而是搭上了下一班飛往舊金山

1　二〇〇三年明星大賽的比賽地點。

的班機，然後直奔位在瓦列霍的醫院；我走進病房的時候我爸非常生氣，「你跑來幹嗎？」他對著我大吼，就算是帶著重病他還是脾氣火爆，「我什麼事都沒有！我會和你們一起迎接小西！給我滾出這裡，滾回明星大賽去！」我第二天一早就照辦，我真的很擔心我爸，但是能親眼看到他說要我放心離開，我的心總算是定下來了一些。

我在明星大賽沒有上場投球，而且我記得整段時間幾乎沒跟任何人講話超過三個字，我年紀輕又緊張，只記得有見過貝瑞．邦茲；他是在我十二歲的時候加入巨人隊的，能見到他本人讓我超級興奮。喔對了，我在星期一全壘打大賽開打前才趕到球場，有位選手對我說「你總算到了，」但是他不曉得我經歷了什麼，我也沒有多做解釋。

安柏的預產期在九月，我爸發誓他一定會親自到醫院去，但是他的健康狀況隨著夏天漸漸過去也越來越差；預產期前他強撐著病體和我媽一起飛到了克里夫蘭，他很瘦，顫巍巍的，整個人都累壞了，他的皮膚也因為藥物的影響比之前黯淡了許多。他頭髮掉光了，連眉毛也沒了，但是就在九月十五日剛過午夜，我抱著八磅十四盎司（四點零二五公斤）的小男嬰走出婦產科恢復室時，他開心的在現場迎接我們；我把我的兒子卡斯頓．查爾斯．沙巴西亞三世（Carsten Charles Sabathia III）遞給了我的父親，那是他的孫子。

那時印地安人的球季已經差不多了，我們在某些方面退步了很多，戰績比二〇〇二年還差，很多時候我們主場傑克布斯球場（Jacobs Field）的觀眾席連半滿都不到，但是有些人事調度確實也開始發揮效應；強尼．佩洛塔（Jhonny Peralta）是一位不可思議的防守球員，感覺他遲早可以取代合約只剩一年就可以成為自由球員的奧馬爾．維茲奎爾，凱希．布雷克（Casey Blake）和崔維斯．哈夫納（Travis Hafner）展現了一些長打能力，密爾頓則站穩了中外野，交出三成二一的打擊率。還有克里夫．李，球團在球季末把他從小聯盟叫上來的時候，他表現得非常好。

至於我，我是印地安人隊全隊唯一一位勝率超過五成的先發投手，原因之一是我一直努力加強自己的心理層面，也學著去控制自己的情緒，這需要時間，而且並不容易。有時我的思緒會在比賽前突然起飛亂竄，就像二〇〇四年有一次我上網去幫來克里夫蘭看球的叔叔多買幾張門票，結果剛好看到那場比賽是「沙巴西亞迎戰佩卓．馬丁尼茲」，立刻我就激動了起來；**我的天啊！我一定要認真投好這一場！這就是世界大賽的第七戰！**結果那場比賽佩卓投出了八次三振只被攻下兩分，而我被擊出八支安打（包括被曼尼打了一支全壘打）失去四分，一個三振都沒有，而且我們還輸了比賽。我的手臂一點問題都沒有，但我的腦袋很可能是我最大的敵人。

在我職業生涯早期，我投出去的每一球都像是生死對決一樣，不論對手是誰或是看臺上有誰在看都一樣緊繃，如果打者緊急收棒但裁判沒有判好球，我會暴怒到整個人無法專注；然後三球過去，下場就是我被擊出一支全壘打，但是自己完全不知道發生了什麼事，我知道我的天賦本能絕對沒有問題，但情緒和態度反應一直都是我的致命傷。

印地安人隊對於心理層面的重視在棒球界是領先其他球隊的，他們在一九九五年就雇用了查理．馬爾（Charlie Maher）來擔任球隊的心理教練；他在課程中總會教導我們要簡化自己的思緒、在投出球之後就別再計較後果，然後把注意力集中在下一球上。

當年有很多資深球員都覺得這些都是新時代的狗屁，他們認為討論自己的情緒就等於是在示弱，但我對這很感興趣，也慢慢開始嘗試這些理論；棒球選手幾乎每個人都需要在場外有一個可以好好說話的對象，投手更是如此，因為我們每場比賽都是自己一個人花三個小時面對自己的思緒，要是一直胡思亂想的話就糟糕了。另一個讓我學到很多的是新簽約的資深自由球員凱文．米爾伍德（Kevin Millwood），我觀察他在陷入麻煩的時候會把節奏緩下來，是我看過最厲害的人；有時候他被擊出幾支安打或是投了幾個保送，球迷全都會開始鼓譟，但他會走下投手丘散個步調整情緒，然後通常他就可以度過難關。我們只有在那一年同隊，但那時的我還在努力學習怎麼控制自己的情緒，米爾伍德這樣的老將真的是我最好的模範。

我在克里夫蘭的這段期間，馬克．夏培洛常常邀我到他的辦公室去聊天，鼓勵我完全不要去在意裁判的存在；他要我每場球專心投球，一球一球來，每次先發只要專心一百二十次就夠了。馬克一直都是我的老闆，但他慢慢變成像是一個亦父亦兄的好朋友；我的兒子小西年紀剛好介於馬克的長子和女兒之間，所以我會聽他的勸，也知道他想表達的意思，但這還是花了我很多年的時間，才真正進入那種心境。不管我在大聯盟待了多久，我永遠都沒有辦法完全無視裁判的存在，我還是會對他們大吼大叫，還是會被他們驅逐出場，但我學會了怎麼挑選應該爆發的時機，和脫下球衣之後的我比較起來，我在球場上控制自己情緒和脾氣的能力好太多了。

在球季結束之後，我的人生開始了快速而劇烈的改變，我爸在小西出生之後沒多久就回到瓦列霍去，他的病況也持續惡化，到了十月他已經病到幾乎無法吞嚥固態食物，只能盡量喝安素（Ensure）[2]，我媽每天會過去他的公寓三趟陪他聊天、鼓舞他的心情、也確定他吃了藥，甚至還幫他更換床單；有些親友不能理解在我爸當年那樣傷害我媽和我之後，為什麼我媽還願意花這麼多的心思去照顧他，但我媽總會說，「那是我兒子的父親，不管怎樣我都愛他。」安柏就和我媽一樣忠實，她每天都去探望我爸，帶錢給他，也帶我們的孩子去給爺爺看；球季結束後我回到家也常常去看我爸，他熱愛大力水手炸雞（Popeye's）的燉紅豆和秋葵濃湯，我總會帶那些過去讓他盡可能多吃一點。

父親在十二月時必須接受手術，他盡可能的樂觀面對，告訴大家說手術會對他的病況有幫助，在被推進手術室時他還比起大拇指來和我們告別；我記得我和葛洛阿姨坐在醫院的等候室，我還告訴她說我希望這不會是最後一次看到我爸，但是等到父親手術結束被推出來時，他已經被掛上了維生系統。

2　一種液體營養補充品。

幾個星期之後我必須飛往紐約參加ESPN《未滿三十歲的最佳二十人》節目錄影，同時也要出席他們所舉辦的一個盛大慶祝派對；安柏勸我別去，但我拒絕了，我說父親不會有問題，而且他一定也希望我去。

就在我去機場的路上，我媽撥電話告訴安柏說，「小卡今天早上走了。」他才四十七歲。

安柏立刻撥電話給我要我回頭，「為什麼？」我問，「就算我現在調頭回家，又能怎樣？」

我感覺到有一種似曾相識的迷霧又籠罩了上來，於是那整個周末我在紐約不停的喝，想像著自己是在和父親告別。

第九章　扛起一切

對於父親的死，我的痲木多過悲傷，我試著告訴自己說最少我們修復了彼此的關係，那是最好的禮物，而且最幸運的是讓他能夠在過世之前抱到孫子；然而後來我才了解到這只是開始而已，失去父親是我生命中的第一個震撼，而接下來的兩個更讓我完全找不到任何理由來平撫傷痛。

三月時我人在溫特哈文，那時已是春訓尾聲，我們球隊裡有許多新的先發球員；譬如說年紀輕輕的維克多·馬丁尼茲（Victor Martinez）就扛起了先發捕手的位置，他是一位左右開弓的強打者，看起來很有機會成為大明星，大家也開始對球隊充滿了期待。就在我們準備北上展開球季的前幾天，母親撥了電話過來，光是從她一開口的語氣我就知道一定有甚麼壞消息；我好朋友傑森·波海爾和內森·波海爾的父親、我爸的表哥，也是我的艾倫伯伯，他過世了。心臟病，完全沒有任何前兆，他才五十三歲；先是我爸，然後在那之後三個月艾倫伯伯也走了。

到了四月初，我在棒球場上也失去了一個好夥伴。密爾頓．布萊德利在二〇〇三年就和總教練艾瑞克．衛吉發生過好幾次衝突，到了二〇〇四年春訓尾聲，事情就整個爆發了；奧馬爾．維茲奎爾擊出了一個高飛球沒有全力跑壘，衛吉甚麼都沒說，然後接著密爾頓也打了一個高飛球，他慢慢跑壘連一壘壘包都沒碰到就出局了，衛吉說了些什麼表達不滿，密爾頓立刻就氣炸了。於是原本應該和我們一起北上去克里夫蘭展開球季的先發中外野手密爾頓，就在球季開幕戰前一天被送到道奇隊去了，換來的是年輕球員法蘭克林．古堤耶里茲（Franklin Gutierrez）。

密爾頓確實做過許多蠢事，很多事甚至我也有份！但是我還是生他的氣，也生我們兩個人的氣，因為我們居然沒有辦法讓彼此一起打球的時間能更長一點。他應該是印地安人隊的一份子，應該要和我們一起贏球，一起重新成為一支強隊，他一定能為球隊做出大貢獻；但是密爾頓需要專業治療來幫助他控制情緒，他沒有得到這樣的幫助，剛好相反，反而是不停有人從旁刺激他，甚至連媒體都是這樣，就為了讓他失控暴走。這些事我那時都不懂，一方面是因為我還年輕，另一方面則是因為我也有自己的問題要克服。

接下來的打擊又更沉重，我們的戰績在球季一開始時並不太好，但是到六月初我們進步了很多；一個星期三晚上我們在紐約以九比一擊敗了大都會隊，距離五成勝率只差一場比賽，我投了八局只失去一分拿下勝投。由於我們是跨聯盟比賽的客隊，我很開心可以得到上場打擊的機會，在四次機會中擊出一支安打；回到旅館時我的心情正好，但是就在這個時候安柏送來了壞消息。

這次是內特・波海爾，我的表哥，從我六歲開始打球一直到我十七歲，他都是我的隊友，如果我們不在同一支棒球隊上，內特會在每局之間塞葵瓜子給我，而且不管是球場上還是球場外他都能逗得我哈哈大笑，等到我上了大聯盟之後，只要一有空內特就會過來克里夫蘭找我。六月的一個晚上他在加州貝尼西亞（Benicia）參加一個派對，就像之前我們每一次晚上出去跑趴一樣，現場有好幾十人，但沒人能告訴我到底發生了什麼事；內特倒在地上，手臂上的傷口流血不止，他們立刻就送他去醫院但是急救無效，他才二十五歲，只比我大一歲。

第二天我就從紐約飛回家，趕到殯儀館去看內特，他躺在棺材裡，他的母親在一旁哭泣。我的下一場先發比賽在芝加哥，剛好和內特的告別式在同一天，對我來說照常出賽是對他表達敬意最好的方式，於是我把他名字的縮寫用簽字筆寫在我的印地安人隊球帽帽沿，戴著上場投球；那天我一共投了一百二十三球，每一球都承載著我對內特的思念，即使經過了這麼多年，一直到現在我都覺得這是才剛剛發生的事。這就是為什麼如果你仔細看的話，你會發現我用過的每一個手套邊上都繡著「安息ＮＢ」（RIP NB）[1]，因為我這一生都帶著內特、還有瓦列霍其他那些迷路的遊魂們與我同行。

1　ＲＩＰ為英文Rest in Peace的縮寫，意為安息；ＮＢ為作者表哥內特・波海爾（Nate Berhel）的姓名縮寫。

有些人化解傷痛的方式是向上帝尋求慰藉，在某些層面上來說我羨慕他們可以有這樣的調適方法；我從小就固定上教堂，我也仍然相信上帝，但我無法把所有的挫折都解釋成什麼神聖的上天安排，也不願意接受說這些都只是單純的運氣不好，或是說當事人自己做了哪些錯誤的決定，才造成最後失敗的後果。在美國最大的不幸就是又黑又窮，因為光是每天的生活瑣事就可以讓我們血壓暴衝，大家對槍、毒，還有怨氣都習以為常，相互激盪出來的火花自然也加倍危險；我們每個人當然都得為自己的行為負責，但是艾倫伯伯和內特的死所呈現出來的，就是我的親友和大多數美國黑人每天都要面對的艱難局面而已。

二十四歲的我並不懂得這些，但就算那時的我懂，也不可能減輕我的傷痛，更不可能幫助我調適那些憤怒和悲傷，我只能把它們埋藏起來、想辦法淹沒它們，但焦慮卻常常以一般人難以察覺的方式突圍而出；有時在和人聊天的時候，要是話題開始轉往讓我不舒服的方向，我的膝蓋會忍不住抽動，或是我常常為了該穿些什麼而煩惱不堪，我希望自己好看，但又怕自己的穿搭太過引人注目，於是我總會認為自己一定穿錯了什麼。多年來總是由安柏來幫我挑選每天的服裝，每一次外出去客場比賽也是由她為我打包行李；有一次她因為和我吵架而拒絕幫我收行李，結果那是我在客場投球表現最糟糕的一次。幾年前戴林・貝坦西斯（Dellin Betances）和他太太邀請我們去參加新生兒宴會，我們以為這只是一個非正式的小聚會，所以安柏穿了牛仔褲而我穿了運動服（很好的運動服，但就是運動服）；當我們到場時才發現，這個新生兒宴會辦得像個婚禮一樣正式，女士們都穿著禮服和高跟鞋，而男士們則是全套的西裝和領帶。大概不會有人介意我們到底穿了什麼，但那並不重要，因為我的焦慮立刻就衝破了天際，「快點，趕快離開這裡，我太丟臉了。」那時候我用來對付焦慮最重要的特效藥就是酒精，但是不管我吞下多少，各種各樣的焦慮總會透過不同方式浮現出來。

我答應過安柏要給她一個真正的婚禮，而我們把日期預定在二〇〇四年的十一月，地點就在瓦列霍；婚禮之前的那個周末，我們大概二十幾個人一起去了拉斯維加斯為新郎新娘慶祝最後的單身生涯，星期五和星期六兩天女士們玩她們的，我們男士們則玩我們的，但是星期天晚上大家全都聚在一起和週末告別。派對快結束時服務生拿了帳單過來，安柏順手就接過去開始簽名，早已喝醉的我突然就被激怒了，「拿給我簽就好了！」然後接著就是一場鬧劇；酒精像是突然變成了誠實藥水似的，我們惡言相向說了許多尖酸刻薄的話，把我內心深處許多憤怒和不安都給逼了出來，我突然大吼了一聲「我不跟妳結婚了！」安柏也沒示弱，「我們已經結婚一年，現在來不及了！」我當然不會認輸，脫口而出就是一句「妳只是為了錢才跟我在一起！」

安柏比我識大體，很快就整理好情緒轉身離開，但那時我失控的言行已經把她的朋友們全嚇哭了，她們不敢相信我竟會說出那樣的話，她們都認為婚禮肯定是辦不成了，但安柏只是笑著安慰她們，因為她知道我很快就會清醒過來認真道歉；我知道自己傷害了她，我真的不想，但是那時的安柏已經比我還要清楚，在我的心靈深處有一股力量不停的在把我撕碎。

婚禮還是辦得很美，最少我記得的部分很美；我們在瓦列霍算是小有名氣了，所以婚禮成了一件眾所矚目的事，有些不請自來的客人我們實在無法拒絕，弄得最後賓客總數幾乎要到三百多人；在幾千幾萬個陌生人面前投球對我來說一點難度都沒有，但是現在我卻是這場婚禮大秀的焦點，這就讓我緊張無比。偏偏在緊張之餘，我又覺得我有責任要讓這成為一個賓主盡歡的派對，這樣的緊張和壓力逼得我從一大早還在房間裡時就開始喝酒；我的男伴郎和朋友們都需要整理髮型，所以我們請了一位理髮師到新郎房裡來，於是一整個早上我們就這樣喝著酒說著故事，等到要上禮車前往教堂時，我早就已經過了微醺的狀態。站在聖壇前時我既醉又緊張，幾乎沒辦法看著安柏的雙眼，但總算還是完成了典禮；我的情緒卻在婚禮完成時整個潰堤，我蜷曲在大廳角落的一張椅子上痛哭哀號著：「我爸應該要在這裡的，我只想要我爸能回來。」洞房花燭夜什麼都沒發生，我一進到蜜月套房就人事不知，全身一整套的燕尾服都沒脫就昏了過去，還尿了床。

第二天一早我頭痛欲裂，而且完全不記得前一天自己在我們的婚禮上搞砸了多少事；我知道安柏很生氣，但她沒有棄我而去。

我的棒球之路也有點顛簸，但最少方向還是對的；查克．芬利那些資深選手很早就教會我一件很重要的事：每個球季大概只有五場比賽是我們會覺得自己狀況很好的，投手成功的關鍵就在於怎麼樣在狀況不好的時候還能想辦法幫球隊贏球。隨著印地安人隊展開重建，整個陣容的平均年齡也年輕了許多，這讓我更能在休息室裡隊友們打成一片；每一支球隊都會因為不同種族或不同守位而出現一些小團體，譬如說拉丁球員總會聚在一起、先發球員成為一群、還有投手們又自成一群等等，但最明顯的區分條件其實是年齡世代，因為年齡相近的人所喜歡的音樂和服飾都比較類似，而我們在職棒領域的發展程度也更為接近。

但我的例子略有不同，雖然我年紀還輕，但我在投手丘上的好表現讓許多隊友都把我當成了領袖；我很幸運的遇到了許多好老師來教我怎樣領導別人，但很多時候這些學習機會都是突如其來的。

二〇〇四年七月的一個星期六晚上我們在西雅圖比賽，水手隊正往最後一名邁進，我們的戰績也好不到哪裡去，但是不曉得為什麼在那個晚上，我們兩支球隊之間突然就緊繃了起來。以那個年代的大聯盟總教練來說，艾瑞克．衛吉確實是太年輕了些，所以印地安人隊特別請了巴迪．貝爾（Buddy Bell）來擔任我們的首席教練，讓衛吉在需要的時候可以有一位諮詢的對象。五十二歲的巴迪個性堅毅，曾經在底特律和科羅拉多都擔任過總教練，是一位徹頭徹尾的棒球人；他的父親在紅人隊時曾入選明星隊，他自己有過十八年的大聯盟球員資歷，其中七年就在克里夫蘭，他還有兩個兒子也是大聯盟選手。在西雅圖那天的第一局下半，就在我準備好要上場投球時，巴迪走過來靜靜的告訴我，要我等一下面對賈斯汀．里昂（Justin Leone）時要拿球砸他。前一天晚上我們以十八比六的比數打爆了西雅圖，而且一場比賽就打了八支全壘打；水手隊的反擊是投手投了三個觸身球攻擊我的隊友麥特．洛頓（Matt Lawton）、崔維斯．哈夫納，以及路．莫洛尼（Lou Merloni），我不知道為什麼挑了里昂做為我們報復的對象，但是那不重要，重要的是巴迪．貝爾告訴我一定要砸他。

第二局下半里昂第一次上場打擊，我剛剛才投出一個保送、被打了一支兩分全壘打，還有一支安打，我們已經落後兩分，這實在不是保送里昂上壘的好時機；我讓他打成一個游擊方向的軟弱滾地球出局。第四局下半他再度上場打擊，我們還是以〇比二落後，而我剛剛才保送了侯伯特．卡布雷拉（Jolbert Cabrera），而且他還盜上了二壘；在這種情況下我不能掉以輕心，我讓里昂打出一支中外野方向的高飛球被接殺出局。第六局下半他再度上場打擊，我們仍然落後，但這次他是開局的第一位打者，所以就算上壘對戰局的影響大概也相當有限；以當時比賽的狀況來看，我大概也快要被替換下場了，我投出的第一球是個好球，我心裡想著，**好極了，這樣看起來就不會太刻意了**，我對準他的膝蓋投出一記快速直球，結果沒砸到。接下來三球我試著砸他都沒砸到，也沒投進好球帶，於是他就被保送上了一壘。

當我回到休息區的時候巴迪氣壞了，已經氣到要失控的程度，他在全隊面前對我破口大罵，痛罵我是個娘娘腔膽小鬼，大吼著說「你應該是這支球隊的領袖！」而且完全停不下來；比賽結束之後他還是對著我大小聲，接下來的兩天也絲毫沒有要放過我，但我愛死了！

我不覺得巴迪對賈斯汀．里昂有什麼私人恩怨，重點是他對比賽的全心投入，那是一種老派的拚戰精神，要向對手展現求勝意志、要掌控全局、要讓對方害怕；我們是來打仗的，是來拼命讓自己更進步更好，而更重要的是他要我展現出那種壓制對手的氣勢。我和巴迪的感情本來就不錯，但是那晚在西雅圖之後我們的關係變得更加緊密，即使年齡差了快三十歲也不是問題。

我在球場上從小到大一直都是不留情面的，十一歲的時候我們以五十一比三打敗一支來自加州卡利斯托加（Calistoga, California）的棒球隊，整場比賽我們不停歡呼唱跳、噴垃圾話，好像比數其實很接近很緊張似的；高中時我們的籃球隊很強，很多時候我們的先發球員在第四節早就可以下場休息，但我們都會打滿全場，就為了想試試能不能拿到一百分。我們瓦列霍就是這樣，一旦取得了領先就絕對不要鬆懈，我們不會給對方逆轉的機會，一定要殺到見血。

加入印地安人隊時我還年輕，不太能確定自己身處的這個新環境，對身邊這些似是而非的規定也不太能理解；怎麼樣叫做太激動？如果沒有表現出大聯盟球員的樣子，會被老將們修理嗎？但是我遇到了像巴迪．貝爾還有我在印地安人隊第一年的投手教練迪克．波歐（Dick Pole）這樣的前輩，他們鼓勵我把每一次先發都當成是上場打仗，後來我整個職業生涯都用這種態度去面對比賽。

艾力克斯．柯拉（Alex Cora）對我的影響也很大，他在我們球隊沒有待很久；印地安人隊在二〇〇五年球季開打前和他簽約，但是在那年七月就將他交易到紅襪隊去，換來了另一位打擊更弱的內野手工具人雷蒙．瓦斯奎斯（Ramón Vázquez），但是在同隊的那六個月裡，柯拉讓我留下了深刻的印象。那時他二十九歲，大概正是他十四年球員生涯的一半，但他留在大聯盟的每一年都是他努力奮鬥而來，因為他是一位個子不大、打擊也不強的中線內野手，只能努力用各種方式為球隊做出貢獻，而其中一個方法就是不管自己身體出了什麼狀況，他都要咬牙死撐著準備好隨時能上場比賽。有一天晚上我親身見識了他的這種拚勁，我不記得是哪一場比賽了，但是我記得我拉傷了大腿；在我投球結束走下投手球丘的時候，我走進休息區就頭也不回的向醫療室前進，我要告訴他們說我的大腿不舒服，狀況不太好。柯拉在走廊裡堵到我問我狀況怎麼樣？他說：「你現在是覺得自己痛，還是他媽的真的受傷了？你真的受傷了？還是你覺得自己還能投？因為你要搞清楚，不管你現在去跟醫生他們說了甚麼，他們大概都會把你放上傷兵名單，而且最少就是四到六個星期跑不掉，如果你真的搞砸了受傷了，那你就去跟他們說你受傷了，但是如果你只是覺得痛，你就給我他媽的滾回去置物櫃坐好，明天你就沒事了。」

我回到置物櫃去什麼話都沒說，後來就接著投球，從那時起我就成了這樣的選手；如果真的、真的無法上場比賽，真的有哪裡傷了壞了，那就休息，不然的話你給我想辦法上場像個男子漢一樣撐著，上場比賽、上場拚命、把全身全心全力都揮灑在球場上，為球隊付出自己的一切，直到盡頭。

在學習投球的這條路上我也有比較不傳統的一面，球季期間我媽都會在克里夫蘭和我們一起住，在每次主場先發比賽之後，我都會回家和她坐在車庫裡喝酒聊天，我媽還會抽上幾根卡碧（Capris）[2]；她是會對比賽深入解析的人，我們會一局一局討論我當晚比賽的表現，不管輸贏好壞都不放過。安柏會在屋子裡照顧孩子睡覺，但在車庫裡我和我媽的對話就是「我應該投這個球的，」而她會問我那時是怎麼做出每一球的配球決定，或是當時的策略又是什麼，然後我們會討論在執行上做對了什麼，或是有沒有出什麼錯。和我媽一起檢討比賽是一件很有趣的事，而且這樣的討論也幫我整理了自己賽後的情緒；討論結束之後我們有一個小小的儀式，我會對她說「媽，我愛妳，」她則會回我說「我也愛妳，小鬼，」然後我們走出車庫後就不再為這場已經過去的比賽糾結。

身為一位球員，我的成長和進步幅度並不穩定，而我身處的那支印地安人隊也和我一樣，二〇〇四年球季我們好像往前進了一大步，在分區落後雙城隊排名第三，但比起前一年多贏了十二場比賽；二〇〇五年球季我們又往前進了更大一步，在夏天尾聲全力衝刺，到了可以和白襪隊競爭分區王座的程度，每天的戰況都很緊繃，我熱愛那種感覺。在芝加哥球場客隊的牛棚練投區，投手丘的後面只有一面鐵絲網，而白襪隊的球迷總會聚集在那邊嘖垃圾話；有一場比賽我正在熱身的時候，有個傢伙一直在那裏對著我碎念，於是我轉過身來就對著他踢了一大把紅土，剛好全撒在他臉上，還有他身邊每一個人的飲料杯裡，在那之後球場就安裝了一片防護板把我們區隔開來，我知道那肯定是因為我的關係，我很得意。

2 香菸品牌名稱。

九月的最後一個星期四晚上我投了八局都沒有失分，率領球隊擊敗坦帕，我們仍然落後白襪隊三場比賽，但球季最後的三場比賽就是由我們和白襪隊在克里夫蘭對決；第一場比賽我們打到十三局才以一分之差敗下陣來，我們的球季卻也就此結束，但是九十三勝六十九敗的戰績仍然是我們四年以來第一次勝率超過五成，傑克布斯球場每天晚上滿滿都是人，熱鬧無比。

那年秋天我自己家裡事情也不少，九月底我們前往芝加哥和白襪隊比賽，安柏懷孕在身而且預產期近在眼前；有天下午球隊剛到球場時我接到安柏的電話，她說「我今天應該就會生了，但是我要先把該買的東西買完，你媽現在在我身邊，但我還沒告訴她我就要生了。」她一直都是這麼冷靜，但我簡直不敢相信我聽到的，**安柏已經開始陣痛了，但她還是要把好市多**（**Costco**）、**小豆莢**（**A Pea in the Pod**）[3]**，還有紅羅賓**（**Red Robin**）[4]**的行程走完才肯去醫院！**我離開球場直奔旅館把所有東西全都打包，然後立刻搭機飛回克里夫蘭，當我抵達醫院的時候，我們的第二個孩子、大女兒潔登．艾瑞（Jaden Arie）已經呱呱墜地被包成了像是個墨西哥捲餅；這是我唯一錯過的一次兒女出世，其他的幾個我都全程待在產房裡拍照。我們從高中時就討論過說要有一個大家庭，甚至還把孩子們的名字全都給取好了，所以在產房裡迎接他們到來對我來說是一件非常重要的事，而且我喜歡看手術。

二〇〇六年春訓我們在報到前就對新球季充滿了期許，但北上展開球季之後就一敗塗地，幾名選手受傷加上其他隊友的表現不如預期，讓我們在五月中的時候勝率就已經跌到了五成以下，而且再也沒能回升；我的投球表現還是相當不錯，但到六月時輸球的煩躁已經讓我痛苦不堪。

這時剛好輪到小熊隊要到克里夫蘭來打三場跨聯盟的系列戰，即使我們的球隊的戰績一直在走下坡，我還是要在自己先發的比賽裡證明我的實力；小熊隊第一場比賽的先發投手是卡洛斯．桑布拉諾（**Carlos Zambrano**），那幾年他是國家聯盟最火熱的投手之一，但更重要的是在我新人球季指導我、對我影響深遠的投手教練迪克．波歐現在是小熊隊的首席教練了。迪克對我非常嚴格，他教我「永遠不要道歉，要像頭公牛一樣勇敢向前」，現在我有機會表現給他看，讓他知道身為一個投手我進步了多少；我想讓他看到他當年在我身上所創造出的成果，我希望能讓他以我為榮。

第一局我太興奮了，以至於我投球不夠精準，送出了一次保送、被打了一支一壘安打和一支二壘安打，還失去一分；但第二局就好多了，只被打出一支一壘安打，沒有失分。第三局一開始我就被打了一支左外野方向的軟弱安打，我本來以為會被接住的；接下來是一支右外野方向的平飛安打，然後是連續兩個都應該造成雙殺的內野滾地球，第二球如果雙殺成功是可以結束對方進攻的，結果我們兩次都失敗，所以還是無人出局。那時我已經氣壞了，迪克．波歐正看著我，我

3　美國孕婦裝品牌。
4　美國連鎖漢堡餐廳。

球投得非常好，但我身後的隊友們完全幫不上忙；我沒能堅持下去，反而是憤怒的把氣發在投球上，**他媽的隨便啦！**我開始對準紅中全力投球，快速直球、快速直球、快速直球，**愛打就讓你們打個夠**。小熊隊一球都沒有放過，我只投了二又三分之一局就被換了下去，一共被攻下了九分。

我回到我的置物櫃前開始喝酒，投手下場之後，在比賽還沒結束之前就開始喝酒其實並不少見，我有一個大紅杯子和一些珍藏的酒等著我；這天晚上因為下雨的關係，我們等了一個多小時他們才把已經進行了七局的比賽裁定結束，我比平常多喝了不少，等到記者們進來採訪的時候我已經很醉了，而且更加口無遮攔。「今天晚上最不可原諒的人就是我，因為我居然放棄了這場比**賽！**」我就這麼對著記者們說，「我想向我的隊友們道歉，向球迷、向我的家人，還有觀眾席上的那些人道歉，這是我職業生涯的第一次，我就是沒有辦法專心。」

第二天克里夫蘭的運動廣播電臺節目全都對我罵聲不斷，他們說我是個逃兵，是個半途而廢的壞榜樣；這些批評對我沒有太大影響，因為我知道確實是我自己的錯。這支球隊很年輕而且大家感情很好，我們每個人都互相督促彼此、互相鼓勵；雖然二〇〇六年球季越來越讓人失望，但我們絕對會成為一支更好的球隊，我覺得隊友們都尊敬我，但那一晚我真的讓他們失望了。從小到大我最不能忍受的就是讓人失望，不管怎麼樣上了球場就是要全力求勝，就算有再多失誤、就算裁判再怎麼糟糕、就算你的老婆、你的小孩、你的女朋友，還是你的合約怎麼了，我的原則都只有一個：我一定會在投手丘上拼命，把心掏出來都可以。那天晚上我沒能做到，而更糟糕的是我在賽後面對記者時又太誠實了一些。

這整起事件最奇怪也最棒的結果就是，第二天我走進休息室向我的隊友們道歉，特別是崔維斯．哈夫納、凱希．布雷克，還有格雷迪．塞斯摩爾這些你知道特別在意運動精神的人；我對他們說，「兄弟，昨晚真的是我自己就放棄了，我知道那很混蛋，是很沒出息的狗屁行為，全都是我的錯，我保證我絕對不會再犯。」他們聽了卻只是聳聳肩，哈夫納說，「你說什麼？我一點都不覺得有什麼不一樣。」也許哈夫納真的沒注意到有什麼不同，也有可能他只是不想跟我計較，但那讓我更愛那一群好兄弟，而最讓我鬆了一口氣的就是我知道我仍然受到他們的尊重；剩下的二〇〇六年一整年我拚盡了全力投球，即使是我的膝蓋需要開刀也沒能讓我錯過先發。二〇〇五年十二月我和安柏還有她的哥哥喬和他當時的女朋友一起開車去太浩湖（Lake Tahoe），那是我第一次站上滑雪板，我撞上了一個雪堆扭傷了右膝，也撕裂了一部分的半月軟骨；那時我不覺得痛，也不想要告訴印地安人隊發生了這樣的事，我一直等到二〇〇六年球季結束才接受手術把膝蓋關節給清理乾淨。

我們慢慢變成了一支非常非常緊密的球隊，而團結的力量就在二〇〇七年發揮了出來，先發一壘手萊恩．加爾寇（Ryan Garko）打了二十一支全壘打、從聖地牙哥被交易過來的賈許．巴菲爾德（Josh Barfield）是一個穩固的二壘手，但最重要的還是我們年輕的核心球員們——塞斯摩爾、馬丁尼茲，還有佩洛塔——都在同一段時間邁入球技高峰，而且我們終於有了一個堅強的投手陣容。佛斯托・卡蒙納（Fausto Carmona）[5]從牛棚被拉進先發輪值一口氣贏了十九場比賽、愛用古早年代舞動手臂方式投球的保羅・柏德（Paul Byrd）靠著各種變化球贏了十五場比賽、傑克・韋斯布魯克（Jake Westbrook）和克里夫・李雖然勝投不多，但在幾場重要的比賽中都表現得很好，而曾經輾轉經歷了六支不同球隊的自由球員喬・波羅斯基（Joe Borowski）則在加入我們之後成為球隊的終結者，他投出自己職業生涯成績最好的一個球季，一共拿下了四十五次的救援成功。我們在球季的前兩場比賽就打敗了白襪隊，他們在前一年球季的最後一個周末才把我們淘汰出局，但今年他們已經不是對手，而我們的戰績也從球季一開始就往前飛奔。

我的個人成績也隨之扶搖直上，到七月初就已經累積了十二勝三敗，而且還被選進了美國聯盟的明星隊；二〇〇七年的明星大賽就在舊金山，我想盡辦法才幫瓦列霍的家人和朋友們弄到了好多好多門票。美國聯盟明星隊的總教練是當時還在老虎隊的吉姆・李蘭德（Jim Leyland），他在第五局下半派我上場投球；當我走上投手丘的時候我的心裡揪了一下，我想起小時候父親曾經告訴我，「有一天你會被選進明星隊，而且你會回到你的家鄉，就在舊金山上場投球，」那時母親臉上的表情彷彿是在說，**小卡我看你是瘋了**。但是現在我真的就站在這裡，我認真感受了一下當時的心情，然後抬起頭說，「老爸，我做到了。」我深吸了一口氣，然後站上投手丘投了一局成功封鎖對手沒有失分。

那一年是我真正感覺到自己成為了一位投手，那是我在大聯盟的第七年，我熟悉所有的打者，但最重要的是我更了解自己了；我有一個時速九十五英里的快速直球，我也可以把滑球準確投到想要的位置，而且我終於可以穩定掌握我的變速球。球季一開始我就拿下五勝然後才輸球，接下來又連續贏了四場比賽，每場比賽平均都三振六名打者，保送也壓低到每場只有一位；每一次上場投球我都知道我們會贏，最後我拿下十九勝七敗的戰績，也第一次突破了全季累積兩百次三振的關口。老虎隊一直以一場或兩場左右的勝差緊跟在我們之後，但我們在八月底靠著一波八連勝站穩了聯盟中區的領先位置，最後以九十六勝和紅襪隊並列全大聯盟戰績最佳的王座；在進入季後賽的時候，我們不光只是相信自己有挑戰世界大賽的實力而已，**我們完全相信自己一定會拿下世界冠軍。**

包括我在內，那一年好多位印地安人隊的選手都創下了很好的成績，但是真正做出最大貢獻、影響力也最關鍵的球員卻被球迷和媒體給忽略掉了。查特．尼克森（Trot Nixon）在之前的八年幾乎都是紅襪隊的先發右外野手，但是紅襪隊決定以J．D．德魯取代他的位置，於是印地安人隊就以自由球員的方式將他簽下，雖然我們也不確定他能不能在春訓之後進入大聯盟先發名單；二〇〇七年球季查特只出賽了九十九場，打擊率只有兩成五一，沒有什麼長程火力，跑得也不快，他已經三十三歲了，球季之後大概一年他就從棒球場上退休，但是那一年簽下查特卻是印

---

5 後來被查獲使用假身分，而被更改回原名羅貝托．賀南德茲（Roberto Hernández）。

地安人隊所做出最重要的一個決定。查特每天到球場都充滿了活力，在休息區裡和更衣室裡加油喊聲從來都沒有停過，那年我們在聯盟分區最大的競爭對手就是雙城隊和老虎隊，每次只要一碰上他們，查特就會不停用垃圾話問候對方；我們當然知道自己有實力成為一支強隊，但是查特的正能量讓我們信心爆滿，他讓我們知道什麼是贏家的氣勢，是因為他我們才能贏下分區的王座。

能夠有機會爭奪世界冠軍是一件很難得的事，而對二〇〇七年的我們來說，這次的機會更加難能可貴，因為我們都知道這會是唯一的一次機會；像查特和肯尼．洛夫頓這樣的資深球員在球季結束後就會離隊，而我距離取得自由球員資格只剩下一年的時間，維克多．馬丁尼茲只比我久一點。克里夫蘭是一隻小市場球隊，如果我們贏下世界冠軍，那他們或許能賺到足夠的錢把我們簽回來，但是如果我們沒贏的話，他們就勢必得先把我賣出去換一些新人回來重建球隊，然後就是馬丁尼茲，所以要是我們想贏世界冠軍的話，就只有今年這一次機會。

季後賽一開始就讓人心驚，我們在家迎戰洋基隊，由我這個當家王牌先發，我非常亢奮，可能有一點太過頭；在那種情況下我投出去的球會有點失控，而且投球時好像整個人都要向著本壘板直衝過去似的，會投出很多保送，變化球也不夠犀利。為了不想保送打者，我投的第五球非搶好球不可，我對準紅中投出一顆快速直球，結果被強尼．戴蒙（Johnny Damon）打成一支直飛右外野看臺的平飛全壘打。**好吧！深呼吸，才第一局而已，比賽還很長，下一球投好一點就好。**我稍微穩定了下來，但下一位上場的打者是德瑞克．基特，誰都知道他是職棒史上最偉大的球員之一，偏偏他對我又打得特別好，我們對戰五年以來他的打擊率高達五成；對我來說這已經是這場比賽最關鍵的轉捩點，如果基特上壘的話，洋基的攻勢一定會接二連三而來，而我一定會越來越緊張，但是如果我可以把基特解決出局，那我就可以控制住場面。我相信基特當然也知道當時的情況，所以我們非常謹慎的對決：外角壞球、快速直球是個好球他沒有揮棒、界外球兩好球，這下子我取得了優勢，有機會把他解決出局了；結果下一球我投高了，球數變成兩好兩壞，接下來基特把一記滑球打出界外，但是最後我的快速直球終於把他解決出局——他打了一個二壘方向的高飛球被艾斯朱柏．卡布雷拉（Asdrúbal Cabrera）給接殺，一出局。

那一個出局後來變得更加關鍵，因為接下來的兩位打者巴比．阿布瑞尤（Bobby Abreu）和艾力克斯．羅德里奎茲都被我給保送上壘；面對荷黑．波沙達（Jorge Posada）時我用滑球讓他在兩好兩壞的情況下揮棒落空被三振出局，然後是松井秀喜，他打了一個滾地球給卡布雷拉，結束了這一局洋基隊的進攻。我實在投得並不好，在那局一共投了三十三球，還被戴蒙打了一支全壘打，但是我逃脫了沒被打倒；下半局我的好兄弟們幫我搶回領先，一口氣攻下了三分，但我已經完全進入了戰鬥狀態。羅賓森．坎諾（Robinson Canó）在第四局打了一支一分全壘打，阿布瑞尤則在第五局擊出一支有一分打點的二壘安打，也把比數追到只落後我們一分，但是最後我們把比數整個拉開，以十二比三拿下了勝利；我只投了五局，用的球數太多，一共保送了六位打者，這讓我非常生氣。我們拿下了短系列戰的第一場比賽，這對氣勢有很大幫助，接下來的第二場比賽也一樣緊繃；我們一直堅持到十一局下半，才由哈夫納在兩人出局滿壘的情況下擊出一支再見安打，這場比賽贏得太刺激了，大家都很興奮。

接下來的比賽都在紐約，在那個老的、原始的洋基球場，我從來就不喜歡在那裏比賽；我懂也理解那裏的歷史意義，但我就是討厭那個窄小的、有怪味道的選手休息區，雖然客隊的休息室維持得很不錯，但整個球場其他的地方都像是要散掉了一樣。第三戰我們一開始就取得領先，但是後來卻被洋基隊逆轉而輸球，第四戰我們一樣一開打就以六比一領先他們，最後也穩住陣腳以六比四獲得勝利，將他們淘汰出局。

下一關是波士頓，我們兩隊在球季例行賽的戰績一樣，但是媒體早已把紅襪隊塑造成當年全聯盟最強的一隊，這更加激勵了我們要打敗他們；這支紅襪隊陣中有大衛．歐提茲（David Ortiz）、有凱文．尤克里斯（Kevin Youkilis）、有柯特．席林（Curt Schilling）和松坂大輔，當然還有曾經在印地安人隊成為明星的曼尼．拉米瑞茲。我們都認為這個系列戰才是二〇〇七年球季真正的世界大賽，不管最後是哪一隊勝出，都一定可以輕鬆應付國家聯盟的冠軍隊，不管是科羅拉多還是亞利桑那都一樣。

波士頓的芬威球場（Fenway Park）比老洋基球場還糟糕，客隊休息室的空間小到大家在換衣服的時候幾乎沒有辦法轉身，走道上常常會有老鼠，而球員休息區的屋頂矮到我甚至沒有辦法站直，更別說那些爛球迷了；我不介意他們的座位都距離球場很近，而且感覺好像就是居高臨下正對著你一樣，我無法忍受的是他們真的就是很惡質。我一直搞不懂他們的邏輯：他們花了錢進場看比賽，我當然可以理解他們要全力幫自己球隊加油，就像我去看突擊者隊、湖人隊，或是曼聯時也一樣瘋狂，但是我不會用髒話問候對手球隊；但是在波士頓不一樣，只要你一走進牛棚開始熱身，球迷們就會趴在牆上用那個N字[6]問候你。

經歷了七個球季的洗禮，我早就知道那裏會是什麼樣子，也可以輕易把那些叫罵聲關在耳朵外面；我的情緒還是很激動，因為這一刻太重要了，我在出戰洋基隊的時候投得並不好，現在是我洗雪前恥最好的機會，結果我投得比前一場更糟。對我殺傷力最大的曼尼在第一局就打回一分把比數追平，第三局我又在滿壘的情況下對他投出保送；接著麥克・洛威爾（Mike Lowell）以一支二壘安打再送回了兩分，然後傑森・瓦瑞泰克（Jason Varitek）又以一個滾地球出局擠回了這一局的第四分。我只投了四又三分之一局，就在一比七的情況下被替換下場，其實我並沒有被打得多慘，只是我的壞球數幾乎和好球數一樣多；整場比賽我一直處在球數落後的狀態，投球投得很被動，一共送出五次保送，也為了要搶好球而被逼得必須往好球帶正中間投球。

第二天我像個洩了氣的玩偶坐在休息室的沙發上生悶氣，ＥＳＰＮ的轉播員喬・摩根（Joe

6　在此指黑鬼（Nigger），是一個對非洲裔族群有強烈歧視意圖的字；為了避免造成冒犯，平常對話中即使提到也大多會委婉的以「N開頭的字」或「N字」代替。

Morgan）[7]過來對我說，「勇敢攻擊那些混蛋！不要在投手丘上扭扭捏捏的想去削好球帶的邊緣，就算要輸也要輸得實在，被打爆都沒關係，不要因為投了一堆保送而輸球！好好修理那些混蛋！」他一點都沒說錯，這些話狠狠的把我敲醒了！

我的隊友們給了我復仇的機會，我們接著連贏了三場比賽，第五戰有機會可以在克里夫蘭結束這個系列戰，這場比賽當然要由我來先發；太完美了，這是我洗雪前恥的一刻，亂七八糟的第一戰已經不重要了、過去了，只要贏下這一場，我們就打進世界大賽了。**我們一定可以贏下世界大賽，我就是英雄！**我整天都想著這件事，**今天這場比賽就讓我好好輾壓你們這些混蛋。**

我們對這場比賽充滿了信心，全隊沒有人帶了行李箱到球場來；如果我們輸掉第五戰的話，我們必須移動到波士頓去打第六戰甚至第七戰，但是我們才不可能輸，我們根本就不需要打包行李。

也許就是這一步走錯了，說不定我們太過驕傲所以觸怒了棒球之神，第二棒打者尤克里斯打了支全壘打、曼尼打了支二壘安打、洛威爾又補上一支一壘安打；還好曼尼在本壘前因為法蘭克林・古堤耶里茲精彩的傳球而出局，不然這場面可能會更難看。曼尼在第三局又修理我，把「老爹」大衛・歐提茲給送了回來得分，但我穩住了場面，一直到第七局也只以一比二落後一分而已；接下來開路先鋒達斯汀・佩德羅亞（Dustin Pedroia）打了支二壘安打、尤克里斯打了支三壘安打，然後衛吉總教練就把我換下去了，最後我們以一比七輸掉了比賽。

我聽了喬・摩根的建議全力攻擊打者，但這場敗仗是我的責任，我的情緒太高亢，而且太堅持想要完投九局，靠自己一個人就把比賽給贏下來；比賽結束之後我的情緒低落到不想再去想任何跟這場比賽有關的事，但那場季後賽的敗戰卻教會我一件最重要的事：勝負不必全都在我，我已經打進美國聯盟的冠軍賽了，我們球隊很棒，我的隊友也全都很棒，我應該要做的只是盡力把自己份內的工作做好，然後讓其他人也去做他們該做的事。

然而那場敗仗徹底改變了印地安人隊的命運，我們回到波士頓打第六戰，結果被紅襪隊以十二比二打爆；**沒關係，還是一樣再贏一場就好，第七戰是我們的**。然後一些瘋狂的怪事就開始接二連三的發生了，第七戰前凌晨大概三、四點的時候，旅館的火災警鈴突然大響，我們全隊和隨行家人全都在深夜裡被疏散到大街上，我們都猜那肯定是旅館在惡整我們；然後《舊金山紀事報》（San Francisco Chronicle）發了個獨家新聞，說我們陣中的投手保羅・柏德曾經在多年以前收到過裝有HGH生長激素的郵寄包裹，那是一種能強化運動表現的藥物，當我們抵達球場的時候，所有的媒體都只想要問關於生長激素的事。大概是個巧合，當時正在指揮調查類固醇和強化藥物的前參議員喬治・米契爾（George Mitchell）剛好也是紅襪隊董事會的成員之一；米契爾

7 喬・摩根是美國棒球名人堂的一員，曾十度入選明星隊，並於一九七五年和一九七六年兩度與辛辛那提紅人隊獲得世界大賽冠軍，是陣中的先發二壘手，也是那兩年國家聯盟的最有價值球員。

始終否認自己和那篇報導有任何關係，但消息剛剛好就在那一天被報導出來未免也太果湊巧，而且那確實對我們造成了很大的干擾。

沒關係，這不是藉口，比賽進入第七局下半的時候我們還只落後一分，但紅襪隊一口氣攻下了八分，把我們的牛棚給打垮了；達斯汀．佩德羅亞有五分打點，尤克里斯打了一支兩分全壘打奠定勝果，最後的比數是十一比二。

我們是帶著情感上的嚴重創傷離開波士頓的，我們絕對比紅襪隊強，他們只是比我們更有經驗而已，我應該是那個把球隊扛在肩上帶進世界大賽的人，但這個壓力實在太沉重了；我對老爹的攻擊火力一籌莫展，因為我滿腦子只想著要壓制對手、要成為一個偉大的季後賽投手。我對不起印地安人隊的球迷，他們從一九四八年就沒有再贏過冠軍，我想要成為贏球的大功臣，結果反而變成我們輸球的唯一理由。

然而這場比賽所造成的傷害比表面上還深，幾乎要和我外婆和父親過世時一樣。我和克里夫、維克多、格雷迪，還有強尼都是一起在球隊裡成長至今，我們會一起開烤肉派對，也會在假期時一起共度，連孩子們的年紀都差不多；那是我職棒生涯中關係最緊密的一組隊友，但是我們也知道那一年我們一定得贏下世界冠軍，印地安人隊才能有足夠的經費把我們都繼續留在一起，要是我們輸了球而第二年球季一開始又表現不夠好，那很快就會有人被交易出去。我的責任不光只是贏下世界冠軍的戒指而已，而是要把我的這些家人全都留在一起，但是我搞砸了。

我的職棒生涯裡沒有太多能讓我覺得後悔的事，但這是最嚴重的一個：沒能在印地安人隊拿下世界冠軍，沒能有足夠的心靈力量去把自己強化起來，讓自己能在季後賽交出更好的表現。在去機場的巴士上我們全都哭了，有很多球員太太都和我們坐同一班飛機回克里夫蘭，飛機上靜悄悄的，只剩下偶爾傳來的一兩聲啜泣聲。

第十章 把球給我

現在再回想起來，我心裡比當時更多了一點感謝，我真的有，只是那時我剛剛輸給紅襪隊大概才一個多月，他們說我贏得美國聯盟的賽揚獎（Cy Young Award）[1]時，我只是聳了聳肩不當作一回事，因為那對我來說就像是一個安慰獎而已；賽揚獎是由一群記者投票選出來的，所以什麼人都有可能「賽」到這個獎，然而得到只頒給最佳左投手的華倫．史潘獎（Warren Spahn Award）[2]就讓我覺得很酷，因為這個獎項是純粹由數據來決定的。但是去他媽的個人獎，我從來就不在意那些，也沒有任何獎項可以彌補二〇〇七年球季所帶給我們的遺憾；如果可以的話，

1 美國職棒大聯盟每年由棒球記者票選並頒發給該年度最佳投手的獎項，兩個聯盟各選一位，以名人堂投手賽．揚（Cy Young）為名。

2 由奧克拉荷馬運動博物館頒發給每年美國職棒大聯盟最佳左投手的獎項，以出身於奧克拉荷馬州（Oklahoma）的名人堂投手華倫．史潘（Warren Spahn）為名。

我絕對會立刻和紅襪隊的賈許・貝基特（Josh Beckett）交換，賽揚獎給他，我只要世界大賽的冠軍戒指就好。贏了賽揚獎帶來的一件好事，就是安柏和我一起去紐約參加了一月的頒獎典禮，而她就在那時懷上了我們的第三個孩子；二〇〇八年十月我們的女兒來到這個世界，我們為她取名賽雅（Cyia）。

在那九個月之間發生了很多事。我們都知道比賽就是一門生意，也知道如果二〇〇八年球季一開始沒能有好的成績，印地安人隊就必須開始把一些重要的成員給交易出去，因為接下來我們的薪水只會越來越高。我必須要讚揚馬克・夏培洛，因為在球季前的冬天他就邀請我到他的辦公室，並且誠實的告訴我接下來他對球隊的整體規劃；克里夫蘭可以和我的經紀人協商，並提出一份他們覺得合理的新合約，但是如果我想要等到年底成為一位自由球員，透過各隊之間的競爭來獲得一份更高薪資的合約，他也可以理解。馬克也說如果和我經紀人的協商開始停滯不前的話，他會嘗試在七月的交易大限之前將我交易到別的球隊，去幫印地安人隊換一些潛力新秀回來。

這些道理我當然都懂，但在我心中深處還是無法接受這個事實，我從來不覺得他們真的會把我交易出去；我知道這聽起來很蠢，但我真的很愛克里夫蘭，我從一開始就是個印第安人，是他們在選秀中挑選了我啊！這是我的家，而從上到下這些人全都是我的家人，從高層主管一直到球場門口的收票員，還有商品部那些賣T恤的店員們，我都認識他們；這八年來我看到許多球員轉換球隊，但我從沒想過身處克里夫蘭的我有一天也會陷入這樣的處境，**他媽的他們才不可能把我**

給交易走。

果不其然，二〇〇八年一開始我們的表現就不好，球季開打兩個月之後我們距離五成勝率還落後兩場，而且戰績排名還在持續下滑；我的狀況更糟，第一個月我的防禦率就接近八，唯一表現好的一次先發是對洋基隊的那場比賽，可是我們還是以一比〇輸球。體能狀況上我不覺得自己有什麼問題，但是整個上半球季我都在想著自由球員這件事，每一個說自己沒有在想的球員全都他媽的在說謊，因為你的腦子裡就只會有這個念頭，特別是如果你已經成家而且像我們當時一樣年輕；我不知道我們會搬到哪裡去，不管換到哪一支球隊去，我們都想要可以一整年都住在同一個地方，就在一個城市裡把孩子們養大，把那裏變成我們的家。要是我受傷然後身價下跌了呢？要是我在一大堆選擇中選錯了球隊呢？那一整年我都沒有睡好，常常想東想西，擔心突然會發生什麼事、自己會搞砸什麼，還有最後我們到底會搬到什麼地方去；對於球場上的各種突發狀況我一點都不擔心，但是生活上這些不知何去何從的未知數真的讓我一籌莫展，我花了七年的時間開始對克里夫蘭感到舒適，我不想被逼著再去經歷一次那樣的人生改變，我沒有把握自己可以做得到。

那些年，大概從二〇〇五年到二〇〇九年，我偏好的飲料是葡萄酒，我不會拒絕其他的酒類飲料，但最少現在我買得起任何我想要喝的酒；紅酒白酒都沒關係，像是北加州一個叫做銀橡樹（Silver Oak）的酒莊，他們的卡本內（Cabernet）[3]我就很喜歡，我也會在家裡存好幾箱法尼安提（Far Niente）酒莊的夏多內（Chardonnay）[4]，我也喝了很多托美酒莊（Twomey）的黑皮諾（Pinot Noir）[5]。我常常覺得我不屬於我的年代，我應該是七〇或是八〇年代的職棒球員，因為在比賽結束之後狂歡作樂對他們來說是最正常不過的事，但是在我的這個世代大家已經不那樣成天鬼混了。

有時候我在晚上會惹出一些麻煩事，但是更多時候我最大的困擾就是早上總是帶著劇烈的頭痛醒來，於是我就會試著少喝一點；但我從不覺得我有什麼問題，我們也從未討論過是不是應該尋求專業協助。為什麼要？二〇〇七年我贏得了我的第一個賽揚獎，而且還連續三年被選進明星隊，現在的我即將成為最火熱最搶手的自由球員投手，我的日常作息肯定有效。

晚上喝點葡萄酒總是可以讓我稍微放鬆一點，不再為那些可能發生的交易煩惱，但是第二天我總會要面對記者們不停詢問我對於各種交易傳聞的意見；六月時大家都說我肯定要被換去洛杉磯了，加上凱希·布雷克一起去換回一些頂級新人，像是卡洛斯·桑塔納（Carlos Santana）和安迪·拉若許（Andy LaRoche）。我蠻喜歡道奇隊這個去處，我可以回到西岸，而且我本來就在考慮要以自由球員的身分和道奇隊簽約，要是被交易過去的話這一切就可以提前啟動；但是關於洛杉磯的這些傳聞一下子就停了，沒人知道為什麼。

另一個城市的傳聞卻不停的浮現上來，就是密爾瓦基，釀酒人隊正在季後賽資格的邊緣奮戰，但是自從一九八二年在世界大賽中輸給紅雀隊之後，他們就再也沒有打進過季後賽；他們的新老闆馬克．亞塔納席歐（Mark Attanasio）很積極，說不定他們會願意為了季後賽賭一把，雖然我痛恨這些來來去去的傳聞，也盡我所能的不去理會它們，但是好友大衛．瑞斯克的一通電話卻讓我不得不面對這個可能性。我們從還在克里夫蘭小聯盟系統裡當隊友的時候就是好朋友，但是印地安人隊在二〇〇六年球季開打前把他交易到了紅襪隊；後來他先後轉隊到白襪隊和皇家隊，直到二〇〇八年才和釀酒人隊簽約，我們一直都保持著聯繫。那年七月四日的國慶日周末，瑞斯克打了電話來告訴我說：「他們已經開始在這邊做你的球衣了！」

但是等到交易真正發生的時候，我還是嚇到了；那時我們剛結束在明尼蘇達的系列賽，我下飛機的時候在電話上看到朋友傳來的訊息，但是球隊裡卻還沒有人給我任何正式的通知，然後我就看到我們的行程總管麥克．塞吉（Mike Seghi）在哭。我努力想要控制住自己的情緒，所以只好抱了一下麥克，連行李都還來不及拿就跳上車快速離開了機場；回到家時我看到安柏就再也忍不住了，我哭了好幾個小時，然後站起來說：「幹！幹他媽的！走就走，我現在就飛去密爾瓦基！」

3　紅葡萄品種卡本內蘇維翁（Cabernet Sauvignon）的簡稱，為釀造紅葡萄酒最主要的葡萄品種。

4　白葡萄品種名稱，為釀造白葡萄酒最主要的葡萄品種。

5　紅葡萄品種名稱，原可被釀造成紅葡萄酒，亦被使用於釀造氣泡酒。

我覺得受傷了，而且把傷心轉化成了憤怒，但我也高興最後是交易而不是自己選擇以自由球員的方式離開，因為這樣我和克里夫蘭的球迷之間不會有任何不愉快；我很快就從傷心變成**幹他媽的，他們不想要我留在這裡是嗎？那我就來讓他們後悔。**

密爾瓦基的總經理道格．梅爾文（Doug Melvin）傳話告訴我說可以慢慢來，不用急著到球隊報到：「我知道你的太太正懷孕，而且你還有兩個孩子年紀還小。」他說我可以準備一個星期之後再先發就好，剛好就會是明星賽之前的最後一場比賽，我很感謝他的周到，但我沒打算浪費時間；交易是在星期天完成，然後在星期一被公布的，我告訴道格說我星期一稍晚就會趕到密爾瓦基，而且星期二就可以上場比賽，那是我做過最棒的決定。

我飛快趕到密爾瓦基，他們必須把我印地安人隊紅色的釘鞋漆成藍色，才能配上釀酒人隊的球衣；那天晚上我站上投手丘迎戰科羅拉多洛磯隊，全場爆滿的四萬兩千五百三十三位釀酒人隊球迷全都站起來為我鼓掌，這讓我加倍興奮，甚至可能還有一點過度興奮。我控球有一點差，第一局就保送了兩位打者，但是後來我穩定了下來，一共投了六局也拿下勝利；最讓我開心的是第七局上場接替我投球的後援投手就是我的好朋友瑞斯克。

我很確定由瑞斯克接替我投球純粹只是釀酒人隊總教練內德．約斯特（Ned Yost）的戰術安排，但這讓我感覺自己受到了歡迎；當我第一次走進密爾瓦基的球員休息室時，我望了望四周，幾乎不敢相信自己的眼睛，因為我一共看到了五張黑人臉孔。這聽起來好像不是個大數字，但是在一支大聯盟棒球隊的名單上，這數字很不得了，因為多年來在克里夫蘭我是唯一的黑人球員；我會去思考這種事，但是我從不糾結，畢竟在印地安人隊上我還是有很多白人和拉丁好朋友，而且像瑞斯克這樣的朋友不管在想法上還是態度上根本就和黑人一樣。

一直要等到我加入了密爾瓦基釀酒人隊，我才真正理解到之前的我有多麼寂寞，而能夠跟一群和我長得一樣的同伴們一起打球有多麼讓人開心；美國的黑人隨時都處在戒備狀態，在釀酒人隊時是我打棒球打了這麼久第一次覺得可以比較放鬆一些。

麥克・卡麥隆（Mike Cameron）是這支釀酒人隊的領袖，我一見到他就覺得像是遇到了一個大哥，他那時三十五歲，是在大聯盟的第十四個球季；他就是一個充滿智慧的老靈魂，也是一個棒球場上的戰士。瑞奇・威克斯（Rickie Weeks）超級、超級安靜，可以說是有點害羞，所以當他很難得的突然開口說些玩笑話的時候，往往會讓大家都笑翻過去；普林斯・菲爾德（Prince Fielder）剛好相反，是一群人中的笑話大王，他聲音宏亮而且總是有說不完的垃圾話。比利・霍爾（Billy Hall）來自密西西比州（Mississippi），是一個很平易近人的傢伙，他和我的個性很像，不管大家想要做什麼，我們都不會反對，要一起在旅館房間閒聊？沒問題，要去外面開趴狂歡，也可以；小湯尼・關恩（Tony Gwynn Jr.）則是一個敬業無比的職業球員，就和他的父親一樣。在我加入幾個星期之後，釀酒人隊又透過交易獲得了另一位黑人球員雷・多爾罕（Ray Durham）。

我們知道這支球隊很特別，而且我們非常享受一起打球的每一分鐘，我很快就和J. J.哈迪（J.J. Hardy）、傑森．坎戴爾（Jason Kendall），以及班．席茲（Ben Sheets）成為好朋友；他們都是很好的人，但是黑人們不管在任何時候都聚在一起，巴士上、飛機上、比賽後出去走走等等，全都是一起行動。對我在克里夫蘭的朋友們沒有任何不敬之意，但是我才剛抵達密爾瓦基，就覺得自己好像已經在這邊十年了；安柏正在懷孕，也幾乎都待在克里夫蘭，所以這表示我有更多時間可以和我的新朋友們混在一起。唯一的小插曲是釀酒人隊把我安頓在密爾瓦基市中心一個叫做費斯特酒店（**The Pfister Hotel**）的老式大旅館，這旅館很豪華，但是到了晚上有點怪怪的，房間超大，但是燈光卻永遠都是暗暗的，感覺就像是在電影《**鬼店**》裡一樣；我有整整一個星期沒有辦法睡覺，感覺到自己都快要油盡燈枯了，我只好打電話給安柏求救：「拜託快幫我找個房子，現在就要！」

球員休息室裡的每個人個性鮮明，加上我又是突然被空降進這支球隊來一起爭奪季後賽席次，這讓之後的三個月變得非常精采；我報到的時候釀酒人隊在中區還落後戰績領先的小熊隊四場比賽，但是到了七月底我們就追上了他們。接下來雲霄飛車又開始往下滑，我們在八月陷入了低潮，但勝率仍然保持在五成以上；我們沒辦法再競爭分區王座，只能想辦法抓緊手上的一張外卡，結果到九月中旬我們在八場比賽中輸了七場，也和費城人隊變成了平手。球季例行賽還剩下十二場的時候，球隊高層為了扭轉戰局而決定下猛藥，他們開除了約斯特總教練，然後以三壘教練戴爾．史溫（Dale Sveum）入替；我在第二天上場先發，在瑞格利球場（Wrigley Field）挑戰小熊隊，是戴爾擔任總教練的第一場比賽，我非常想幫球隊拿下勝利扭轉局面。可惜天不從人願，我投了七局一共被擊出九支安打失去四分，我們最後以五比四輸掉比賽，但那是我二〇〇八年球季最後一場投不好的比賽；我被交易來密爾瓦基是要把釀酒人隊送進季後賽的，我的左手一定會完成這個任務，不管要付出什麼代價都在所不惜。

在我過來之前，班．席茲是釀酒人隊的王牌投手，但他幾乎整個職業生涯都受到傷勢的影響，二〇〇八年九月初醫生告訴席茲如果他繼續投球的話，他原本只是痠痛的手肘很可能會整個爆掉；除此之外，他即將在球季結束後成為自由球員，所以如果現在受傷的話一定會大大影響他的身價。就在醫生警告席茲的同一天，他照樣上場比賽，還投了一場完封，他是我所見過最強悍的人之一，而且他一直拼命撐著不讓疼痛影響到他的表現；然而在十一天之後他還是撐不住了，他只投了兩局就不得不離開球場，這也讓我們在球季僅剩下的十場比賽中少了一位先發投手，我們進入季後賽的機會也正在慢慢消失。

把球給我。這是我當時的想法，所以我就去找了總教練戴爾；先發投手通常每四或五天上場投球一次，但是因為席茲受傷了，我自願要求在休息三天的情況下就上場先發，即使我在球季已經投了聯盟最多的幾乎兩百二十三局也沒關係。**把球給我**。我熱愛也信任我當時的經紀人布萊恩．彼得斯（Brian Peters），但是他堅決反對這件事，我即將在那年冬天成為自由球員市場上最搶手的投手，而且只要再忍耐幾個月，我就能簽下一張足以讓我和家人們一輩子都衣食無憂的大合約；但是這合約也隨時有可能消失無蹤，就像班．席茲，他為球隊好，為球隊承擔了風險，為球隊上場全力拼鬥，但最後他很可能因為那些付出而損失了一億美金。

把球給我！

在投滿七局卻輸給小熊隊之後，我休息了三天就先發出戰紅人隊，我投了一百零五球，我們又輸一分；又休息三天之後我被排定對海盜隊先發，這下子布萊恩生氣了，我們一直吵架，吵個沒完。他說我肯定會把自己給燃燒殆盡，但是我只跟他說「沒問題」；布萊恩還有很多外人都只看到事情的壞處：要是他表現不好怎麼辦？要是他受傷了怎麼辦？但我的腦子裡只有正面能量，**我一定會投得很好，我準備好了，我覺得超好玩的！**我的拚戰精神推動著我向前，整個城市也因此而瘋狂；密爾瓦基是一個小城市，我到的每一個地方都可以感受到大家有多麼興奮，他們都在為我們加油。另一件更重要的事就是這支球隊的氣氛非常好，不管是在球場上還是球場下，我們都覺得非常快樂，我從來沒有過這麼多的黑人隊友，我希望這種感覺永遠不要結束；季後賽的競爭就是這樣，我們在追求的就是一種同舟共濟的感覺，只要能讓這種感覺延續下去，不管要我做什麼我都願意。於是布萊恩就不跟我講話了。

在季後賽外卡的爭奪戰上我們還落後大都會隊一場比賽，但球季賽程只剩下五場，我們的犯錯空間非常小，但這一次我做出了貢獻，我投了七局只失一分，還送出十一次三振；我投出的第一百零八球、比賽的最後一球是一個快速直球，傑克・威爾森（Jack Wilson）揮棒落空，我向天揮拳然後大吼了一聲「他媽的拚了啦！」我們以四比二擊敗了海盜隊，薩羅曼・托瑞茲（Salomón Torres）順利關門結束比賽。另一邊小熊隊終於幫了我們一把，他們在紐約的延長賽第十局擊敗了大都會隊，所以我們的戰績現在完全一樣了，而球季只剩下最後四場比賽；接下來大都會隊在三場比賽中贏了兩場，我們也一樣拿下兩勝一敗，所以到了球季最後一天我們的戰績仍然是完全相同。我們的最後一場比賽就在密爾瓦基自己家裡，我再度在三天的休息之後站上投手丘，面對的是死對頭小熊隊。**把球給我。**

我不記得到底是賽程原本的瑕疵，還是大聯盟故意去做了什麼調整來讓球季的最後一天更緊張，總之星期天我們那場比賽地點是在美國中部時區，但是卻和紐約那場大都會隊和馬林魚隊的比賽幾乎同時開打[6]；小熊隊早在幾個星期以前就已經拿下了分區的冠軍，所以他們沒有必要在季後賽開打前為了這場比賽用掉一個專職的先發投手，他們用了七位後援投手來對付我們，每個人的投球分量都不超過兩局。照理說這對我們的打者有利，但是在打完六局之後我們卻以〇比一落後，你絕對可以感受到現場四萬五千兩百九十九名釀酒人隊球迷緊張的情緒；小熊隊是在第二局靠著一支一壘安打、一個失誤，和一個內野滾地球出局僥倖得到一分的，除此之外他們全都被

6　美國本土共佔四個時區，紐約的東部時區與密爾瓦基的中部時區有一個小時的時差。

我一個一個解決掉。在第七局我們終於靠著克雷格·康塞爾（Craig Counsell）在滿壘的時候選到一個保送追平比數，然後在第八局麥克·卡麥隆先以一支一壘安打上壘，萊恩·布勞恩（Ryan Braun）接著補上一支兩分全壘打幫我們取得領先；這時大都會隊和馬林魚隊在紐約正打到第七局雙方平手，我們這邊則是釀酒人隊以三比一領先，比賽只剩下一局。過去的十二天我已經投了二十七又三分之二局，而這場比賽我已經投了一百零七球；我們的終結者托瑞茲已經開始在牛棚熱身，我他媽的才不可能在這個時候下場休息。

我讓阿方索·索利安諾（Alfonso Soriano）打出一支左外野方向的高飛球被萊恩·布勞恩接殺出局，飛得不很遠，但是萊恩·泰瑞亞特（Ryan Theriot）擊出了一支中外野方向的一壘安打，接著上場的就是有機會一棒追平比數的德瑞克·李（Derrek Lee）；他今年表現非常好，一共擊出二十支全壘打而且有九十分打點，他是一個又高又壯的右打者，而且面對我的成績也不錯，幾年下來的打擊率有三成三三，但是那天已經三次被我解決出局。過往對決的紀錄在這種時候一點意義也沒有，我知道他一定會積極出棒，我投了一個好球帶之外的快速直球被他打成界外球，一好球；接下來他等了一個壞球和一個好球都沒有出棒，然後我瞄準他的雙手投出一個內角快速直球。這球「擠」住了他，被碰成一個二壘方向的滾地球，二壘手多爾罕把球拋給補位的游擊手哈迪，然後哈迪把球用力甩向一壘手菲爾德，雙殺，比賽結束！我放聲大喊「幹！爽啦！」接著雙手高舉像無敵浩克一樣大吼，安柏說我「變身成野獸」了，真是一點也沒錯，我緊緊抱著捕手傑森．坎戴爾，差點把他的肋骨都要勒斷了。

我們在球場上手舞足蹈的，向觀眾揮手致意，他們全都跟著我們一起瘋狂，我興奮到要發瘋，但是同時也快要累趴了；進到球員休息室的時候我們聽說衛斯．荷姆斯（Wes Helms）打出一支全壘打讓馬林魚隊取得領先，最後佛羅里達順利擊敗了大都會隊，而我們也確定拿到外卡可以晉級季後賽，於是我們就開始噴起了香檳。我們全身浸滿香檳，我連眼睛都開始痛了，但是勉強還看得到我的經紀人布萊恩．彼得斯，他一邊搖著頭卻還是笑得很開心；結束了球場的慶祝活動之後我們回到我住的地方，我們季後賽第一輪的比賽三天後會在費城開打，我看著布萊恩對他說：「你知道我肯定要投那場先發的，對吧？」

這下子他笑不出來了，「你是瘋了嗎！」他對我大吼，於是我們又回到了之前的吵架狀態。

很可惜這一次總教練戴爾．史溫和布萊恩站在同一邊，我沒有在第一場就上場，而是擔任第二場比賽的先發投手，但還是一樣只休息了三天。我毫不懷疑那年我們比費城更強，但是正規球季最後一個星期的季後賽衝刺可能影響了我們的發揮；科爾．漢默斯（Cole Hamels）在第一戰完全封鎖了我們，而我在第二戰時也已經筋疲力盡，只投了三又三分之二局就被攻下五分，最後以五比二輸掉比賽。第三戰我們在密爾瓦基扳回一城，但是第四戰費城人隊又輕鬆就把我們解決出局；唯一的好處是五天之後當賽雅誕生的時候，我已經在克里夫蘭迎接她的降臨。

在經歷過球季末爭奪季後賽資格那種緊繃的情緒之後，我們的球季就這樣結束了，感覺就像是整個被人遺忘了似的，但是在密爾瓦基的那三個月對我來說只能以不可思議來形容；當時的我還不能瞭解二〇〇七年輸給紅襪隊的失落、被交易到密爾瓦基的創傷，還有後來在新球隊的好表現，都是對我來說最重要也最完美的學習經驗。二〇〇八年十月的我只知道自己又要離開一個我學會愛上的地方、又要離開一群我真心愛上的人；而最讓人害怕的就是我完全不知道自己下一個落腳處是哪裡，但我唯一知道的就是：我絕對不想成為洋基隊的一份子。

第十一章　紐約紐約

哇！我要加入道奇隊了，毫無疑問，那就是我的下一支球隊；我是加州人，洛杉磯距離我的家鄉沒有多遠，而且這是一支歷史悠久、一直有機會贏球的球隊；二〇〇八年道奇隊贏得國家聯盟西區的冠軍，但是聯盟冠軍賽卻輸給了費城人隊（又是他們）。道奇隊的總教練喬・托瑞（Joe Torre）有四枚世界大賽冠軍戒指，先發陣容中有羅素・馬丁（Russell Martin）、麥特・坎普（Matt Kemp）和安德烈・伊席爾（Andre Ethier）等好手，他們需要一位王牌投手來搭配查德・畢林斯利（Chad Billingsley）、黑田博樹，還有一位叫做克雷頓・柯蕭（Clayton Kershaw）的二十一歲年輕小伙子，這根本就是最適合我的環境；我的計畫是利用球季結束後的幾個月拜訪一些球隊，然後到拉斯維加斯去參加大聯盟的冬季會議，假裝我好像還沒做好決定，讓球隊互相競爭來把我的價碼衝高，然後我再和道奇隊簽約，拜託，就算合約薪資衝不上太高我也還是會和道奇隊簽約，但是這個祕密我當然不會告訴任何人。

球季結束當我搬回克里夫蘭的時候，賽雅才剛剛出生，我把全部心思都放在她身上；我們同時也在打包行李要準備把房子給賣了，所以每天其實都處在混亂和未知當中，但是我對未來充滿期待：**太有趣了，很快我就要開始到處拜訪這些城市，然後就會有很多人捧著合約來邀請我入隊。**布萊恩把我的數據資料整理成了一本手冊，裡面有我和其他所有自由球員投手的分析比較，也把我和過去類型相似的自由球員投手做對比，最重要的是列出他們獲得了多少薪水，然後說明為什麼我比他們更好，也值得更高額的合約；我們覺得一份六年左右的合約是很合理的，但我們並沒有太大的堅持，我也不太介意最後薪水的數字會是多少。

安柏並不介意我們和誰簽約，但是她只有一個條件，那就是她不想住在瓦列霍，雖然我曾經想過如果我和巨人隊簽約的話，說不定可以住在瓦列霍家裡；我知道她有點想要回去密爾瓦基，因為之前在釀酒人隊的那三個月實在太開心了，回到那裏去會是一個安全的選擇。除此之外，安柏一點都不在意我的決定是什麼，我們就算搬到他媽的中國去都沒關係，只要我們能整年都和孩子們在一起；我們再也不想搬來搬去了，小西已經要準備在二〇〇九年秋天進幼稚園了，所以我選擇簽約的城市就會是我們的家。

我自己也有一些條件，如果因為某些原因我不能和道奇隊簽約而必須考慮其他球隊，我最重要的一個要求就是絕對不能是老球場；我有嚴重的潔癖，瑞格利球場？芬威球場？那些地方太可怕了，又老又噁心，不但牆壁會冒汗，而且地方又小又臭，那種氣味你想躲都躲不掉。和退役球星厄尼・班克斯（Ernie Banks）[1]、泰德・威廉斯（Ted Williams）[2]等人共享歷史的浪漫情懷？沒關係，我去博物館就好，我超愛那些紀錄棒球歷史的老照片，但我不想在歷史古蹟裡打球比賽；我對這種老建物沒有什麼情懷，這也是棒球最大的問題，整個世界都一直在改變，棒球也應該要開始有些進步才行。

球員休息室對我也很重要，不是硬體的品質要有多好，而是整個團隊的氣氛要好，我想要去一個把所有重心都專注在贏球的球隊，在密爾瓦基的經驗告訴我，新球隊的這些隊友們一定要讓我覺得合得來才行；我很享受棒球比賽所帶來的樂趣，而比賽結束之後隊友們一起去吃個飯放鬆一下也一樣重要，我想去紐約看一下他們即將在二〇〇九年開幕的新球場，但是根據我對他們球隊的了解，我想我不會喜歡他們休息室裡的氣氛。我聽過所有的故事，也向信任的朋友們打聽過，他們說以前在洋基隊打球的時候就像是一場惡夢；每一個球員都告訴我說紐約的媒體很糟糕、德瑞克・基特和艾力克斯・羅德里奎茲之間的緊繃關係很詭異、還有待在那邊就像是一場無止境的折磨。「大家對洋基隊的期盼總是特別高，如果沒有贏球的話，走進球員休息室絕對不會

1 厄尼・班克斯是美國棒球名人堂的一員，曾十四度入選明星隊、兩度贏得國家聯盟最有價值球員獎，是芝加哥小熊隊的第一位黑人球員，終身效力於小熊隊，被球迷稱為小熊先生。

2 泰德・威廉斯是美國棒球名人堂的一員，曾十七度入選明星隊、兩度贏得美國聯盟最有價值球員獎，選手時期曾兩度因為從軍而中斷職業生涯，但終身於波士頓紅襪隊，也是大聯盟最後一位單季打擊率超過四成的打者。

是一件有趣的事，那根本就痛苦無比，」大家都這麼說，而那就是我對洋基隊的印象。每一支球隊都會有表現不好的時候，在大部分的城市如果球隊表現不好，如果媒體一直攻擊你，球迷也一直修理你，最少你和隊友們還可以共患難一起撐過去；但是我不斷聽說的就是在洋基隊「沒人會幫你，每個人都只想著要顧好自己而已，」這實在太痛苦了，我甚至覺得這根本就有害心靈健康。不管我和哪一支球隊簽約，我都希望最少能簽個六年或是七年，紐約？聽起來就不好玩，謝謝不必了；我不想加入洋基隊，我**真的**不想加入洋基隊。

然而紐約也有他們想要簽我的理由，二〇〇八年他們以六場比賽的差距錯過季後賽，而且先發投手的戰力不堪一擊；麥克．穆西納（Mike Mussina）將要退休，第四號和第五號先發輪值則分別是戴瑞爾．雷斯納（Darrell Rasner）和席德尼．龐森（Sidney Ponson），都不是太厲害的選手，大聯盟的職業生涯也幾乎到了尾聲。我們低估了洋基隊對我的興趣，我申請的自由球員身分在十月三十一日凌晨生效，十分鐘過後洋基隊的總經理布萊恩．凱許曼（Brian Cashman）就打電話向我的經紀人提出了合約條件：六年一億四千萬元美金。第二天布萊恩．彼得斯和我通電話的時候，我們兩個都覺得有點驚訝，因為我沒有想到事情會這樣發展；合約條件非常好，但我還是沒有興趣，我想等道奇隊和其他球隊都提出條件之後再做決定。

感恩節來了又過了，什麼聲音都沒有，除了洋基隊之外，唯一一支表現過興趣的是安納罕（Anaheim）；也許大家都覺得我一定會接受洋基隊的條件，但我很清楚自己想去哪裡，我一點也不擔心。六月我還在印地安人隊的時候，我們曾經去道奇球場打了跨聯盟的系列賽，如果那算是一次面試的話，我覺得我在第二戰的表現絕對可以讓他們留下深刻印象，我投了七局只失一分，還三振掉十名打者；我在其中一場比賽的賽前和喬．托瑞聊天，他說：「天啊！我真希望你能來我們這裡，」所以我知道自己穿上道奇藍只是遲早的事。

印地安人隊的馬克．夏培洛對於我的議約狀態停滯不前好像比我還擔心，他試著幫忙讓市場活絡起來，也打了好幾通電話給其他球隊；他對我讚譽有加，告訴他們說如果簽了我一定物所值；這是一件很大器也很少見的事，很少有球隊總經理會為一位自己交易出去的球員這樣做。馬克打了電話給小熊隊的總經理吉姆．韓德利（Jim Hendry），也打了電話給巨人隊的布萊恩．塞比安（Brian Sabean），但還是一樣什麼事都沒發生。我一直認為球隊都要等到十二月初冬季會議開始時才會動起來，冬季會議就像是一個就業博覽會加上所有棒球事物的跳蚤市場，有大學剛畢業的小鬼想要進到小聯盟球隊從基層做起，也有自由球員在那裏接洽新球隊；所有三十支球隊的總經理都集合在一個旅館裡，還有球迷在旅館大廳到處找人要簽名。二〇〇八年十二月的冬季會議是在拉斯維加斯舉辦，我決定要到現場去和總經理們聊聊天，這樣應該就會開始收到更多合約了。

和我一樣住在灣區的好朋友迪伊（全名為德瑞雅．強森〔Dureyea Johnson〕）陪我一起去拉斯維加斯，在登機時我的手機就響了起來，這是一個好兆頭；電話的另一頭是天使隊，他們開出了五年一億元美金的合約，但他們要我立刻做決定。

我直接掛上電話。**憑什麼要我立刻就得做出一個這麼重大的決定！我有妻子、有小孩，沒有人可以強迫我。這種無理的要求讓我根本就不想考慮安納罕，滾他媽的吧！**

我帶著一肚子氣抵達拉斯維加斯，可以考慮的隊伍也少了一隊，但這些還是不重要，因為我唯一在乎的就是和道奇隊簽約；我在旅館大廳碰見了道奇隊的總經理內德．柯列提（Ned Colletti），我告訴他說我想去道奇隊，但是他說他不確定球隊可以負擔我想要的合約長度，我們握了握手，然後約好了下次再談。

那天晚上我在看ESPN的時候，螢幕底下捲過一排小字，上面寫著「沙巴西亞想和道奇隊簽約」，我立刻收到布萊恩的簡訊：「兄弟，不要再亂跟人講話了。」把自己的真實慾望就這樣展現出來大概不是一個很好的協商方式，但我就是一個這麼誠實的人；然而道奇隊的表現卻讓我覺得既荒謬又失望，因為他們完全沒有要和我見面的意思，唯一和我們坐下來談過合約的只有洋基隊、大都會隊還有紅襪隊。道奇隊的老闆法蘭克．馬寇特（Frank McCourt）只打過一兩次電話給我，但整個對話內容聽起來就只是在應付我而已；道奇隊始終沒有提出任何合約條件，他們的不感興趣讓我很難過，非常難過，而整個自由球員議約期間的緩慢進度更是已經嚴重影響到我的情緒。

那天半夜大概三點多，我完全睡不著，於是我過去迪伊房間把他叫醒，我們坐在黑漆漆的屋子裡聊天，我忍不住哭了起來，「我需要你幫幫我，我真的不知道該怎麼辦，」我跟迪伊說，「我沒想到會變成這樣，我覺得自己快被撕成碎片了，我想跟道奇隊簽約，可是他們根本不要我，洋基隊想簽我但是我不想過去，我不知道，也許我應該拿少一點錢，就留在密爾瓦基算了。」我知道只有迪伊能幫我理出頭緒，只有他會對我有話直說。

「所有關於紐約的負面言論，關於球隊的那些批評，全都不要管，」他說，「你覺得對你們全家最好的決定是什麼？自私一點，做你真正想做的決定，別去在意其他人想要你怎麼做，只要你決定了就好。」

迪伊是對的，但是當年的我還不能完全理解他的深意，第二天我和洋基隊見面的時候心裡還帶著對道奇隊滿滿的失望。前一天晚上我去看了場拳擊賽，看完之後還去了夜店，所以整個人還帶著宿醉，但是洋基隊他們誠意滿滿；總經理布萊恩．凱許曼帶著當時的總教練喬．吉拉迪（Joe Girardi），還有瑞吉．傑克森（Reggie Jackson）[3]一起來到我的旅館。我爸是瑞吉最死忠的粉絲，所以我當然也是，洋基把他帶來是一件很酷的事，但是也讓我完全分心；我根本聽不到凱許曼說了哪些跟合約有關的事，只是一直盯著瑞吉，他和我分享從西岸搬到紐約的經驗，而且說

3　瑞吉．傑克森是美國棒球名人堂的一員，曾十四度入選明星隊，並且是唯一一位兩度贏得世界大賽最有價值球員獎的野手，他也因為季後賽的優異表現而被球迷暱稱為「十月先生」。

在加入洋基隊之後他變得更紅更出名。洋基隊還帶來一片DVD影片，詳細為我介紹了明年春天就要開幕的新洋基球場，還有裡面所有的新穎設施；我不認為洋基隊知道我有潔癖，但是能夠在一個全新的球場打球確實讓我覺得有點心動。影片裡有一段是球場工地的工人們一起喊著「快來紐約吧西西！」這超棒的，但是DVD影片和瑞吉還是沒能改變我的心意，洋基隊就是洋基隊，他們球員休息室裡的那種氣氛就是毒氣。

迪伊一直關注著每個我考慮會去的城市，注意他們的電視節目或廣播電臺做了那些報導，或是棒球迷都有些什麼反映，然後持續轉達讓我知道；紐約的廣播談話節目對我非常不友善，「他也考慮太久了吧？」「他絕對沒有辦法承受紐約的壓力！」「他太胖了啦！」**幹！我才不要跟他們簽約**。結束和洋基隊的會談之後我聳了聳肩，**隨便啦！**

第二天早上我和凱許曼又聊了一下，然後就搭機回加州了，下飛機的時候我的經紀人布萊恩打電話過來說，「嘿，凱許曼想要過去瓦列霍，去你家拜訪安柏。」**幹！**第一次跟洋基隊開會的時候，我不停把很多事都推到安柏身上，「是啦！不過我得跟我太太商量一下，聽聽她的想法，也討論一下我們未來的去處，畢竟這是個全家人的決定……」等等，我以為這樣可以讓凱許曼緩一點，我也可以多點時間慢慢考慮；想不到凱許曼現在就直接掀我底牌，他的執著開始讓我有點感動，但是我很確定，光是這樣還不足以推翻我對洋基隊的厭惡。

我只記得曾經跟基特說過「還好嗎」，但是從來沒跟馬里安諾．李維拉（Mariano Rivera）或是荷黑．波沙達或是安迪．派提特（Andy Pettitte）說過話；那時洋基隊上我唯一稍微有點交情的就只有艾力克斯．羅德里奎茲；二〇〇八年春訓時我在洋基隊的坦帕春訓基地出賽投球，我投完下場以後到後面的練習場去跑步調整體能，艾力克斯剛好也在那裏練球，「天啊！要是明年你變成自由球員能來我們這裡就好了，」他說。

大聯盟有明確條文規定，企圖招募一位有合約在身的選手是違規的，這屬於侵權行為；但是他媽的我們選手當然要團結一致，當然要彼此互相照應，因為職業棒球就是一個商業行為，只要選手的表現一不如預期，或是球隊老闆和高層覺得你的薪水太高，他們立刻就會把你解約釋出。那天艾力克斯在佛羅里達對我說的那些話，在球員之間是司空見慣的，但是不管合約狀態怎麼樣，還是誰對你說了什麼話想要吸引你加入他們球隊，我們上了球場最重要的還是要盡全力打敗對手；更何況那時的我對於加入洋基隊一點興趣都沒有，所以即使我口中對艾力克斯說著「喔對啊！這聽起來很不錯，」但我腦子真正在說的其實是**滾你媽的蛋，怎麼可能**。

九個月之後洋基隊端出了一份一億四千萬元美金的合約擺在我面前，而凱許曼就坐在我瓦列霍家裡的沙發上，他跟我們介紹了紐澤西州（New Jersey）一些比較安靜的住宅區、最好的學校都在哪裡，也幫我們介紹房地產經紀人；他也說他會全力簽下更多其他的自由球員，所以如果我加入洋基隊的話，投手群不會只是我一個人的責任。安柏提到說她熱愛梅西（Macy's）百貨公司每年舉辦的感恩節花車大遊行，凱許曼說他可以幫我們拿到第一排的貴賓票，而且要是我成為洋基隊的一員，就算想要親自坐上花車參加遊行也沒問題。

這些都很棒，但是和在拉斯維加斯時不一樣，這一次我必須對他實話實說了，「我最擔心的就是你們球員休息室裡的互動氣氛，」我對凱許曼說，「所有我問過的人，我最信任的人，他們都跟我說那裏糟透了。」

他沒有試圖辯解，他甚至點頭同意我的說法，「我們休息室裡的氣氛真的爛掉了，但這就是為什麼我需要你，」凱許曼說，「我一直在觀察你，而且我和你一樣也有向人打聽，你會為我們帶來很大的改變，你可以讓我們變得有趣，只要你肯來，一切就沒問題了。」

我不太確定他是不是在騙我，但是不管是或不是，我反正沒打算相信他，而且如果他居然是真的承認洋基隊的休息室「爛掉了」，那這就更嚇人了；「你們隊上有基特和波沙達兩個，然後你跟我說他們沒有影響力？」我問凱許曼，「你要我來改善球員休息室裡的氣氛？你們隊上都是偉大的球員，他們都是大明星，連他們都做不到的事，你覺得我可以做好？」

凱許曼笑了，「我們有偉大的球員，你說的對，他們也是很棒的領袖，」他說，「但是你的拚戰精神加上你享受比賽的這種態度，這可以讓他們放鬆一點，以一種新的方式讓他們更團結一點，這是我們最需要的。」

在拉斯維加斯時他用銷售話術來遊說我，但是現在在瓦列霍我們是真的在討論雙方合作的可能性，他對我的評價這麼高，這讓我有點感動，也很感謝他願意花這麼多心思來試著打動我，但是我還是沒打算和他們簽約。

「我直說好了，」凱許曼說，「我非常確定你一定會愛上洋基隊，我願意在給你的六年合約之外，多加上一個三年後的逃脫條款，要是三年之後你覺得不開心，你可以選擇再度成為自由球員。」

可惡，他這麼有說服力，弄得我都開始有點被說服了。

在凱許曼告別之後，安柏知道我在擔心什麼，她知道新環境的不安定感和焦慮讓我遲遲不敢往前邁出那一步，「寶貝，他已經告訴你說可以改變整個球隊的氣氛，那本來就是你的強項！」她鼓勵我說，「不要那麼沒有自信！」

在克里夫蘭的時候我不覺得自己有那樣的能力，在經歷一開始比較辛苦的那幾年之後，我其實就只是全隊中的一分子，和大家一起享受比賽而已；但是安柏是對的，克里夫蘭全隊可以那麼開心打球，甚至能夠贏球打進季後賽，很大一部分的原因就是我，雖然我並不想要居功。我已經受夠了自由球員議約期間的這些不確定性，就在那一刻，我決定了我要和洋基隊簽約。

我打電話給經紀人布萊恩．彼得斯，告訴他我的決定，幾分鐘之後他打回來給我，「喔對了，最後講好的合約是七年一億六千一百萬元美金。」一開始我們合約的起點是六年一億四千萬元美金，但是在凱許曼離開我家沙發到他去機場的路上，他決定把合約延長了一年，而且真的加上了那個三年的逃脫條款；加上去的一年薪水讓這份合約成為當時大聯盟史上金額最高的投手合約，那並不是我一開始就想要爭取的目標，但是如果我對洋基隊想要簽我的誠意還有任何懷疑，在那一刻也早就煙消雲散了。

六個星期之前我已經立下決心要去洛杉磯，但是現在我變成要去布朗克斯，那是我原本最不想去的地方，而等著迎接我的則是一個和投球完全無關的挑戰。

簽約之後我收到基特的簡訊，也接到了派提特打來的電話，這感覺很好，他們讓我安心了一點，也開始覺得說不定這一切真的都會很順利；但是事情的另一面就沒有這麼簡單了，我簽下超大合約的消息立刻喚醒了我的親人和朋友們，這些混蛋全都跑到我家門口排隊，好像一億六千一百萬當天半夜就會進到我的銀行戶頭似的。

洋基隊想要在紐約開一個記者會，算是正式把我介紹給這個城市，但我不太想要這麼快就自己一個人去面對那麼多的媒體記者，還好在我簽約的兩天之後，洋基隊又簽了另一位自由球員投手A. J.柏奈特（A.J. Burnette），這真是一個好消息；柏奈特不只是一位非常厲害的右投手，更重要的是他才剛剛投完他生涯成績最好的一個球季，為多倫多贏了十八場比賽，而且大家都說他是一個很有趣的人，也是一個贏家。他有好多刺青、一顆威力驚人的曲球、還有凶狠的拚戰態度，最少在球場是這個樣子；我跟A. J.並不熟，只跟他在一場比賽中對決過，那時他是藍鳥隊的一員而我還在印地安人隊陣中。我想到與其分開辦兩場歡迎記者會，不如邀請他和我一起面對媒體，一起站在鎂光燈前會讓我不那麼緊張，同時也可以向大家展現我們團結的一面；我並不是想要宣示說**我來了，現在開始我就是洋基隊的領袖了**，因為這種蓄意的操作是騙不了人的，但我的個性就是這樣，我喜歡大家都集合在一起，我喜歡成為一個大團體之中的一份子，這樣才好玩。所以我撥了電話給A. J.，當他同意一起開記者會的時候我鬆了一大口氣。

即使有A. J.一起，我還是覺得很緊張，當總教練喬．吉拉迪把背號五十二號的直條紋球衣交到我手上時，我連釦子都沒有解開就直接往頭上套。記者會的前一天晚上我和洋基隊的公關主管傑森．齊洛一起吃晚飯，順便模擬媒體可能會問我的問題，也練習一下我該怎麼回答；他說他可以理解我一直都對媒體非常誠實，這是一件好事，但是在紐約我可能要稍微含蓄一點，這個建議太重要了。輪到我回答問題的時候，我說了好幾個很棒的笑話，但是他媽的沒有任何一個人笑；《**紐約郵報**》的洋基隊隨隊記者喬治．金恩（George King）用一張嚴肅無比的臉正對著我，氣死我了；但是我還是發自內心誠實說出了我心底的感受，「我和我太太昨天出門去看房子，我們晃到了艾爾派恩（Alpine）區參觀一棟房子，接待的人問我說是哪一隊的球員，我回答說是洋基隊，說的時候還冒了點冷汗。」

這是真實發生的事，但是當我這樣對著媒體、對著記者會現場所有歡迎我的人群描述那件事的時候，我全身突然起了雞皮疙瘩，比前一天下午看房子時的冷汗還要誇張，但理由肯定不是球迷或是媒體記者所能想像得到的。我在來紐約之前就已經知道洋基隊光榮的傳統，但我一點都不放在心上，一直要到第一次參加春訓真正遇到尤吉（Yogi）[4]、鱷魚（Gator）[5]還有古斯（Goose）[6]這些偉大的洋基球員並跟他們建立起友誼，想要向他們看齊之後，我才感受到洋基隊的特別；在那之前，這些所謂的光榮傳統恰好正是為什麼我完全不想加入洋基隊的原因，因為你永遠都會被拿來和這些前輩的英靈來做比較。在記者會上冒出的雞皮疙瘩和洋基歷史一點關係都沒有，而是來自我爸，因為一直以來已經有好久好久，他都告訴我說總有一天我會成為一個洋基人；他說我一定要來到這裡才能成為一位偉大的球員，這是全地球上最棒的棒球隊，也是他最想要看到我加入的球隊，而我居然一直抗拒來到這裡！現在我必須要來完成我爸的願景，那些雞皮疙瘩可以說是刺激與懼怕的綜合產物。

記者會是辦在舊的洋基球場，然後我們一起步行過去還在興建當中的新洋基球場，在那邊擺姿勢讓媒體拍照；投手丘上放著一棵聖誕樹，四個月之後我就會站在那裡，但是現在距離聖誕節還有一個星期，我已經收到了一個蠻棒的聖誕禮物，我們該好好慶祝一下了。

我們去了市中心的四〇／四〇俱樂部，那是知名藝人傑斯（Jay-Z）開的，我們聊了一下成為洋基人、還有我走進的洋基傳統到底是什麼意思；傑斯有一位叫做璜恩·培瑞茲（Juan Perez）的生意夥伴，他的外號是OG，他對我說：「老兄，你一定要在第一年就拿下世界冠軍。」

「不用啦！」我回答說，「我們球隊很棒，我們沒問題的，不用急，有的是時間，我的合約是七年啊！」

OG笑著搖搖頭，「第一年就贏，接下來你就不會有壓力了，這是洋基隊，你在紐約好嗎？」

那時我不懂他的意思，但是很快我就發現他說的全是對的。

4　尤吉・貝拉（Yogi Berra）是美國棒球名人堂的一員，曾十八度入選明星隊，三度贏得美國聯盟最有價值球員，並代表洋基隊十三度贏得世界冠軍，是洋基隊最著名的代表人物之一。

5　鱷魚是紐約洋基隊知名投手羅恩・吉德里（Ron Guidry）的外號，他終身效力洋基隊，曾四度入選明星隊，廣受球迷喜愛。

6　古斯亦有雁鵝之意，是紐約洋基隊知名投手古斯・高薩吉（Goose Gossage）的外號，他是美國棒球名人堂的一員，曾九度入選明星隊，是大聯盟最早開始專任球隊終結者的投手之一。

第十二章 冠軍團隊

我們一整個冬天都很忙亂，時間幾乎都花在搬家去東岸這件事情上，我向蓋瑞．謝菲爾德（Gary Sheffield）尋求協助，因為他曾經是洋基隊的一員，而且他是大聯盟最有智慧的黑人球員之一；我們是很好的朋友，他建議我們去紐澤西州的艾爾派恩區看看，他在洋基隊和大都會隊打球的時候就住過那裏，這個意見幫了我們大忙。那裏房子很大，庭院很大，而且社區環境很安靜，小孩很多，距離洋基球場只要交通還不錯的話開車只要半個小時；艾爾派恩感覺起來也很歡迎事業成功、高知名度，但是想要有一個安全、低調生活環境的黑人族群，安德烈．哈洛（Andre Harrell）[1]、莉兒．金（Lil' Kim）[2]、克里斯．洛克（Chris Rock）[3]，以及吹牛老爹

1 知名饒舌歌手及音樂製作人。
2 知名饒舌歌手。
3 知名喜劇演員。

（Diddy）[4]都在艾爾派恩有房子。我們挑了一個正在興建中、有六個房間的新房子，就在山丘旁一個有著整排樹林的小街上，然後照著我們的需求請人重新繪製了設計圖，這就是我們的家，我們會在這裡把孩子們養大；安柏規劃出自己的辦公室、一個寬闊的開放式廚房有足夠的空間讓大家歡聚、還有一個在樓下的電視間和休閒室、還要一個全場籃球場，後面院子裡有游泳池和獨立的客房，來拜訪的朋友和家人可以高興住多久就住多久。從小到大我的夢想就是要有一個超大的水族箱，從地板一直高到天花板，裡面一定要有鯊魚，我希望那是客人走進我家第一眼就會看到的東西，但是要維持這樣的設施實在是太昂貴了；安柏對於家裡要供著一隻活生生的鯊魚並不感興趣，我們大大吵了一架，最後我同意接受沿著客廳的一面牆安裝一個大水族箱，我們在附近先租了一個房子暫駐，等待這個新家完工。

艾爾派恩跟我們家鄉的巔峰社區（鄉村俱樂部之巔）比起來是個完全不同的宇宙，有時候我覺得自己在這兩個地方之間被拉扯，甚至覺得自己不屬於這兩個任何一個地方。和洋基隊簽下大合約的同時，我有很多家人和親友都還在瓦列霍過著艱苦的生活，這讓有些人理所當然的覺得我應該要分享我的財富；很少會有親戚直接開口向我要錢，但是他們總會有方法讓我知道他們需要一點幫助，通常不是找我媽就是找我阿姨。我真心想要盡我全力去幫助他們，而且不光只是親戚而已；當我聽說哈布斯教練的兒子因為有自閉症而需要購買一部叫做「擁抱機」的感官治療儀器時，我們立刻就寄了一部過去。

安柏說我這是倖存者的內疚在作祟，我不確定這完全正確，我一直認為所有球隊付給我的薪資都是我賺來的、是我應得的，不光只是因為我在球場上的表現而已；球隊老闆願意付給我和我的隊友們幾百萬甚至幾千萬的薪資，那是因為他們自己賺的錢比我們更多。然而安柏對我的形容確實蠻貼切的，身為一個出身貧民窟並闖出名聲的人，有一些浮現上來的責任感卻是我還沒有準備好要面對的；我不知道該怎麼拒絕人，所以沒過多久我已經買了好幾部車送給我的堂（和表）兄弟姊妹們、幫他們付學費、付房租，甚至還付他們的子女撫養金，這些慢慢的都開始讓我覺得厭惡。

那一年的球季感覺特別快就進入狀況，我等不及要去坦帕的洋基隊春訓報到。我是一個重視規律的人，每年春訓我都會挑出六首歌，球季開打之後，每次輪到我先發比賽的那天早上，我就會在洗澡的時候聽這六首歌，在洋基隊的十年我每次先發日都吃一模一樣的午餐：用漢堡麵包夾著生菜和番茄的雞肉三明治，還有烤肉口味的薯片；但是二〇〇九年是我在印地安人隊溫特哈文的春訓基地待了九年之後，第一次需要重新熟悉一個新的春訓基地、一套新的球隊系統，從學會往返機場的最佳路徑到挑選一個新的理髮師，我什麼都要重新再來，春訓的前幾個星期我非常焦慮。

---

4 吹牛老爹（Puff Daddy或Diddy）為知名饒舌歌手及音樂製作人尚恩・庫姆斯（Sean Combs）的藝名。

在洋基隊春訓基地的史坦布瑞納球場，我得到了原本屬於麥克·穆西納的置物櫃，我對洋基隊唯一的要求就是我要在喬巴·張伯倫（Joba Chamberlain）的隔壁；他是一個個子高大、個性開朗，而且充滿無限潛力的二十三歲年輕選手，也是洋基隊最火熱的頂級新人投手。我知道年紀輕輕就備受期待是什麼感覺，他正在從牛棚投手轉型成為先發輪值的一員，我覺得我可以幫他適應得更好。

安迪·派提特就坐在一整排置物櫃遠端的角落裡，他讓我感受到很大的壓力，不光只是因為他是最棒的左投手之一，已經贏得了四枚冠軍戒指，而是因為當你看到他在比賽中投球的時候，他看起來冷若冰霜，整張臉被手套遮住只露出兩顆眼珠，就那樣死死的盯著捕手做出暗號。

表面上看起來我們是完全不同的兩種人，安迪在德州休士頓（Houston）附近的郊區長大，他是白人、比我年長八歲，而且說話語氣柔和；他不喝酒，是一個虔誠的基督徒，在高中的時候並不是一個引人注目的新秀，所以他去了二年制大學繼續苦練，這些經驗和我完全不同。我很確定想要向安迪請教所有和投球有關的事，我只是不知道我們能不能建立起什麼情誼而已。

春訓剛開始的某一天，我練完球之後開始慢慢離開球場，沒打算要跑柱子；投手練完球都會跑步，最傳統的方式叫做跑柱子，就是在兩根界外線柱子之間沿著全壘打牆來回跑大概十幾趟。我的膝蓋開過一次刀，那年冬天其實應該要再開一次刀清理一下，特別是因為在釀酒人隊的時候一直只休息三天就密集出賽，但是我才剛剛和洋基隊簽下新合約，才不能容許自己一開始就掛在復健名單上；我到佛羅里達報到的時候就覺得膝蓋還是有點痛，我不想讓情況變得更糟，所以才決定春訓期間都先不要跑步，第一個星期我躲得很好，都沒有人發現。

但是那天當我要離開球場的時候，我一抬眼就看到安迪正在跑步，**這傢伙已經三十六歲了，他已經有了四顆他媽的世界大賽冠軍戒指，你他媽的在搞什麼鬼，你有什麼資格不跑步？你最好滾出去他媽的開始跑步！**我和安迪的友誼就是這樣建立起來的，我們一起跑柱子一起聊天，但是這感覺超怪的，因為我還是痛恨跑步。說起來我們有好多共通點，我們都在大家庭長大，安迪和他的太太蘿拉是高中同學，他們有四個孩子，就跟我和安柏一樣；我們的友誼從對彼此一無所知開始往前發展，安迪想要更瞭解我的成長背景，而我剛認識新朋友的時候也是一樣，我們從邊跑步邊聊天變成比賽時坐在板凳上聊天，有的時候聊棒球，但更多時候我們聊的都是彼此成長的過程。在球季期間，要在客場比賽首戰登場的先發投手通常都會提前飛往比賽的城市，這樣他可以先在當地休息，以最佳狀態迎接比賽；安迪不喜歡自己一個人過去，所以他每次都會試圖說服我和他一起，後來連黑田博樹也被他找來，因為我們在先發投手輪值上剛好接在他的後面，這樣的安排很好，因為我們有更多時間可以一起聊天。安迪在每一個城市都有一間選好的餐廳，我們總是在那裏吃飯，多倫多（Toronto）的牛排館、明尼亞波利斯（Minneapolis）的義大利餐廳等等，而且他每一次點的菜都一模一樣，有些人會說那是迷信，但是對投手們來說這就是一種規律；安迪什麼都能聊，而且他會先聽、仔細的思考過後，再發表一些充滿智慧的意見，但是他從來不做任何主觀評論，這在往後幾年對我的影響重大無比。

洋基隊的牛棚教練麥克・哈奇（Mike Harkey）迅速地成為了我的新大哥，他幫我適應了在紐約的生活，不管是在球場上還是球場下，特別是當年球季我們整隊除了我之外只有兩位黑人球員，一個是基特，另一個是七月被交易過來的傑瑞・海爾斯頓（Jerry Hairston）。春訓剛開始時，有一天早上我正坐在餐廳的沙發上看電視，麥克走進來瞄了螢幕一眼發現我正在看黑人娛樂電視臺（BET），他立刻發出歡呼聲，「哇！這是黑人教堂吧！我們終於不用看MTV臺了！終於不是每天都世界體育中心（SportsCenter）了！」

在春訓的第一個星期我也見識到了洋基隊與眾不同的世界，《運動畫刊》的網站在春訓之前刊出了一篇報導指控艾力克斯・羅德里奎茲曾經在二〇〇三年被驗出有使用同化類固醇，那是他還在德州遊騎兵隊擔任游擊手時的事；一開始艾力克斯並沒有做任何回應，但是在更多證據浮現出來之後，他先是批評了撰文記者莎琳娜・羅伯茲（Selena Roberts），然後才說自己確實有用過「某些東西」。這是一個很大的爭議事件，而洋基隊處理這件事情的方式就是在春訓一開始就舉行一個盛大的記者會，結果現場一片混亂，大概來了兩百多位記者，還有電視攝影機的工作人員、攝影師互相用手肘推擠來搶位置，我在克里夫蘭那八年全部加起來，都沒有看到過這麼多的媒體記者。

我和大部分其他的洋基隊球員都站在舞臺旁邊，我們是到場來幫艾力克斯打氣的；不管他過去用過什麼禁藥，或是他說過什麼謊來掩飾這件事，如果我們想要在二〇〇九年贏得世界冠軍的話，我們絕對需要他能有好成績。對於使用禁藥來加強表現的這些人，我的態度有點自相矛盾，許多守規矩的球員都因為這些作弊的人而失去了工作機會，我認為這絕對是一件錯事，我也痛恨被那些明明就吃了禁藥的人打全壘打，他們根本就不可能有能力把球打到四百英尺遠；但是從另一面來說，我也曾經和許多吃了禁藥的混蛋同場比賽，他們用了藥還是一樣垃圾，要能達到像貝瑞·邦茲和羅傑·克萊門斯那樣的成績，那就是一件非常厲害的事，不管有沒有用藥他們都還是應該要進名人堂。艾力克斯當然是一位超棒的球員，他的棒球智商高到無法衡量，而且體能上他根本就不需要化學藥物的幫忙；我覺得因為他開始使用藥的時候年紀太輕，造成他的心智都受到了影響，所以他沒把握自己如果不用藥是不是還能那麼棒。

當所有媒體都把注意力集中在艾力克斯身上，那年春訓我得以靜悄悄的融入球隊，也不必面對原本可能會出現的質疑，還有像是我到底值不值一億六千一百萬之類的報導。春訓的時候有很多空檔時間，所以有的晚上我會找六、七位隊友一起去餐廳吃飯，或是買奧蘭多魔術隊的門票請隊友們一起去看；我沒有什麼讓大家更放鬆或是更團結的作戰計畫，基特從二〇〇三年起就是名符其實的隊長，也是每個人心目中的領袖，我只是想要多認識一下我的新戰友們，全部都要。從在克里夫蘭的時候開始，我就會帶著一群隊友去看騎士隊的比賽，或是邀請他們來我家吃飯；如果我有能力做些什麼，我就希望他們能離開旅館去做些什麼，而不是一整晚很無聊的坐在房間裡什麼事也沒有。首先要邀請的當然是我的投手們，A. J. 柏奈特、喬巴・張伯倫、菲爾・休斯（Phil Hughes）、布萊恩・布魯尼（Brian Bruney），還有王建民，他是一個很棒的人，但是他從臺灣來到美國已經十年了，卻從來沒有去看過一場NBA的職業籃球比賽。王兒（Wanger，沙巴西亞幫王建民取的外號）第一次和我們去看魔術隊比賽的時候就得到了加碼紅利，因為球隊居然邀請我們在賽前到球場上去練習投籃，喬巴連續投進了好幾球，但是王兒的前幾球全是籃外空心；後來他終於打板反彈進了一球，我好像也進了好幾球，總之那就是一個開心的夜晚，但是對洋基隊來說這好像是件極少發生的怪事。

他們有很多想要贏球的人，但那就是一種很商業的態度，把打球變成了一件工作：來公司報到、打擊練習、比賽三個小時、下班回家。基特很快就變成了我的好朋友，外人都不知道他其實很風趣，而且隨著洋基隊的氣氛慢慢好起來，他往往就是擠在隊友之中又叫又笑的那個人；我們總是會找些事情來打賭下注，基特是密西根大學的超級粉絲，所以我都故意去找密西根大學的比賽，就算是水球都不放過，然後和基特打賭說他們會輸。他的領導風格就是以身作則，在球場上認真拼鬥、時時展現出最專業認真的一面，球季間的七個月他是完全專注的，按表操課到每天都要在比賽開打一個小時之前、整整一個小時前，要吃下一個夾了花生醬和果醬的綜合三明治；他在球場上的一切都是規規矩矩，而這種嚴肅的外在觀感對我們非常有幫助，因為別人總會認為**洋基隊是不開玩笑的，他們上場比賽就是要把你打趴的**，如果球隊上真的有人脫序演出，基特一定會出聲糾正，不然的話他都會給大家足夠的空間，也信任每個人都會嚴格要求自己。基特也樂意在賽後和大家一起出去，只要照著他的時間走就行；你換衣服的動作夠快，太好了，那你可以跟上他一起去吃晚飯，不然他是不等人的。球隊上的另一個大明星艾力克斯在各方面也都是一個很棒的人，但是絕大多數的時候只要比賽一結束，他都會有自己已經安排好的活動，他不會是那個把大家召集在一起的人。

另一個對我來說非常重要的新朋友就是洋基隊的投手教練大衛．艾蘭德（Dave Eiland），首先我必須先從他手上把我的球衣背號給買過來，因為五十二號從一九八八年他以選手身分加入洋基隊以來，就一直是他的球衣背號；我不記得最後到底是怎麼成交的，但是大概差不多花了我一萬元美金，但是我第一次賽前熱身的時候就把大衛給嚇壞了。我從小就是比賽開打前直接從選手休息室走進牛棚，然後就開始投球，不像一般投手都會先做些伸展、在重量室準備，或是在健身腳踏車上暖身等等，我甚至不必去外野傳接球；我總在賽前直接走進牛棚，仗著自己年紀輕身體柔軟，立刻就可以開始投球，一直投一直投，大概要在牛棚了投個六十球才會上場比賽。我在洋基隊春訓第一次先發前在牛棚投了七十三球，大衛看到了直接對我說：「你在搞什麼鬼？等一等、等一等。」

我聳了聳肩對著他笑，我贏過賽揚獎，我在大聯盟已經投了八年，但是在很多層面上我還是很生嫩，我只是以自己知道的方式去面對每一天，完全沒有考慮明天或是以後會怎麼樣。

「你不能這樣啦！」大衛說，「今年我們要把你好好改造一下，你這樣子熱身多久了？」

「不知道多久了，我一直都是這樣熱身的。」

他看起來就像是要爆炸了一樣，後來我們把我的老方法全都砍掉，重新設計出一套新的熱身方式，第一步就是在開賽前一小時去泡熱水澡。在那之後的許多年，儘管我的身體隨著年齡增長和球賽負擔而持續退化，賽前熱身的時間也越來越長，但牛棚的投球數量卻維持了十年都沒變；我們把原本的六十球降低到三十六球，先是三個對右打者的內角快速直球、接著是三個外角快速直球、三個內角快速直球、三個外角快速直球、三個變速球和三個滑球，然後我會把這一整套重來一次，但是這一次是用壘上有人的固定式投球，一共就是三十六球，不多也不少。我熱愛這套熱身程序的細膩，它很快的就不再只是一個熱身程序，反而像是變成了我開賽前的儀式，我一定要鉅細靡遺的把每一個細節都做好，這樣才能算準備完畢。

洋基隊在冬季另外還多加了一些球員，我們簽了左右開弓的強打者馬克．塔克薛拉來當我們的先發一壘手，然後交易換來了可以防守多個位置的工具人尼可．史威瑟（Nick Swisher）；更重要的是史威瑟是一個瘋子，一個快樂的好瘋子，他整個人就是一股開心的正能量，而且還沒有開關可以把他關掉。球隊裡現在有了史威瑟、A. J.還有我，我們三個人就可以讓大家都放鬆一點，也大幅減輕了外界提到我必須一個人拯救這支球隊的重責大任；當然，簽下我是那個冬季最大的一件事，但球隊確實也認清了有太多地方需要被改進，這讓我的壓力少了很多。但是在另一方面，艾力克斯在球季開始前就因為右側髖關節唇撕裂而成為傷兵，而且沒人知道他要多久才能回到球場；春訓結束的時候，大部分所謂的專家都認為我們會輸給紅襪隊，在美國聯盟東區排第二。

我一直痛恨開幕戰，偏偏二〇〇九年球季我投了兩場，球季第一場比賽我們在巴爾的摩客場，我投得很差，八支安打、五次保送、沒有三振、六分的責任失分。有一部份是因為緊張，在我整個職業生涯裡，投球時我一直都會覺得緊張，先發的那一天我會胃痛，而且出場比賽前一定要上一次超大量的廁所，但是不管怎麼做我都沒有辦法克服緊張的問題，連捕手都已經習慣了我會緊張；有一次奧斯丁．羅曼（Austin Romine）走上投手丘來安撫我，我跟他說：「幹！我的胃怎麼這麼痛？」但他只是假笑了一下：「你每次投球都胃痛好嗎？」他沒說錯，但是每年球季的第一場比賽我都會覺得特別痛，而且二〇〇九年在巴爾的摩我還有額外的壓力，我太想要立刻就能向新球隊證明我的實力，結果只投了四又三分之一局就被換下場去，我們以十比五輸掉比賽。五天之後在堪薩斯市我的表現就好多了，我也拿下了加入洋基隊之後的第一勝。

然後我們終於回到了紐約，又是一場開幕戰，我討厭開幕戰的原因就是因為太熱鬧了；我可以理解球迷對於球季開打都很興奮，但那就是一場比賽，和其他的一百六十一場比賽沒什麼不同。很多人對開幕戰先發投手這件事很有感覺，認為那是一件很酷很棒的事，也許吧？但是我寧可讓別人投那場比賽；沒有人會記得他媽的開幕戰是誰投的，那一點意義都沒有，我只想要當季後賽第一戰的先發投手，那才是最重要的。

二〇〇九年我覺得我所有的體驗都是第一次，我不光只是在簽了大合約之後為新球隊的第一場主場比賽先發，我也是全新洋基球場新球季的第一位先發投手；如果這樣的張力還不夠緊繃，我們的對手是印地安人隊！他們的先發打線上全是我的好朋友。和我對戰的先發投手是克里夫．李，我最好的朋友之一，這一點也不好玩，但最後我投得還可以，五又三分之二局只失一分、但我送出了五次保送而且一共投了一百二十六球；克里夫投得比我好，我們以十比二輸掉了比賽，我對那天記得最清楚的就是很高興比賽終於結束了。

球季前六個星期我們的戰績始終維持在五成左右的勝率，我的出賽成績也是一場好一場不好，然後就開始聽到越來越多人問說：「新合約有給你帶來壓力嗎？」老實說，我從來沒有這樣的感覺，因為我的薪水並不是來自我現在的表現，或是我未來可能有的成績，我現在的高薪是為了補償之前我在克里夫蘭的那些年，只是開支票的球隊從印地安人隊變成了洋基隊而已。

然而紐約的球迷和媒體卻開始沉不住氣了，越來越多人開始提到要開除總教練喬．吉拉迪。艾力克斯在動過髖關節手術之後，直到五月八號才回到我們的先發打線；在他的第一場比賽、他的第一個打席、他看到投手投出的第一球，他就打了一支左外野方向又深又遠、三百七十四英尺遠的三分全壘打，大家都瘋了，我們缺的就是這個。在那之前我們沒有這樣的大號全壘打，我們沒有展現出洋基隊應該有的樣子，那一棒揮出去之後，我們的心態全都變了，**我的天啊！這才是**

我們，加油，該開始往前衝了！球季還很長沒錯，但是當觀眾開始尖叫、當我們全衝上去拍打著艾力克斯的時候，我心裡只有一個想法：**今年的世界大賽我們贏定了。**

那場對金鶯隊的比賽由我先發，我投了一場完封，三振對方八名打者，我沒有感覺到高薪合約有給我帶來什麼壓力，但我清楚感受到洋基隊把我簽下來就是為了要贏冠軍，所以我投的每一場比賽我都要贏！五月中有一天我開車去球場的路上，腦子裡很自然地不停想著：**今天要贏！今天要贏！**但是突然不知道為什麼有一盞小燈在我腦子裡亮起：**媽的，我有艾力克斯、我有基特、我有特薛拉還有羅比[5]，要是羅比今晚大爆發來個幾支安打，這場比賽就輕鬆了！老莫[6]一定可以鎖住第九局，我只要把我的這一小部分做好，不要老想著要投一場無安打比賽，只要盡力投球，我們說不定就會開始起飛！**下一場先發我對多倫多藍鳥隊投了八局拿下勝利，在我前一天安迪也完全封鎖了他們，我們的氣勢就這樣被點起來了，一口氣拿下九連勝，但我的心裡反而開始覺得平靜；到了五月底，A. J.、安迪、還有我三個人都連續交出三場優異的投球表現，我們三個人帶領著球隊超越紅襪隊和藍鳥隊，終於站上了第一名。

我在五月三十日贏的那場球特別有意義，因為對手是印地安人隊，而且是我第一次以洋基隊

5　應是先發二壘手羅賓森・坎諾（Robinson Canó）的暱稱。

6　終結者李維拉的暱稱。

成員的身分回到克里夫蘭，這可以開趴了；雖然不管比賽結果怎麼樣，我們大概都會有一群隊友一起出去，但是贏球讓我的心情特別好。強尼．戴蒙和他的太太蜜雪兒一起來了，克里夫．李和他的太太克莉絲汀，還有一群克里夫蘭的朋友們也加入了我們，我們去吃了晚餐，然後去了河岸區一家叫做美景的夜店，那是一家又大又熱鬧的舞廳俱樂部，是我們的老地方了；我到美景的時候早就已經醉得差不多了，我不記得太多細節，只記得安柏開始想回家的時候我卻一直說「再一杯就好！」後來我離開吧檯的時候好像撞到了一個女孩，她的飲料全撒在我身上，所以我想再買一杯賠給她，然後突然周圍就整個鬧起來了。我感到人群開始推擠，聽到有人用髒話互罵，克里夫．李過來拉著我，嘴裡喊著：「快點快點，我們該走了！」結果我差點和他打了起來，他一拳打在我臉上，才順利把我推進車裡。

整場混亂最後還上了克里夫蘭第二天的電視新聞，那大概就是整件事最特別的地方，其他的喝醉酒、吵架，甚至打架，那對我來說都是正常的事，很多時候我的夜晚都是那樣結束的。就像我先發投球前的牛棚熱身一樣，我對喝酒也有一個嚴格的規律，在預計要投球的兩天前我就開始戒酒，但是一等我投球結束下場，我就會恢復喝酒；洋基隊的球員休息室有一種大大的、綠色的開特力（Gatorade）運動飲料塑膠杯，大概可以裝三十盎司，我會裝滿皇冠威士忌和雪碧，或是看我那天想要喝什麼特別的飲料，然後帶著一起去淋浴，回家前我會再裝滿一杯，然後開車回紐澤西。那時候我們球隊的文化就是這樣，我當然不是唯一一個會在離開球場時用開特力特大杯裝滿雞尾酒的人，但是只有我會在接下來的三天卯起來猛喝、在下午練球的時候靠著流汗排掉點酒精，然後到晚上再繼續喝到醉倒為止；唯一能讓我稍微清醒過來的，就是我知道我還得上場投球，所以時間一到我就會立刻停下來。

宿醉真的超級痛苦，我承認，我也在酒吧裡遇過很多驚險事件，甚至差點有人受傷，但不管情況有多糟多混亂，我規律的喝酒課表是有用的；我的戰績從五月中的三勝三敗到球季結束時變成十九勝八敗，紅襪隊緊緊追著我們一直到八月才被我們甩開，我們以八場比賽的勝差贏下美國聯盟東區的王座。我們總共贏了一百零三場比賽，這是洋基隊七年來勝場最多的一年，而且我們一整年都快樂無比。

A. J.為球隊帶來了一個新的儀式，這是之前他在馬林魚隊和藍鳥隊時就做過的事。通常如果我們在家裡逆轉贏球，打出再見安打的選手在比賽結束後都會立刻在球場上被轉播比賽的洋基有線電視臺（YES Network）訪問，A. J.會在選手被訪問的時候偷偷溜到他的身後，手上用毛巾包著一大坨鮮奶油，然後就像砸派一樣砸在選手臉上；第一次是在五月中，我們在九局下半連得三分擊敗了雙城隊，梅基．卡布瑞拉（Melky Cabrera）是那場比賽的勝利功臣，也成了A. J.手底下的第一個受害者。A. J.的兒子們也在不經意間發明了另外一個儀式，他們送了強尼．戴蒙一條塑膠做的、職業摔角選手的冠軍腰帶玩具，但是強尼決定每場比賽只要贏球，就要把這條腰帶頒給該場比賽的「最佳球員」；沒有多久除了腰帶之外我們還多了一個頒獎典禮，而且得獎的人還要發表得獎感言。球季中途我們的冠軍腰帶就被升級了，因為前職業摔角選手、現任世界摔角娛樂公司（WWE）的主持人「國王」傑瑞．勞勒（Jerry "The King" Lawler）是一位熱情的克里夫蘭印地安人隊球迷，他寄了一條真皮做的、鑲滿水鑽的官方認證冠軍腰帶；我知道這些事寫出來會讓人覺得很蠢，但是一個漫長的球季就是要靠著這些事情來製造一點開心的氣氛，同時也把二十五個完全不同的人給緊緊團結起來。

另外還有一個很特別的晚上把我們大家又更拉近了一些。艾力克斯那時住在紐約州萊伊市（Rye, New York）一座非常高級的豪宅裡，大概在洋基球場北邊二十英里左右；七月底的一個星期六晚上他幫自己辦了一個三十四歲的生日派對，把所有人都請了去，包括球員、教練，還有大家的太太們，大明星傑斯也在，他從小就熱愛洋基隊。那天的餐點和音樂都棒極了，但是A. J.和我立刻就注意到了戶外的那座奧運規格游泳池，我們開始討論想要跳進游泳池裡，也先跟艾力克斯打了招呼，我們只是沒想到他居然比我們還瘋。大概一個多小時以後，艾力克斯吹熄了蛋糕上的蠟燭，大家開心的幫他唱完了生日快樂歌，結果他轉身就往游泳池跑，全身還穿著全套西裝、戴著手錶、穿著皮鞋、全套，然後就跳起來像一顆砲彈一樣炸進了池子裡；大家一下子全都抓狂了，最少有大概八十個人全都灑得一身是水，連喬．吉拉迪也是，而平常的他其實是我見過最嚴肅的人。

平常球隊移動的時候，我們整隊一整年都會一起在巴士上或是飛機上，球隊裡大家也常常三五成群一起去吃飯甚至去夜店消磨時間，但是那並不能算是團結。這是第一次我們幾乎全隊的人都集合在一起，而且大家玩得很瘋；平常你可能跟這個人沒什麼話說，或是不太喜歡另外那個人，但是當大家都泡在游泳池裡互相潑水的時候，彼此之間的感覺就完全不一樣了。

到了十月要季後賽的時候，我非常的緊張，我不知道自己能不能在這個最重要的時刻為紐約交出好表現，我們全隊沒有開過太多次會，但是在第一輪比賽開打的前一個晚上，我們集合起來開了一次；喬．吉拉迪說了些話，還有其他幾位球員也說了些什麼，但是讓我印象最深刻的是我們的防護員吉恩．摩納罕（Gene Monahan），他站起來說，「嘿！就是再贏十一場而已。」他說話時那種平靜的態度感染了我，也讓我整個人沉穩了下來。

這一次我把過去八年所有學到的東西都施展了出來，特別是前兩年我在克里夫蘭和密爾瓦基時失敗的經驗，我告訴自己：**一開始就要展現氣勢，壓制對手，但不要覺得要靠自己一個人贏這場比賽。**

我躲過了第一局的亂流沒有失分，但是在第三局兩人出局的時候，我一連被打出了三支安打，然後還投了一球砸在地上的反彈球，一下子我們就以〇比二落後，可惡；這一局終於結束的時候，我坐在板凳上心跳快得不得了，基特就站在我旁邊，他問我：「你還好嗎？」

「我沒問題，沒問題。」我這樣回答。

基特冷靜得不得了，他淡淡的說：「你放心，交給我吧！」那時梅基．卡布瑞拉正在二壘，基特上去打了一支特大號的全壘打，直飛進左外野的看臺上，整個球場幾乎要暴動，我肩膀上的壓力也一下子全都不見了；我一路順利投到第七局，而且再也沒有失分，最後我們就以七比二贏了比賽。

基本上我們是在第二戰把雙城隊的鬥志給打垮，我們在第九局下半靠著艾力克斯的兩分全壘打追平比數，然後第十一局下半的第一位打者馬克．塔克薛拉一上場就用一支再見全壘打結束了比賽；我以為克里夫蘭和密爾瓦基的球場已經夠大聲了，但是當我們衝出去本壘板前迎接馬克．塔克薛拉的時候，整個洋基球場都因為觀眾的歡呼聲而震動著。在明尼亞波利斯的第三戰比數接近，但是結果並不令人意外。

另一組的美國聯盟分區系列戰是由天使隊橫掃了紅襪隊，這讓我鬥志又往上提升了一級，因為我要讓他們知道那份沒誠意的合約條件所錯過的，是像我這樣的頂級選手；我主投的兩場比賽都封鎖了他們，一共十六局只被攻下兩分，我們用了六場比賽送他們回家，我的狀況非常好，而且終於要第一次打進世界大賽了。

我瞄準了一輩子的目標就在眼前，我克服了對洋基隊的厭惡，為的就是這一刻，因為現在我終於有機會可以成為冠軍了。一整年球季我在每一次先發比賽前聽的都是肯伊．威斯特（Kanye West）的《冠軍》這首歌，歌詞裡有一句「告訴我要怎樣才能成為第一名」，你可能覺得我一定會記得世界大賽第一場先發的所有細節；然而很奇怪的是，我其實記得的不多，那整個晚上都模模糊糊的，我記憶中最清楚的卻是我已經站在實現夢想的邊緣了，但是在另一邊要和我對抗的先發投手是誰？是克里夫・李！印地安人隊在七月的交易大限前把他交易給了費城人隊，而他就成了他們拿下國家聯盟冠軍最主要的原因；先發投手總是會告訴記者說他們一點都不在意對方的先發投手是誰，因為你要專注對付的是對方的打者，但是當另一邊是你最好的朋友之一，而且這又是你第一次打進世界大賽的第一場比賽，你還是會放在心上。克里夫和我一直都在競爭，就算是當我們還在同一支球隊的時候也是這樣，我們督促彼此，想辦法要越來越進步；兩年前在克里夫蘭的時候我們每天都在一起玩任天堂上的RBI棒球遊戲，但是現在我們要在這場最盛大的棒球比賽中對決，而且別忘了才不過短短幾個月之前，他為了在一場酒吧混戰中保護我而捱了我一拳！這些都讓這場比賽更有趣，但也更緊張。

我投得不錯，但是克里夫投得比我更好，我投了七局只犯了兩個錯，兩次都被切斯・阿特利（Chase Utley）打成了陽春全壘打；吉拉迪在七局之後把我換了下來，我們還以〇比二落後，但是看克里夫那天的表現，感覺就像我們是以〇比十落後一樣。最後他完投九局只失了一分非自責分，當然我有點失望，但我並不難過；整體來說我們還是比較強的一隊，三、四天之後我還有一次先發的機會，我會比這一場的表現更好。

我的下一場先發是在費城的第四戰，這場比第一戰還要重要，我們連贏了兩場比賽，要是贏了第四戰，我們只要再贏一場比賽就可以封王，但是如果輸了，雙方就會變成二比二平手，而且我們還要在費城再多打一場。第四戰真的很拚，我的狀況並不是最好，但總是能在關鍵時刻解決危機，我們第一局就取得二比〇的領先，但是阿特利在第一局下半又從我手上打出一支二壘安打，把謝恩．維克托里諾（Shane Victorino）送回來得分；費城在第四局用幾支安打和一次盜壘追平了比數，但是第五局基特和戴蒙接連打回分數，我們再度取得領先。第七局下半我迅速拿下了兩出局，正覺得還不錯的時候，阿特利從我手中擊出了他在這次世界大賽的第三支全壘打，那球甚至還不是失投，但比賽就被追成了只差一分；吉拉迪決定把我換下場，那場比賽剩餘的時間我都坐在休息區裡，掛在欄杆上咬著毛巾，祈禱我們的牛棚可以撐住。

第八局費城的三壘手佩德洛．菲力茲（Pedro Feliz）從喬巴的手上擊出一支全壘打追平比數，但是我們過去七個月所磨練出來的拚勁在這個時候發揮了功效，戴蒙在九局上半兩人出局的情況下擊出安打，然後連續盜上了二壘和三壘，他的膽子有夠大；塔克薛拉被觸身球保送，艾力克斯擊出一支二壘安打送戴蒙回來得分也幫我們取得領先，然後波沙達一棒送回了塔克薛拉和艾力克斯。老莫只花了八球就拿到最後的三個出局，我沒能拿到勝投，但是那不重要，我讓球隊有贏球的機會，現在我們快要可以贏得世界冠軍了。

費城贏了第五戰保住一線生機，但是那沒關係，因為這樣子我們就可以在紐約結束這一切，太美了。安迪負責先發，我好愛這個安排，因為不管過去他對球隊有多重大的意義，前一年的冬天洋基隊居然差一點就打算讓他離隊，是他自願減薪才能夠留在這裡再拚一個冠軍戒指；喬巴在第六局上場接替他的時候我們以七比三領先，接下來吉拉迪也沒打算再冒險，他在第八局就提前讓老莫上場，要解決五名打者才能救援成功。沒有人是完美的，但老莫是棒球場上最接近完美的人，我知道冠軍已經是我們的了，偏偏A. J.和我都緊張得要命，我們站在一起緊緊握著欄杆，幾乎像是要把什麼東西從裡面擠出來似的；一直要到謝恩・維克托里諾打出一個滾地球給羅比成了最後一個出局，我們才跳起來飛越欄杆，直衝向投手丘把大家都撲倒，那是個總冠軍的人堆，是我們小時候第一次拿起棒球就夢想著的畫面。

我們全隊繞著洋基球場向球迷致意，從小到大我們都在電視上看鮑伯・考斯特斯（Bob Costas）[7]轉播，但是現在我卻身在其中，我就像是在夢中奔跑，和安迪還有老莫一起，還跟球迷擊掌慶祝；球場的音響重複播放著辛納屈[8]的《紐約，紐約》（New York, New York），就像每一場洋基隊的主場比賽一樣。二〇〇九年同時也是《帝國之心》（Empire State of Mind）發行上市的一年，而且這首歌很快就變成了我們球隊的聖歌，世界大賽的第二戰賽前傑斯和艾莉西亞・凱斯（Alicia Keys）被邀請到現場來演唱，舞臺就搭在二壘後方的外野草地上，我們全隊都跑出來在球員休息區看；我最感動的是聽艾莉西亞唱到「在紐約／水泥森林堆積出一個個夢想／沒有

7 美國知名運動播報員，以轉播奧運及各項重要賽事聞名。
8 美國知名歌手，被譽為是二十世紀最優秀的美國男歌手之一，並因名曲《紐約，紐約》而成為紐約市的代表人物。

什麼是你做不到的／現在你在紐約」，即使是到了現在，不管什麼時候聽到我都還是會起雞皮疙瘩，因為它讓我想起來到紐約、想起新球場開幕時所有人都盯著我，還有我咬緊了牙關拚命想要成功。紐約有太多太多悠久的歷史，你很難讓自己在紐約的歷史上擠出一個小小的位置，但是在二〇〇九年我們做到了，我們把自己刻進了那些歷史書裡，也寫了屬於我們的洋基球場故事；傑斯說「我是新的辛納屈，既然我可以在這裡成功／那我不管在哪裡都可以成功。」那就是我的人生寫照，連百老匯大道（Broadway）上飛舞著彩帶的大遊行也是。

第十三章 雙面人

慶祝的活動一直延續到幾乎整個冬天，最基本的有電視訪問、得獎晚宴等等，但是讓我印象最深刻的是一個非洋基隊官方舉辦的活動，當天現場的氣氛非常有紐約的感覺，特別是當天的貴賓。那是在十二月初，碧昂絲（Beyoncé）在多明尼加東南海岸的一個度假村為傑斯辦了一個四十歲的生日驚喜派對，一共只邀請了大概五十位客人，我們都被安排搭乘私人專機前往當地，而且派對主題是像電影《疤面煞星》（*Scarface*）中那種一九二〇或是一九四〇年代的造型；這超酷的，我們全部都打扮成好像要走進全盛時期的棉花俱樂部（Cotton Club）[1]，或是像自己正在電影《大亨小傳》（The Great Gatsby）主人翁傑．蓋茲比（Jay Gatsby）的豪宅裡閒晃一樣。我是

1 棉花俱樂部是一九二〇至一九四〇年代美國禁酒及種族隔離時期，紐約最受歡迎的高檔夜生活據點之一，並以常有著名黑人音樂家及歌手現場演出而聞名。

二〇〇七年認識傑斯的，而且多年來我早已習慣和名人共處，但是那天我和安柏這兩個從瓦列霍來的小鬼，就站在那個亮晶晶的游泳池邊，看著四十位水上芭蕾舞者在池子裡表演，然後享受著一場私人的煙火秀、喝著唐培里儂（Dom Pérignon）的年份香檳，身邊圍繞著的有吹牛老爹、肯伊・威斯特、艾莉西亞・凱斯、凱特・哈德森（Kate Hudson）還有艾力克斯，這太瘋狂了。

這很瘋狂，但是同時對我來說也很可怕，一直以來最讓我緊張的就是要和一群不是那麼熟的人在一起，還要在互動時盡量讓人覺得開心或有趣，而這個生日派對更是把這種緊張提升到了另一個層次；我當然是世界大賽冠軍的一大功臣，但是我夠資格站在這裡嗎？這些都是藝人、都是世界聞名的大明星，我在棒球或是在人生上的這些成就會不會一下子就消失無蹤了？

在我們出發去多明尼加之前，我曾經答應過安柏說我不會再喝酒，但這個承諾沒能維持多久，因為只有酒精能夠平撫我的緊張情緒，於是我越緊張喝的就越多；其實我連這樣子思考的邏輯都沒有，我只是一開始喝就停不下來而已，有人告訴我說派對最後是在早上五點結束的，但我什麼都不記得，只記得是安柏來把我叫醒。同樣的事情以前發生過很多次，我喝醉了昏倒了，然後又從床上爬起來夢遊；在印地安人隊和洋基隊時我們去外地比賽，我曾經因為這樣而在半夜不小心把自己鎖到了房間外，然後就在旅館走廊上無意識的到處走，直到警衛或是隊友發現了把我攔下來為止。也許這一次也是一樣，派對的第二天早上安柏在我們的小屋裡醒來沒看到我，然後是度假村的管家敲了門，悄悄的告訴她說：「女士，您的丈夫正在游泳池邊。」安柏出來發現我趴在池邊的躺椅上昏迷不醒，身上一絲不掛，但是幸好有人用一條大毛巾蓋住了我的下半身。

安柏把我叫醒，幫我披上浴袍，然後拖著我回到房間，接下來的周末行程我們就像什麼事都沒發生過一樣，但我知道她一定覺得丟臉死了，還好其他的客人都沒有提起這件事；我不敢去想有沒有別人看到我倒在游泳池邊，但這就是我之前提到的那個迴旋：每當我在人生裡有了幸運的大事，隨之而來的就會是一個相對等的失敗和打擊。

我知道喝酒帶給我很多麻煩，而且我一直沒能控制自己的分量、一直違背自己對安柏的承諾，也不是一件好事，但是知道有麻煩是一件事，真正去做一些改變則是另一件完全不同的事，而我並沒有那麼想改變；不管麻煩再糟，最少我玩得很開心，而且也沒真的搞砸什麼大事，我沒受傷也沒傷到別人、更沒被警察抓，當然我可能因為喝酒而錯過了孩子們在學校的一些活動，但我從沒因為喝酒而對安柏動手，或是因為喝酒而出軌。不管我再怎麼醉，那些都是我不會跨越的界線，安柏從沒有威脅過說她會離開我，當然我知道如果她決定了要拋下我的話，她會連威脅都懶得威脅就直接消失；所以我告訴自己說我只要控制得稍微再好一點點，我就可以不用戒酒，也可以不必利用醉酒來壓抑那些複雜的情緒。

除此之外，紐約這個光鮮亮麗的舞臺不光只是讓我們被邀請去參加那些明星宴會而已，它也讓我們可以在球場外做更多與慈善有關的事。多年來我都會捐贈財物給各種募捐活動，但一直都沒有固定的方向，有時是在隊友辦的癌症募款認購一桌的晚宴、有時是開一張支票給瓦列霍高中讓他們可以整修球場草皮，但是安柏和我想要做得更深入些也更持久些，讓這些捐贈可以更有意義一點，更能激勵人們一點。想不到真正的觸發點是一次竊盜事件，二〇〇九年三月有人偷溜進了北瓦列霍少棒聯盟的辦公室，他們砸爛了電腦和獎盃、撕下了我的海報、偷走了一百五十套的制服還有販賣部所有的糖果和食物，每年春天我媽都會在那個販賣部工作，那對我是有意義的。安柏和我都知道瓦列霍的生活比以前艱難了些，很多商店都關門大吉，瓦列霍甚至在二〇〇八年三月成了加州所有宣告過破產的城市中最大的一個；我們肯定是沒辦法有那麼大的影響力，但是說不定我們可以幫忙給市中心的孩子們一些希望，而且不光只是瓦列霍而已，其他地方也是一樣。

男孩女孩俱樂部在我的人生中有很重要的地位，安柏和我希望我們建立起來的慈善組織也能有類似的影響力，於是我們成立了PitCCh In基金會，並且於二〇〇八年在克里夫蘭辦了第一次的活動；我們請一個保齡球場捐贈了一個晚上的時間，然後賣票讓球迷可以和印地安人隊的球員們同場競技，我們把這些收入加上我自己捐的幾千元拿去買了幾百個背包，在背包裡塞滿了學校需要用到的各種文具用品，然後發送給瓦列霍的小學生們。我小時候從來沒有在開學前得到這麼多文具用品，我們希望小朋友們能開開心心的帶著新禮物去上學，但也藉由這次活動我們發現，需要被捐贈的地點不只是瓦列霍而已；安柏和我決定要做就做大一點，我們不停生出更多想法，於是在二〇〇九年十二月我們舉辦了第一次的聖誕節大篷車活動，一辦就是一整個星期，而且各種活動都有。在瓦列霍兒童與家庭服務中心的協助之下，我們帶了二十位青少年到購物中心直接購買自己需要的東西；我們也和凱薩醫療中心（Kaiser Permanente）合作，去兒童癌症醫院探望病患和家屬，並且發放任天堂DS遊戲機給他們；我們還到專門安置戒酒及戒毒女性的紅木之家，去為他們鋪上全新的地毯和掛上全新的窗簾，另外還安裝了一個書架。當我們搬到紐約的時候，我們每年已經固定會舉辦這兩個慈善活動——新學期開始前的新書包大放送，還有十二月的聖誕節大篷車，但是很明顯基金會的這一切都還只是剛起步而已；在紐約的第一年我們送出了五百個書包，但是短短幾年過去這個數字就變成了五千個，而且是在瓦列霍和布朗克斯兩地的學校都送。可以這麼迅速成長最主要的原因，就是因為洋基隊球員的身分幫我開啟了很多扇門，也讓我可以做更多的善事；舉例來說，我們和傑斯的肖恩．卡特基金會（Shawn Carter Foundation）合作建立起了一個獎學金，每年頒發給四位瓦列霍高中四年級最優秀的學生運動員，我們把這個獎學金命名為內森．波海爾獎學金，用它來紀念我過世的表哥。我沒辦法讓他重生，但是我希望他的毅力和勇氣可以透過這個獎學金傳承下去給我們社區的孩子們，或許也可以幫他們追求自己的夢想；雖然我看起來像是個站在世界頂端的人，但是只有我自己知道，當年的我也得到了很多很多的幫助，才能有今天。

我覺得自己有兩張不同的臉，一張笑嘻嘻的屬於明星投手西西，還有那個大眾眼中欣賞讚美的善心人士西西；另一張齜牙咧嘴嘶吼著的屬於酒醉的西西，這張臉總會在朋友和家人面前冒出來搗亂，然後把爛攤子留給他們去收拾。

第十四章　傷害

二○○九年的世界冠軍是洋基隊隊史上的第二十七個，但那是我的第一個；我們全體——球團、球迷、還有我——全都堅信接下來還有更多的冠軍戒指等著我們，這也讓接下來的三年更加的痛苦難熬也讓人失望。我們的先發陣容幾乎維持不變，最大的變動就是波沙達逐漸——但極度抗拒著——把捕手的位置讓給了羅素・馬丁；先發投手的輪值在那幾年比較不穩定，哈維爾・瓦斯奎茲（Javier Vázquez）、弗雷迪・賈西亞（Freddy Garcia），還有我在印地安人隊時的老隊友巴特羅・柯隆都先後加入成為一員又離開，喬巴被放進了牛棚，A. J. 成為了自由球員離開，安迪在二○一一年退休，然後又回來投了兩個球季。

二○一○年我覺得自己比新人年以來還要強壯，而且從來不曾對自己這麼有信心，在洋基隊的第一年就贏得世界冠軍讓我在心理上放鬆了不少；我當然不會為了一個冠軍戒指就志得意滿，這只會讓我更加飢渴，想要再贏更多。我知道如果我們在二○○九年沒能順利封王，接下來圍繞在我身邊的壓力只會更加沉重：**我們找沙巴西亞來，付了他這麼多的錢，為的就是要能拿一個世界冠軍，他要到什麼時候才能做到？**但這個重擔已經不存在了，我可以放鬆心情為我自己和隊友們一起上場奮戰，輕鬆自在；就連我的第四個孩子、小兒子卡特，也在安柏和我的計畫之下，在夏天主場七連戰的一個休兵日完美的來到這個世界。

二〇一〇年我贏了二十一場比賽，我職業生涯裡勝場最多的一個球季，個人數據對我來說從來就沒有太多意義，但是這是個例外，因為這代表我已經正式成為「黑人王牌」的一員，也達成了十年前泥貓．葛蘭特前輩對我的期許；這對我有特別意義，因為我成為了這份名單上的第十四位成員，從此我和泥貓、鮑勃．吉布森（Bob Gibson）、費格森．簡金斯（Ferguson Jenkins），以及大衛．史都華這些偉大球員之間就有了共通點。然而這還是無法消弭德州遊騎兵隊所帶給我的傷害，他們在二〇一〇年的美國聯盟冠軍系列賽打敗了我們，也結束了我們的球季。

二〇一一年我們又退步了一點，在分區賽的時候就以三比二輸給了老虎隊，球季結束時我有機會可以從合約逃脫，再度成為一位自由球員，所有的體育記者們也都認為我一定會想要在市場挑戰更高的身價，但我熱愛洋基球團全力求勝的精神；紐約的球迷和球團所帶給你的壓力遠遠勝過任何一個其他城市，在洋基隊永遠都有一種急於求勝的迫切性，就算只是一月時的練球，你都已經會開始提醒自己隨時都要好好投球，每一場比賽都是，不管是在六月還是十月，都要認真。你會常常失敗，但是洋基隊會強迫你要變得更好，而且整個紐約都會盯著你看。

直條紋穿上身真的很沉重，我們都知道在我們之前有過哪些前輩，像是尤吉、老白（Whitey）[1]、瑞吉還有派提特等等，穿上球衣的時候就會感受到他們的存在；這件球衣真他媽的重，不是隨便什麼人都承擔得了，曾經有幾個傢伙是我以為可以扛得住的，結果他們不行。人們常常提到「真洋基人」，我不知道那是什麼，那也不是我可以評論自己是否符合，但是每當我扣上球衣的釦子，我就可以感覺到無比的榮耀和歷史感，那是與聯盟裡任何一支球隊都不同，也遠勝過他們的。

除此之外，那時我們已經很開心的搬進了位在艾爾派恩區的新家，所以當洋基隊只是單純提出要在我原有的合約上延長兩年再加上五千萬元美金的時候，那對我來說就是一個再簡單不過的決定；合約的細節一直到簽約期限前的幾個小時才全被搞定，所以大家覺得整件事情很戲劇化，我是想要得到符合市場價值的薪資，但是錢從來就不是個問題，我想要加上去的合約年份要越長越好，那才是最重要的。我從來沒有真的想過要離開紐約，我想要以一個洋基人的身份結束我的球員生涯。

我們都知道對現在這個球隊的核心成員們來說，二〇一二年球季可能是我們最後一個贏下世

---

1 懷堤・福特（Whitey Ford）是美國棒球名人堂的一員，曾十度入選明星隊，並於一九六一年同時獲得賽揚獎與世界大賽最有價值球員，曾代表洋基隊贏得六次世界大賽冠軍，是洋基隊最著名的代表人物之一。

界冠軍的機會，基特已經三十八歲、艾力克斯也三十六歲了、安迪四十歲，而老莫則是四十二歲；五月時我們又受了個重大打擊，球隊在賽前打擊練習的時候，老莫在外野接球，結果就把右膝的前十字韌帶給撕裂了，他的一整個球季也因此提前報銷。

我的年紀沒有問題，但我的身體卻也開始崩壞，球迷和運動媒體總會批評運動員，說他們軟弱、不願意帶傷拚戰，但我看到的一切卻剛好相反；選手和球隊在公開談論到傷勢的時候總會想盡辦法隱匿真相，故意淡化傷勢的嚴重性，因為選手不想要枯坐在板凳上，也希望多以好表現來幫自己爭取談新合約的本錢，而球隊也要為了選手的市場價值而三緘其口，免得影響了隨時都可能發生的球員交易。偶爾我會遇到一些隊友，他們在嚴重受傷和復健的過程會讓我覺得好像太小心了一點，但是在這麼多年經歷了數百名隊友之後，嚴格來說我只有碰到過一位會假裝受傷的隊友；只要我們接下來的比賽會碰上曾經完全壓制過他的強投，這傢伙就會突然說自己背痛，或是說自己腳抽筋太嚴重了，實在沒辦法上場比賽。

大部分球員對於疼痛的忍受度非常高，而且不管是吞止痛藥還是接受好幾個小時的治療，他們都會盡力讓自己能留在球場上繼續比賽，但有些時候開刀卻還是在所難免。我的體重在我二十多歲的時候就因為漢堡和啤酒而衝過了三百磅（約一百三十六公斤）的大關，而這些重量會隨著我投出的每一球整個壓在我的右腿上，我的右腳在著地時腳尖則會橫過身體指向左邊，也更加深了我整個膝蓋的扭轉；第一次開刀是在二〇〇六年九月，克里夫蘭印地安人隊在球季結束之後讓我開刀修復受損的右膝軟骨，同樣的問題在二〇一〇年中再度發生，但那時我在球場上的表現非常好，所以在投球日我會靠著冰敷和托拉朵（Toradol）[2]來度過。在遊騎兵隊於季後賽將我們淘汰出局之後第五天，我再度接受了關節鏡手術來修復膝蓋的半月軟骨。

到了二〇一二年，我的傷勢開始雪上加霜，先是在六月對大都會隊的一場先發，我覺得拉傷了左側的鼠蹊部，但是我沒有告訴任何人；兩天之後我在牛棚進行兩次先發之間的練投，疼痛的感覺突然就變嚴重了，洋基隊堅持要把我放上十五天的傷兵名單，這是我職業生涯的第一次，我恨死了，我痛恨自己只能坐著不動，我痛恨自己不能對球隊做出貢獻。

二〇一二年球季開打時我三十一歲，我大概已經投過一百萬球了，而我的手臂從來沒有找過我麻煩，但是到了春訓尾聲就破功了，我開始覺得左手肘有點僵硬，但是症狀時好時壞；到了五月，我的手肘會在每次先發之後腫得像水球一樣，我全身的柔軟度通常很好，但是那時我突然無法用左手摸到我的左肩，也沒有辦法完全伸直我的左手臂，發炎實在太嚴重了。在兩次先發之間我們會卯起來去治療它，真的是卯起來弄，按摩、冰敷、伸展，所有可能讓我左手臂伸直的治療方式我們都全力去試，而即使是吃了希樂葆（Celebrex）[3]和托拉朵這些止痛藥，治療通常還

2　一種非類固醇類的消炎止痛藥。
3　一種非類固醇類的消炎止痛藥。

是比我投球還痛；到了七月，我只要一投曲球，我的手臂就會感到劇痛，像是有電流通過一樣，八月時我接受MRI磁振造影檢查也沒能找出任何結構上的損傷，所以我繼續先發，成績也不差，我投了六又三分之二局三振了七名對手，我們擊敗了老虎隊。但是我還是無法完全伸直我的手臂，我不能完整做好我的投球動作，我整個職業生涯幾乎都維持在每小時九十五英里的快速直球，現在只剩下每小時八十八英里，而且我的手肘痛到我連睡覺都睡不著。

然而再怎麼痛也比不上我對感情所造成的傷害，那是在八月底的一個星期四，是洋基隊的休兵日，早上我醒來的時候天氣很溫暖，而我們的三個孩子正在後院的游泳池裡，所以我決定加入他們；就是那麼方便，我們的吧檯距離游泳池大概只有十英呎遠，於是我的身體裏外都同時享受著液體的滋潤。大概一個小時之後小西該要準備去他的美式足球練習了，我的開心情緒肯定讓安柏覺得有點不對勁，因為當我說我要去開車時，她堅持要自己另外開她自己的車載孩子去；當我們到達練習場時我仍然帶著酒意，我一邊和人說笑一邊看著美式足球，有一度我還站起來把賽雅扛在肩上，像在遊行一樣到處走來走去。我的手機不知道何時從我的口袋裡掉了出來，被安柏從椅子上撿了起來，然後她看到我在那天發了好多則訊息給一位她不認識的女子。

我是醉了，但是當我走回來的時候，我已經有足夠的意識看出安柏氣瘋了，我們不會在這些家長們面前就大吵一架，所以我們在美式足球練習結束之後就開車回家，到家後安柏忙進忙出的，但我知道自己惹出麻煩了，居然在兒子的練習場上醉醺醺的出醜。我可以好好跟安柏解釋的，說雖然這整件事很糟，但即使是那些訊息也只是瞎聊而已，但是我沒有；我進了正門之後就直往地下室躲，我開了一瓶伏特加，等到安柏把孩子們都弄好，洗完澡送上床睡覺之後，我已經醉倒在電視機前的沙發上，那時大概是晚上十點。

安柏走下樓來，到地下室把我叫醒：「出去，」她的聲音靜靜的，就像是一把刀。

我倉促的結巴著，「什……什麼？」

「別裝了，」她說，「你跟那女人傳訊息聊天，我受夠了。」

我跟她說那什麼都不是，那只是一個我在球場認識的女孩，「我們是在說一雙超炫的鞋！」

安柏懶得理我，「給我出去。」

我走出門踏上車道，完蛋了，我不知道應該怎麼辦，**也許我應該先離開這裡，讓我們都冷靜一下。不，我應該進去道歉**。我轉身握住門把，安柏已經把門鎖上了。

不知道為什麼我身上沒有家裡的鑰匙，但卻有車鑰匙。幾年前我買了一輛一九七二年奧茲摩比的卡特拉斯（Cutless）敞篷車，就跟小時候我表哥咪咪的車一模一樣；我從小就夢想著能擁有那輛車，所以我一有錢就收購了一輛，而且把它整個大翻修，改裝成突擊者隊的配色風格：銀色的外裝烤漆，還有全黑的內裝布置。我坐進卡特拉斯裡，把車頂放下來，然後就開始往山下開；山路很彎，轉來轉去的，而且還沒有路燈；山腳下的路口有一個停車再開的標誌，但是在那之前是最後一個向左的彎道，我把方向盤向左打，大概一打就沒有拉回來，於是車子跳上了人行道、撞穿了一戶住家前院十呎高的鐵欄杆，直到卡特拉斯撞上了一棵大樹才停了下來。

我在黑暗中坐了一下，又氣、又丟臉、又覺得心慌意亂，我並沒有受傷，但我把我美麗的愛車給撞爛了，我的婚姻大概也要完蛋了，我現在唯一能做的就是沿著山路走上去求救；時間已經過了午夜，周圍一片寂靜，車禍地點距離我家前門不到一英里，但走起來就像是我這輩子走過最漫長的一段路。

門還是鎖著，我按了電鈴也沒有人回應，安柏肯定是氣壞了，她一定不知道我開車離開之後發生了什麼事，而且我猜她早已決定就是要把我鎖在門外一整晚；我的悍馬（Hummer）[4]就停在車道上，我爬上駕駛座，但這一次我總算做出了那一整天第一個正確的決定，我沒有開車，而是打了電話給我們的司機丹尼（Danny），請他過來接我。他把我送到了十分鐘車程之外、位在紐澤西州特納夫萊（Tenafly, New Jersey）的一間旅館。

電話鈴聲和簡訊通知肯定就是從那個時候開始瘋傳，我的經紀人、安柏、還有我媽大概都收到了消息，於是他們快速就切換到了收拾殘局模式；後來他們告訴我說一輛拖車在天亮前就被叫來把那台被撞爛的卡特拉斯給拖走，所以沒人看到發生了什麼事，屋主人很好，沒有叫警察，我們也賠了錢把鐵欄杆給恢復原狀。

撞到樹幾個小時之後我已經到了布朗克斯的一間小學，和安柏一起發放背包、笑著合照，我很重視要親自到場參加基金會的活動，因為那些孩子都是我的責任；我對於要在短時間之內進入狀況已經是經驗豐富，只要讓我睡幾個小時然後沖一個澡就好，我還是嚴重宿醉，而且兩眼少了點神采，但我戴上了公眾形象的面具，孩子們一點也看不出來。

但回到家就不一樣了，我被趕到了客房整整一個月；我早就知道長時間以來我一直在安柏身上強加了許多不合理的重擔，在某種層面上，我可以理解我的匱乏、我的焦慮，還有我對失敗以及對被遺棄的恐懼感都嚴重影響到了安柏。出於對我的愛，她嘗試了各種方法來幫助我應付這些困難，我們已經在一起太久了，久到比我們不在一起的時間還長，彼此已經深深融入了另一方所經歷的每一件事當中，所以我完全可以理解她所承擔的壓力；我想要拯救我們的感情，想要和她把這一切都梳理清楚，於是在車禍一星期之後我們就一起開始了婚姻諮商。我的狀況並不好，我說了會戒酒，但其實只是為了要我媽和安柏別再煩我，用別人當藉口來戒酒是永遠不會成功的，如果沒有任何人在意我喝不喝酒的話，我肯定會繼續喝下去；這聽起來很自私，但戒酒這個決定必須要發自內心，我必須要為我自己戒酒，而不是為我們戒酒，我必須是那個為了想要為自己做出改變的人。

我媽在車禍的第二天就飛來了紐約，每次當我搞砸什麼事的時候，她永遠都是危機處理小組的一員；我媽真的非常擔心我，特別是這次如果安柏不原諒我，她知道我一定會因為喝酒而出什

---

4 一款根據美國陸軍多用途車輛所改造而成的民用汽車，在一九九二年被推出後廣受歡迎，被暱稱為「越野車之王」。

麼事死掉，或是就直接喝酒喝到死。安柏生我的氣卻成了另一個我更想喝酒的理由，於是我媽決定親自盯著我，兩天之後她會跟著洋基隊一起出發，到坦帕的客場看比賽。

我們在布朗克斯發送給孩子們的背包裡有一本書叫做《本日巨星：C.C.沙巴西亞》。「這是關於一位優秀年輕人的故事，」書裡這樣寫著，「他的正面能量和勤奮努力讓他成為了一位最受歡迎的棒球選手。」這些都對，但是和完整的故事差了十萬八千里，真正的故事在車禍之後還要變得更糟，才得到了可以好轉的機會。

在傷兵名單上的時間讓我的手肘獲得了足夠的休息，我在球季末表現很好，例行賽的最後三場先發都投滿了八局，一共拿下十五勝；我把好表現帶進了美國聯盟的分區賽，我在面對金鶯隊的第一場比賽，在客場投了八又三分之二局拿下勝投，然後在洋基球場的第五戰完投九局只失一分，只被打出四支安打還送出九次三振，幫助球隊順利晉級。這兩場比賽大概是我季後賽生涯中表現最棒的兩場比賽。

基特在九月時撞傷了左腳踝但仍然繼續比賽，一個月之後他擊出了一顆界外球砸傷自己的左腳，但他還是繼續比賽；現在在美國聯盟冠軍賽對底特律的第一戰，十二局的上半，老虎隊剛剛取得了五比四的領先，強尼·佩洛塔擊出一個中間方向的滾地球，基特往左側移動了大概四步準備要接球，這是他大概重複超過上萬次的防守基本功，但是這一次他的左腳踝碎了。當基特摔倒攤在內野紅土上時，我們立刻就知道情況很糟，非常糟；我從沒有聽過四萬七千人可以在那麼快的一瞬間就全都安靜下來，在休息區裡我都快忍不住要哭了。

我在第一輪對巴爾的摩的兩場好表現也讓我付出了代價，我的手肘又開始出狀況，球隊把我對底特律的先發延後到第四戰；那時我們已經以〇勝三敗落後，一定要贏才不會被淘汰出局，結果我完全失控，被爆打了十一支安打失掉六分，還沒投完四局就被換下場。老虎隊把我們橫掃出局、基特兩手撐在拐杖上，而我的手肘也必須開刀，球季就這樣慘兮兮的結束了。

最少我的手肘還有救，我可以去阿拉巴馬（Alabama）找最有名的詹姆斯・安德魯（James Andrews）醫師幫我開刀，但我不知道該怎麼拯救我正在快速崩壞的人際關係。

第十五章 又一次的失去

有一年球季結束後我們規劃了一個家族旅遊，大概有十五個家人一起去哥斯大黎加（Costa Rica）住在一間大房子裡，假期的高潮是一趟深海釣魚之旅，我等不及想要去釣魚，而且我想要確保自己一整個星期都能好好表現；在我們準備好要南下之前就我跟安柏說，「寶貝，大家都會喝酒，我不想要大家覺得我奇怪，所以每天只有在晚餐的時候我會喝點啤酒。」我知道她才不相信我，但第一天我真的就只在晚餐時喝了一罐啤酒；第二天早上大家吃早餐的時候我手上拿著咖啡杯，但什麼食物都沒有，安柏問我要不要吃點早餐，我說「不用了，我不餓，我喝點咖啡就好。」我的杯子裡裝的可不是咖啡。

等我們到海邊的時候，我已經開始對她大吼大叫，安柏的哥哥忍不住介入，他是一個大個子，大概有六尺四吋（一百九十三公分）高，而且他是軍人；我幾乎要跟喬伊打起來了，雖然他可能三招之內就可以把我給殺了，「我不想動手，西西！」喬伊大叫著，「你給我走開，我不會讓你這樣子對我們無禮，如果你真要動手的話，你自己知道倒楣的會是你！」

大家死拉著把我拖回了屋子裡，我一進屋就開口痛罵安柏的母親，「妳一點都不懂感恩，枉費我們這麼照顧妳！」她哭著就衝了出去。

我媽在那一個瞬間接手了整個局面，他把我的情緒安撫下來，直到我睡著為止。

大家釣完魚回來很開心，但是我完全沒有道歉的意思，因為我氣他們拋下我，沒有帶我出海；但安柏居然還笑得出來，「對啊，我們才不會帶氣嘟嘟的西西上船。」但我錯過的東西太多了，不只是這次的出海釣漁而已。

每年冬天我們都會回到加州，而且我一定會把時間安排好，確定可以看到突擊者隊的主場比賽；從我五歲的時候起，我爸就會把我們塞進車裡，然後在半夜兩點從瓦列霍出發，開六個小時的車到洛杉磯體育場去。我想要延續這個傳統，所以我在和印地安人隊簽約之後就立刻買了突擊者隊的季票，而且就算是當突擊者隊已經搬回奧克蘭之後，我們還是會在早上四點早起，飛車趕到停車場去等他們六點整開門；我們的賽前派對從墨西哥早餐捲餅開始，由我的小表弟達奈爾·瓊斯負責料理，他是一位廚師，每次都會準備烤肋排、烤雞、漢堡、香腸還有熱狗，其他的配菜還有燉豆、燉甘藍菜、乳酪通心粉等等。每次我們都會邀請五、六十位朋友一起，包括棒球界的朋友或是同樣是突擊者隊球迷的前隊友，像麥特·加爾薩（Matt Garza）和艾倫·希克斯（Aaron Hicks）都是；現場還會接上電視，讓我們可以邊吃午飯邊看國家足球聯盟（NFL）其他場次的比賽。每次開車進洋基球場的時候，我總是很嫉妒那些提早來到球場，然後在停車場邊開趴邊傳球的球迷們，所以在奧克蘭我會穿上我五十二號的突擊者隊球衣，然後盡情的和朋友傳接美式足球；有幾年我甚至會把臉塗上銀色和黑色的油彩，我們突擊者隊的球迷絕對是全力出擊的。

二〇一一年底我和洋基隊簽下了延長合約，我們決定回到西岸好好休息一下，一開始的時候一切都很好。十二月的一個下午我們都在家裡沒什麼大事，家人和朋友們來來去去的，我們一起看電視上的球賽轉播，一起吃吃喝喝，喝很多；我不知道這樣持續了幾個小時，也不記得到底是被什麼事情給觸發了，但是一下子我發現自己正在後院對著我表哥咪咪暴怒大吼。他的個子也是又高又壯，除了大學時就是美式足球選手之外，他也曾經參加選秀被突擊者隊選中，後來還在屬於國家足球聯盟的歐洲美式足球聯盟巴塞隆納飛龍隊（Barcelona Dragons）打過四年球；多年來我們有好多美好的回憶，咪咪每年都會來紐約四、五次看我投球，不比賽的時候我們一分鐘都不分開，但是現在我們槓上了，鼻間相距只有幾英吋而已，周圍的人緊緊拉住我們不放，而我們只是不停的向著對方吼叫辱罵。酒精讓我喊出所有那些我清醒時壓抑著不敢說的話，而且是用最凶狠惡毒的方式說出來，我就是個喝醉酒的王八蛋，完全不知道該怎麼有效的收斂我的怒氣；咪咪是我從小到大的偶像，我們在長大成人之後比起小時候還要更親近了許多，但是經過那個晚上之後，我不知道我們還有沒有機會可以和好。

我們好幾個月沒有說話，二月我在春訓的時候和他在電話上說了幾句，之後一直要到二〇一二年五月底洋基隊去西岸比賽時，咪咪和葛洛阿姨還有妮西阿姨一起來安納罕，我們才真正有機會可以把那些嫉妒、誤解還有受傷的感覺全都說清楚；這一次我們沒有喝酒，好好聊了幾個小時才大概回到以前的樣子，咪咪甚至在幾個月之後還到紐約來看我，我們還是有一些事情要再解決，但我非常期待球季結束之後就可以再見到他。

然後就在二〇一二年十二月，聖誕節的十天之前，那時我們正在打包行李準備要回西岸去度假，電話在這時響起，另一頭是我媽在大喊：「他走了！他走了！我不相信，我們在急診室——」她完全處在驚嚇狀態，而當我搞清楚她到底在喊些什麼的時候，我的驚嚇比她還嚴重得多。咪咪住在沙加緬度近郊，那天早上他在住家附近的籃球場和人報隊打球，這是他多年來維持的習慣，每星期都會打好幾次；打完球後他回家，然後一點前兆都沒有，他的心臟就停了，他才四十六歲，就這樣走了。

我坐下來就哭了。我很感謝在他走前有修復好我們的關係，但是失去他的傷痛就像是一座大山一樣重重的壓了下來，壓在我心裡封存已久的那些傷痛之上——父親、艾倫伯伯還有內特；咪咪是我從小到大的英雄，我想要長大能和他一樣，我希望他能以我為榮，我們原本是要回瓦列霍去慶祝聖誕節的，但是現在等著我們的又是一場喪禮。

喪禮的現場擠得滿滿的，深愛著咪咪的人從各地趕來，教堂不得不宣布停止讓人進場，不然會違反消防安全法規；咪咪的母親葛洛阿姨問我想不想說幾句話，我真的想，我想對她和咪咪說說我心裡的話。我站起來看著那些臉，我看到咪咪的女兒還有他的三個兒子，我開始說起我的好朋友，說起他對我們大家的重要，然後我就再也說不下去；我太難過了，先是失去我爸，然後現在是咪咪，這把我打入了一片黑暗裡。不管你年紀多大，你永遠希望你的生命裡有一個男性的榜樣，一個你可以依靠的堅定力量，但是現在我誰都沒有了，他們拋下我，走了。

我們還是照常在瓦列霍過了聖誕節，然後安柏和我帶著孩子們一起去了毛伊島（Maui），那是原本就計畫好的事，但是我感覺到自己好像留在了原地，有一大半的自己和咪咪一起被埋進了土裡；一直要到多年以後、在更多更多的酒精之後，我才敢面對失去他對我來說是多麼嚴重的一個打擊，而這些關於他的回憶最後還救了我的命。

第十六章　酒精成癮

對於一位強力投手來說，一顆會跑的快速直球就跟呼吸一樣重要；二〇一三年二月是我人生第一次在手臂手術之後來到春訓基地報到，我很緊張。我會不得不轉型成另一種投手嗎？我會變成那種只想著削到邊邊角角、卻沒辦法直球對決的投手嗎？報到之前我在紐澤西的一個健身房練投了幾個星期，我覺得自己有點僵硬，但手肘確實是不痛了；第一次站上投手丘的時候我有點怕，也不敢全力投球；然而當我聽到球進到捕手手套裡「啪」的一聲時，我就一點都不擔心了，我還需要再練壯一點，但是不到幾個星期我的球速就全回來了。

前三年我都是明星隊的一員，今年我要繼續保持這個紀錄，而且還要幫洋基隊重新返回世界大賽；我完全沒有心理準備接下來將要面對的會是我職業生涯中最艱苦的三年。

從小到大我就是個大個子，我一直很介意我自己的體態，在學校打籃球的時候如果大家用穿上衣和打赤膊來分隊，我是絕對不會脫衣服的，我一定會在穿著上衣的那一隊，不然我寧願不打球。多年來我健身運動的目的並不是為了讓自己體能更好，而是為了讓自己能多吃一點，我參加選秀的時候體重是兩百二十五磅（一百零二公斤），接下來在小聯盟從春天到一整個夏天打完，然後就回家了；我才十八歲，克里夫蘭剛剛才給了我一百萬元美金，你覺得球季結束之後我會認真做健身練體能嗎？第二年我帶著兩百七十八磅（一百二十六公斤）的體重到春訓去報到，印地安人隊嚇壞了，但是我投得很好，而且我一直認為體重等於球重，我就是要有這樣的體重，才能投出這樣有威力的球。現在我三十三歲了，而且過去幾個球季我的體重最高曾經達到三百二十五磅（一百四十七公斤），我知道過重對我的健康不好，特別是我的膝蓋，所以在春訓前的兩個月我完全戒除了碳水化合物，我一共減掉了三十磅（十三．六公斤）。春訓報到時的兩百六十五磅（一百二十公斤）是我高中畢業之後最輕的數字，我覺得很棒，身體也覺得很強壯，但我沒辦法投球；我的身體找不到平衡，完成投球動作的時候在投手丘上東倒西歪的，我甚至無法把球握緊，我的球速和我的體重一起消失了，我手臂揮動的速度也變慢了。體重變輕、表現變差，最大的好處就是再也沒有人囉嗦我的體重了。

二〇一三年我的勝場比敗場多，洋基隊也是一樣，但是我們唯一的成就也只有這樣了，先發打線因為年紀和傷勢的關係經歷了很多變動，很多時候都是靠著還沒站穩的新人和已經在衰退的老將們勉強拼湊出來的：萊歐．歐佛貝（Lyle Overbay）守過一壘、愛德華多．努涅斯（Eduardo Núñez）代替基特守游擊、韋諾恩．威爾斯（Vernon Wells）和鈴木一朗守外野、還有我的老朋友崔維斯・哈夫納當指定打擊。球季開始的時候還不錯，但是到六月底我們開始下滑，之後就再也沒有振作起來，以第三名結束球季，遠遠落後紅襪隊十二場勝差，也是我們五年來第一次沒能打進季後賽。

即使老老闆喬治・史坦布瑞納（George Steinbrenner）已經過世了，洋基隊的文化依然是無法容忍輸球的，而這也就是我熱愛洋基隊的原因之一。球季結束後我們花了很多錢，幾乎有五億元美金之多：布萊恩・麥坎恩過來當捕手、雅戈比・艾爾斯布里（Jacoby Ellsbury）負責守中外野、田中將大是新來的先發投手，我們還跟黑田博樹續約，也簽了卡洛斯・貝爾川來當指定打擊，但是完全沒用；這些偉大的球員完全沒有結合成一個團隊，我們再度以十二場勝差結束球季，這次是落後巴爾的摩金鶯隊，這也是我們連續第二年沒能打進季後賽，這是洋基隊二十年來的第一次。先發投手們的表現不符預期，而我是最大的問題。

前一年我太急著在手肘開刀之後回到球場，我的手臂一直沒能完全恢復正常，二〇一四年春訓時我的右膝蓋痛了起來，但是我覺得還在可以忍受的範圍之內，我以為只要像以前一樣要輪著注射可體松和抽出關節的積水，就不會有太大問題。球季剛開始的前幾個星期我的投球表現還不錯，但是接下來在四月底，我們在家裡主場迎戰西雅圖，開始進入投球動作的時候我幾乎無法把右腿抬到腰際，而當我右腳著地的時候，疼痛就直往上衝，我反射性的迅速把腳從地面抽起，就好像是光腳時踩到火燙的木炭一樣。接下來又經過兩次短暫的先發之後，我的球季就在五月十日結束了，這是我職業生涯第一次勝率低於百分之五十。

我到阿拉巴馬州去找安德魯醫生，好消息是半月軟骨的損傷並沒有惡化，但是壞消息是整個膝蓋關節已經在開始慢慢壞掉，用醫學用語來說就是「退化」；除了整個替換成人工膝蓋之外，這是沒辦法治療痊癒的，停止打球可以延緩軟骨組織損傷的速度，但那當然是不可能的事。我們嘗試了可體松和幹細胞注射，看看能不能幫我重新站上投手丘，但是大概七月四日的時候我嘗試丟球，疼痛的感覺就馬上又回來了；做下同意開刀的決定讓我非常痛苦，因為一開刀就表示我的整個球季都結束了，而且我還要聽到所有那些批評我的人說洋基隊和我簽下的延長合約是一個大錯，但是如果我還想要在二〇一五年投球的話，我別無選擇。

坐在場邊看自己的球隊在球場上掙扎是一件很痛苦的事，比我膝蓋的傷勢還要痛苦，更何況我還因此而錯過德瑞克．基特的最後一個球季；二月中春訓開始的前兩天，基特宣布他會在二〇一四年球季結束之後退休。他的腿也一樣讓他不舒服，到了三十九歲的年紀，而且還贏過五枚世界冠軍戒指，他覺得已經到了該離開球場的時候，但我們也因此覺得被激勵，想要在他退休之前再送他一個世界冠軍。我們一直拚戰到球季的最後一場比賽，直到我們輸給金鶯隊才被淘汰出局，無法進入季後賽；我們球季最後一場主場比賽是基特最後一次站在洋基球場的內野，也是他第一次在洋基球場打一場毫無意義的比賽，但是那感覺起來就像是有史以來最盛大的一場大戰。比賽當然是全場爆滿，而且過程精彩無比，比賽進入第九局的時候我們領先三分，但是巴爾的摩連得三分把比賽給追平了；基特的職業生涯擊出過三千四百六十二支安打，拿過五枚世界冠軍戒指，在所有這些精采的表現之外，現在九局下半還剛好輪到他來結束這場比賽？怎麼可能，就算你把這些全拍成一部電影，我還是不可能去看的，但是偏偏就是基特把逆轉獲勝的一分給打了回來；我才剛開完膝蓋的刀，連醫生都還沒有說我可以跑步，但我是第一個衝上球場去恭喜他的，我們的防護員史提夫．唐納修（Stevie Donohue）瞪著我說：「**你在搞什麼鬼？**」

我們才不想要基特的職業生涯是這樣結束，而在看到他對我的付出和對洋基隊的貢獻之後，我更覺得是自己讓他失望了，因為當我在二〇〇八年和洋基隊簽下自由球員合約時，他和安迪．派提特是最先和我聯絡的。基特這樣的一個大明星在私底下卻能夠那麼平易近人，實在是一件很奇妙的事；誰都知道基特是紐約最受歡迎的名人，但是當你和他在一起的時候，你一點都不會覺得有什麼了不起的，也不會覺得羨慕他，你甚至根本不會去想那麼多，因為他的態度就是那麼輕鬆，他就是那樣的人。我很喜歡晚上和基特一起出去晃晃，所有的人都會蜂擁而上去找他，然後就完全不會有人來煩我，超棒的。

基特看過我喝醉不只一次，他會對我說「你他媽的是怎麼回事？」但是最多也就是這樣了，這並不表示他不關心，因為我知道他很關心我；不管是好是壞，這就是他的風格，他把每個人都當成成年人，也尊重他們會為自己負責，他不會訓話，更不會牽你的手來帶你過馬路。我和安迪．派提特的友誼就很不一樣了，一部分是因為我們同樣是先發投手，所以在一起的時間自然比較久，但是最主要的還是因為他的個性；每次只要是在飛機上或是旅館裡看到我喝醉酒，安迪就會找機會在一些只有我們兩個人的空檔，像是球隊打擊練習我們站在外野的時候，或是在比賽進行中時回到球員休息室一起去吃點東西。「怎麼了？」他都是這樣開頭，「你發生什麼事了？」而且他是真心想要知道；我總會給他一些好像有點邏輯的答案，像是我和安柏吵架了，或是我比賽沒有投好，覺得不開心想要出點氣，但是我很確定他早就看出來我喝酒的方式實在太規律，不是這些理由可以解釋的。最後我告訴他說我真的很擔心，不知道自己到底為什麼會喝這麼多酒，也不知道我能不能改；安迪從來不會要我去做些什麼，像是接受諮詢、上教堂，或是直接戒酒，我很感謝他這一點，因為我知道如果他這麼做的話，我也只會直接拒絕他而已，我想他知道我會按照自己的時程來解決這個問題。

把車撞壞是我的第一個警訊，多年來我一直告訴自己說我才不是個酒鬼，酒鬼是那些每天都非喝酒不可的人，而我只要願意，就可以連著幾天都不喝酒，說真的，就算要我幾個星期不喝酒也行，我也真的做到過；最少在球季進行的時候我可以隨時打開或關上我喝酒的開關，或是如果有一年我們的外出度假的行程不是那麼愉快，那第二年的假期我就會用滴酒不沾來彌補。酒鬼？我才不是，我有各種臺詞可以應付安柏和安迪，但是在我自己腦子裡只有一句：**我好得很，我喝酒是為了慶祝，只是短暫的狂歡而已。**

車禍之後是我第一次願意真正面對我可能有酗酒的問題，我記得第一次對安柏說出口的時候感覺很奇怪，就像是我自己都不相信這件事，但我願意嘗試接受諮商；安柏和我在每件事情上都是搭檔，她最瞭解我，我需要她和我一起，更何況她建議我去做諮商已經好多年了，夫妻一起接受諮商勝過我自己一個人面對，而且我也可以不必單獨承擔所有的責任。

最少一開始的時候是這樣，前三次的狀況很輕鬆，我們告訴治療師自己的成長過程、我們的家庭背景、還有因為我喝酒而造成的一些狀況等等，我非常配合，是一個好病人；但是接下來醫生就說，「這並不是你們兩個人的問題，我必須單獨診斷西西，你有一些問題需要接受更深入的探索，這比你所能想像的還要深入，你這是酒精成癮，這就是酗酒。」

她的話刺傷了我，我知道她說這是一種疾病，但我聽起來還是覺得好像是我做錯了什麼，是個失敗者，這也觸動了我的防備機制；接下來我斷斷續續接受了三年的單獨治療，她開了安塔布司（Antabuse）給我，這是一種讓你一喝酒就會立刻感到不舒服的藥物，這個做法我喜歡，因為這就是解藥，是一個我可以吞下去就把病治好的藥丸，完全不需要我自己去主動治療。醫生讓安柏定時發藥給我，也監督著我吃下去，但是這很快的就讓我們兩個都覺得不自在，好像是把我的妻子變成了我媽一樣，於是我們把這個工作轉交給了一位洋基隊的防護員，最少那是一位在情感上與我們沒有糾葛的人。

有時候我會乖乖吃藥，有時候不會，有時候我會假裝吃藥，然後把藥丸丟進馬桶裡沖掉，這其實是我的長期戰略，我不需要完全戒酒，我只是要隱藏的更好而已。在球季進行期間，我只有在外出到客場比賽的時候才會喝酒，我當然也不會告訴球隊裡的任何人說我在戒酒，於是整個二〇一四年球季一切都很順利，連安柏也被我騙了；她以為我真的已經戒酒了，大部分時候我真的有，但那是因為我的球季在五月就因為膝蓋受傷而結束了，幾乎整個夏天我都待在家裡，所以安柏可以好好監督著我，而我們的關係也越來越好。

球季結束之後我延續健身，也為開了刀的膝蓋做復健，我握著重量做弓箭步蹲，左腿在身後，腳掌彎折，就在那時我聽到「啪」的一聲，我的左腳大拇趾感到一陣劇痛，非常痛；它沒有脫臼，但是我們也不知道發生了什麼事，足科醫師幫我穿上了保護靴，但是兩星期後複診時它變得更痛了，只好開刀。這次他們從大腳趾關節處移除了一塊籽骨，是一塊很小的骨頭，但卻是我經歷過最糟糕、也最疼痛的一次手術復健；開刀的傷口花了好長一段時間才痊癒，而且我還得一直穿著這個巨大的粉紅色東西來保護我的腳。

二〇一四年十二月我們全家出國度假，這一次有十二個人要一起去牙買加，我還在復健開過刀的右膝，我的左腳也因為腳趾開刀而包在保護靴裡，我在紐華克（Newark）機場裡就靠著一輛電動車來代步。我們大家在早上四點就起床，而且在飛機起飛前兩個小時就到了機場，我們拿著護照通過了所有的查驗，但是不知道為什麼一直沒有人來告訴我們說已經可以登機了；當他們說是因為我們遲到所以不能登機的時候，安柏和我都氣瘋了，我們忍不住大吼，然後航空公司就叫了警察，整件事還上了報紙。

第二天我們回到紐華克，最後終於順利飛到了牙買加，好笑的是這次事情出錯的時候我根本滴酒未沾；也許這是老天爺在暗示我說還有更糟的事在前面等著；馬上我就要三十五歲了，這對投手來說已經有點年紀，而面對新球季的到來，我有的只是兩條痠痛的腿、必須要解決的酒精成癮，還有越來越不知道該怎麼辦的恐懼。

第十七章　朝谷底直墜落

每一個投手隨時都在調整，不管是最基本的握球，還是自己最拿手的球路，都要不停調整；在我職業生涯的前十四年一切都很簡單——四縫線快速球、滑球、變速球，就這樣。你永遠都不知道每天哪一種球路的狀況怎麼樣，有時候甚至每一局的狀況都會改變，有時候球拿在手上突然就變重了，有時候天氣很熱你一直流汗，你的手指感覺不到球的縫線，滑球就沒那麼滑了；找不到球感對投手來說太正常了，就像我，可能會連續兩個星期變速球和卡特球的狀況特別好，然後突然就沒有了，這種時候嘗試去改變握球的方式肯定不會有用，因為這樣反而會讓你越走越遠，你唯一的做法就是繼續照著你知道的方式去投。傳接球是調整狀況的好方法，因為投球是一種感覺，你要去掌握球離手而去時那一刻的感覺，所以我們會在牛棚裡做各種實驗，或是在外野傳接球的時候才改改各種不同的握球方式，目的都是想要讓球比較會跑，也讓打者難打一點。在我成長的年代，先發投手是被預期最少要投滿七局的，所以一場比賽你會面對同一位打者最少三或四次，有很長一段時間我都可以直接壓制對手，不管他們一場比賽要和我對決幾次都沒有差別，但是如果能夠找出更多的變化來對付他們當然更好，在這方面我們投手就像是瘋狂科學家一樣。

二〇〇五年七月我還在印地安人隊的時候，有一陣子我就是沒有辦法解決左打者讓他們出局；有一場在奧克蘭的比賽我整個被打爆，大概是當時我職業生涯最慘的一場比賽，只投了兩局多一點，被打了八支安打失八分。當時我們的投手教練卡爾．威利斯對我說：「天啊！我們一定要教會你投卡特球，它看起來就像是快速直球，但是會往右打者的內角、也就是左打者的外角切過去。」他建議我投卡特球的原因是這種球路的投球方式就跟快速直球一樣，要全力投球，這樣我不必去想著要像投滑球時一樣慢下手臂才能讓球轉彎；兩天之後我們在客場的牛棚練投，「你把球這樣子握住，然後就用吃奶的力氣全力丟出去，」卡爾說，「丟得越用力越好。」我們練了大概半小時，我幾乎是立刻就掌握住了這個球路，然而有趣的是雖然卡爾教我投的是卡特球，我投球的方式也是卡特球，但是正常的卡特球應該會以每小時九十五英里的球速進壘，然後才在本壘上方急轉彎，而我投出去的球卻是像個滑球，一個時速八十三英里的、很棒的滑球。多年以來我一直把它叫做是我的卡特球，這樣我才不會在腦子裡搞混，如果我開始把它叫做是滑球的話，我就會被滑球的想法給干擾到，連投球的方式和動作都會受到影響，這樣子投出去的球就不會有我想要的效果了；人們給各種球路不同的名稱只是為了溝通方便而已，但是真正最重要的是你可以讓投出去的球有各種不同的變化。

我的下一場先發是在西雅圖，第四局下半我們領先兩分，鈴木一朗第一個上場打擊，他是一位偉大的打者，很難讓他出局，而且他還是位左打者，這是我啟用新武器的最佳時機；**讓我用一個他想不到的球來騙騙他**，我這麼想著，然後就在一好球兩壞球的情況下投出了我的卡特球，結果球沒怎麼跑，就平平的飄到了本壘正中央，被一朗一棒打到了右外野的牆外。

好吧！這是我自己沒有投好，沒有理由這樣就放棄，我一直是個固執的人，我一定要證明自己可以把這球路投好；第六局下半比數是二比二平手，又是一朗第一個上場打擊，卡特球，全壘打，我們輸掉比賽，比數就是三比二。

三年之後我在密爾瓦基嘗試一種新球路的時候，同樣的事情又發生了。我到了密爾瓦基第一次在牛棚練投的時候，投手教練麥克．麥達克斯（Mike Maddux）問我說，「嘿！你要不要試試投二縫線快速球？你現在到國家聯盟來了，二縫線會幫你多製造一些滾地球。」好啊！為什麼不？我在牛棚裡練投了八球還是十球，球離手時的感覺非常好，而且到本壘的時候還會明顯下墜；幾個星期之後在對休士頓的比賽時，我們在第六局上半以六比一領先，由太空人隊的左外野手泰伊．威京頓（Ty Wigginton）上場打擊，我們的捕手傑森．坎戴爾配了一個二縫線快速球，這是我在大聯盟比賽裡頭的第一顆二縫線，結果威京頓把這球打到了中外野的記分板上。

也許每次投新球路都被打全壘打是一個好預兆，因為後來卡特球和二縫線都變成我最重要的武器，大量使用卡特球的成果，就是我在二〇〇五年球季尾聲終於成為了一位優秀的年輕投手；

在因為一朗的兩支全壘打而敗給水手隊之後，我在最後的十一場先發中贏了九場比賽，而到了二〇〇八年球季，我為了把釀酒人隊帶進季後賽而在球季最後一個月大量累積的那些投球局數，也是靠著二縫線快速球才能做到。打者們以為已經鎖定了我投出的球，但是二縫線總是讓他們猜錯，甚至還打亂了他們的平衡。

這些年來我發現自己透過和打者們聊天也學到很多，甚至不輸我從投手們身上學到的。艾迪．莫瑞（Eddie Murray）是一位名人堂的前輩打者，他左右開弓，職業生涯大多是在金鶯隊，但是在退休之後他到印地安人隊來擔任打擊教練，前後大概有三年多；我們常常在球賽期間坐下來聊打擊，一聊就是幾個小時，如果沒有比賽的話甚至會聊一整天。艾迪的腦子裡裝了幾百種不同的配球順序，哪一年哪一位投手在哪一場比賽的哪一個情況下對他投了哪幾種球，他全記得清清楚楚；他完全理解打者的心理狀態，也知道隨著比賽進行他們會有什麼改變，如果我的投球動作出了什麼問題他也一眼就可以看出來，即使是在我轉隊到紐約之後，他也會到洋基球場來坐在客隊的休息區旁邊，然後用手勢糾正我的動作。

艾力克斯也是一個分析打者的高手，他的棒球智商高到破表，如果艾迪的專長是找出事情的通則，艾力克斯則會準確地告訴你怎麼讓某個打者出局；在二〇〇九年的美國聯盟冠軍賽，我有點擔心將要面對強打者巴比．阿布瑞尤，但是艾力克斯從三壘走過來對我說，「把配球順序反過來，先投滑球，然後再催直球。」結果在那個系列戰我一共面對了阿布瑞尤六次，三振了他四次而且沒被打出安打。

我們在跟打者聊天的時候也要很小心，不能什麼都說出去。勞烏．伊巴涅斯是一個超棒的人，而且對於棒球有非常豐富的知識，二〇一二年的時候我們在洋基隊當過一年的隊友，每次比賽的時候他都會特地跑過來坐在我旁邊，不停問我在面對對手打線的時候會怎麼配球；大概球季進行到一半的時候我就發現勞烏其實是在蒐集情報，我想他是在預先做好準備，想要推測如果和我對決的時候我會怎麼投球。果然，下一個球季他轉隊到了水手隊，這個聰明的混帳在面對我的三次打擊機會中擊出兩支安打，其中還包括一支兩分的全壘打。

我在密爾瓦基學會二縫線快速球的時候，那就是一個額外的武器，就和我在克里夫蘭學到的卡特球一樣，學會的時候我的年紀還輕，而且對對手的壓制力十足；那些新球路很有用，但我使用他們的次數從來不曾超過總投球數的四分之一，我的主要武器還是四縫線的快速直球，在那些年，卡特球和二縫線就只是多餘的、額外的配球選擇而已。但是在膝蓋和腳掌都先後動過手術之後，我整個人幾乎都壞掉了；二〇一四年我幾乎一整年都沒投球，為了不想要在二〇一五年球季一開始的時候還被放在傷兵名單上，我太早從復健回到球場，而且球季一開始投球投得很糟，一連拿了五場敗戰還被打出一堆安打失了一堆分。大部分的時候我的四縫線快速直球球速根本不到九十英里，這在大聯盟絕對會被打爆；我很習慣球季一開始時要花點時間才能真正進入狀況，所以我以為球速到了夏天會慢慢回到我的標準，結果沒有。這是一個警訊，而且我沒有夠穩定的曲球或是變速球來打亂打者攻擊快速直球的節奏，所以怎麼配球都沒有用，我他媽的根本不知道要怎麼辦才好。

洋基隊的投手教練賴瑞．羅斯柴爾德（Larry Rothschild）一直勸我要加上一個真正的卡特球來當作武器，「如果你想要留在大聯盟的話，這球路你一定要學會，」賴瑞說，「只要你全心投入，你就一定能做到，不然照你現在這樣子看來，大聯盟你是留不住的。」我懂賴瑞的話，我完全懂他的意思，但是我不想聽，我就是這麼固執。

二〇一五年的六月底我們到休士頓去比賽，安迪．派提特就住在那裡，我已經很久沒見到他了，他到球場來看比賽，然後我們一起走到牛棚去：「我需要你教我怎麼投卡特球，」我對安迪說，我是真心誠意的，因為我真的需要他幫我，而且我對他一直是百分之百的信任。安迪和馬里安諾．李維拉一樣，都是那種實力頂尖、表現超好，但是又可以完美解釋該怎麼做到的特殊人才；對我最有效的學習方式是透過觀察，特別是觀察右投手，我可以站在他們身邊，然後就在投手丘上像鏡子一樣完全複製他們的投球動作。與其聽人對我解釋說「球要從這個角度、這樣子從你的手裡投出來，」還有那些數據分析的狗屎玩意，我寧可他們直接做給我看，我就可以照著做。

老莫有讓我看過他的卡特球是怎麼握的：中指和食指併在一起，指尖剛好越過縫線彎曲成馬蹄狀的地方，安迪也親自教過我投卡特球的方式；在我腦子裡，我知道投卡特球就和投擲美式足球是一樣的，手的位置靠近耳朵、手臂帶點彎曲而不是完全延伸。安迪的說法是球在出手的時候要像是你想把球削成兩半一樣，我的理解是那就是在丟美式足球。

我和我們捕手布萊恩·麥坎恩的感情一直很好，在他二〇一四年球季加入洋基隊之後，我們在每次先發之間就會有說不完的話，也會額外花時間在牛棚裡練習，可憐的老麥，二〇一五年球季他絞盡腦汁就是要想辦法幫我；他把我從投手板的左邊移到投手板的右邊，然後又換到中間，他還蒐集了許多類似我的投手的投球影片，也會和我一起分析我先發表現好和不好的時候的影片。有一度我們想要研究出一種反方向的二縫線快速球，理論上來說會從本壘板的左邊橫跨到本壘板的右邊去，幾乎就像是老派的螺絲球一樣；我們沒有成功，而且比賽時我還是會在投手丘上不停發明這種亂七八糟的東西，我對老麥覺得很抱歉。

我為我自己感到害怕，續約延長五年的保證合約已經進到了第四年，但是以我這麼糟的表現，洋基隊很可能會找個方法就把我交易出去，或是在冬季就直接解約，即使是要賠錢也不會再讓我繼續拖累球隊。我投球的表現越糟，酒就喝得越多，雖然我知道不管是在球場的表現還是在和安柏的感情上，我這樣繼續喝下去只會讓情形更糟，而且我唯一的出路就是去接受酒癮勒戒；但是如果我的成績這麼差，卻又在球季結束之後去接受勒戒，那我的下場肯定就是失業，因為沒有人會想要從酒缸裡撈出一位又老又差勁的敗戰投手。我就這樣看著悽慘的生涯終點向我飛撲而來，而我覺得自己被困在死角無處可逃。

二〇一五年七月我的三十五歲生日，我們在家辦了一個科切拉音樂節（Coachella）[1]風格的派對，而我堅持住了完全沒有喝酒；第二天早上當安柏開始一一拆開所有的禮物時，她先是發現了一瓶藍牌的約翰走路威士忌，然後又是一瓶，然後又是一瓶。戴林・貝坦西斯是我在球隊上最好的朋友，於是安柏打了電話給他的太太潔妮莎（Janisa），問她這是怎麼一回事，為什麼大家都送藍牌約翰走路威士忌當禮物？「喔，戴林說因為西西都帶這個上飛機啊！」潔妮莎告訴安柏說。

我的治療師曾經多次建議我去接受酒癮勒戒，而現在她已經從建議變成堅持了，但我拒絕；**絕不，也許等我退休以後，好，我答應等我退休以後我就去接受勒戒**，但是我不可能在還是球員的時候就去，因為這會讓我再也沒球可打。其他的球員都會覺得我真沒用，而我更會覺得自己對不起大家；要是人們都知道我是個酒鬼，那我一定沒辦法好好投球，洋基隊也會想辦法把我當成報廢品脫手，我拒絕。

到了八月，我的洋基生涯和洋基隊的球季全都希望渺茫，我們還是美國聯盟東區的第一名，但是我們領先藍鳥隊的差距正在逐漸縮短；我連著兩場交出我一整年最好的表現，第一場投了六局只失一分擊敗紅襪隊，第二場是在總是讓我腎上腺素飆升的克里夫蘭，我們以二比一輸球，戰績也從領先半場變成落後半場，但是我又投了六局好球。離開克里夫蘭的時候我有一種很奇怪的感覺，覺得很脆弱但是卻又充滿希望，也許一切都會慢慢好轉，也許最少可以讓我好好結束這個球季。

克里夫蘭之後的下一站是多倫多，我一直很喜愛這個城市，那裡有來自世界各地的人、各種美味的食物，還有夜生活。對藍鳥隊的第一場比賽結束之後，我回到旅館就掃光了房間的小酒吧，然後我的好朋友迪伊陪我一起去市中心的一個夜店，同行的還有戴林‧貝坦西斯和其他幾個人；在一位隊友朋友的安排之下，我們直接就被招待到了貴賓區的一桌座位，我點了幾瓶軒尼詩白蘭地、香檳，還有灰雁伏特加，灌完了之後又繼續追加，就是大家一起聊天消磨時間。對我來說這是最普通的一個晚上，有時我甚至還會突然對迪伊發脾氣；以我的情緒還有我喝酒的方式，他早就見過我酒醉的樣子，也知道整個晚上會發生些什麼事，所以他完全沒有喝酒，非常盡責的扮演著代班保全的角色。

迪伊比我大四歲，他犯過幾次錯，際遇也不如我幸運：二十歲時他因為藏毒和販毒而被判刑五年，幾乎都是待在加州佛森市（Folsom）[2]，但是他在出獄之後就決定要洗心革面、好好把握這個人生的第二次機會；迪伊是個很有趣的人，我特別感謝、也需要身邊有像他這樣一個深切了

---

1 科切拉音樂節每年四月在美國加州印第奧市（Indio, California）舉辦，以表演團體眾多且音樂類型多元而聞名於世，透過將音樂與時尚潮流結合，自一九九九年起每年吸引許多音樂愛好者及歌迷前往朝聖，是全球規模最大且盈收金額最高的音樂節。

2 此處指加州著名的州立佛森監獄，設立於一九八〇年，屬於最高安全級別的監獄之一。

解黑人文化，而且也成熟穩重的人。在多倫多那天，迪伊就像平常依樣充滿了責任感，而我也一如往常的醉了，但是偏偏那天我就對他內斂的態度不高興：「你可以一起開心一點嗎！不要再自己一個人站在那裡了！」

兩、三個小時之後迪伊決定我們該離開了，但是我故意不理他，反而又多喝了好幾輪；那時大概已經是清晨三點，七小時之後我就應該要在球場為我們的比賽做準備，再怎麼不願意我還是同意了該離開。我們開始往夜店的前門移動，但是有人在這時說了句……算了，我不知道他到底說了什麼，反正不是什麼好話，我轉過身來大吼要他給我他媽的閉嘴，迪伊立刻衝過來卡在我們之間把我往外推；那時我已經火冒三丈，而且對方也沒有停嘴的意思，然後對方的一個同伴指著我喊了聲「洋基隊加油啊！」但是語氣非常的嘲諷。

我斷線了，我對著那第二個傢伙直衝過去向他猛嗆，叫他有種就打我試試看，那傢伙個子比我小很多，但是他也不認輸，因為大概有二十個穿著冰球球衣的大個子突然就把我們給團團圍住了，那些一定都是他的朋友；整個情勢在一秒鐘之內就從零暴衝到了一百，迪伊大喊著說，「我們得把你帶離開這裡！」但是我不停的抵抗著，因為我一定要衝上去揍那些傢伙一頓不可，「兄弟，我們打不贏的！」他對著我大吼，「他們根本沒在怕的！」

我也沒在怕，我滿口髒話想把他推開，這時我們已經到了夜店外面的大街上，整個就是一片混亂，我掉了一隻鞋，一隻紅色的特大號喬登高筒鞋，掉了；迪伊的表弟也在現場，他衝過去挑釁其他的那些加拿大人，試圖要把他們從我身邊引開，迪伊不知道怎麼攔住了一輛計程車，然後就使勁把我往後座塞。他在車外把門關上，然後叫司機趕緊開車去旅館，但是這時那群加拿大人已經把計程車給圍住了；有一個傢伙跳上了引擎蓋又叫又跳的，其他的人則開始想把門再拉開，迪伊開始對著司機大吼：「開車！開車！開車！」

計程車司機嚇壞了，他指著引擎蓋上那傢伙尖叫著，「這樣我開不了啦！」「開車！不然我們全都會死在這！」

我不知道那個加拿大人是自己爬下去還是摔下去的，但車子終於開始往前動了，但是不知道為什麼才開到路口我們就停了下來，然後我就跳下車向著那群加拿大人猛衝回去；我腳上只有一隻鞋、人醉得不知道身在何方，但一肚子怒火忍不住要發洩。

迪伊攔住了我：「別去，兄弟那不值得，西西，不值得。」我轉身就一拳打在迪伊鼻子上，他開始流血，但還是穩穩地抓住我：「幫個忙兄弟，這太誇張了，」就算是當我開始用最惡毒的髒話罵他，他還是一直勸我，一直把我往計程車的方向推，「你要跟我打？好，我們到別的地方去打一架，這裡不行！你給我回車上去！」

這一次迪伊也上了車，我知道他是要確保我不再跳下去，怒氣無處發洩的我毫不留情的痛罵他，所有曾經聽過的髒話我全都用上了，但迪伊只是不停的說：「兄弟，你太激動了，你差點害我們都死在那！」

我吼了回去，「關我屁事！我才不管！幹他媽的！」

「當然關你的事！」迪伊說，「我們還有家人！我小孩剛出生！你不管也得管！」

「你的新生兒關我屁事！」

我真的什麼都不在意，不管是在當時還是任何一個我喝醉了的晚上，迪伊關我屁事？他的小孩、我的小孩、安柏，甚至是我自己，都不關我屁事，我只在乎我有一肚子的怒氣要發洩。

我的球鞋不知道怎麼回到了我的腳上，但回到旅館的時候我們還是一團糟，迪伊的鼻子還流著血，而我仍然火冒三丈；迪伊想要留下來盯著我，但我把他趕出了我的房間，旅館很有效率，早就把我房間的小酒吧全都補滿了，我當然不會客氣，立刻又喝了起來。

幾個小時之後迪伊因為擔心我的狀況，就拿了備用鑰匙走進我的房間，發現我趴在浴室的地板上，天色已經有點微亮，「情況很糟，」他說。

幹，我當然知道，但是那又怎樣？這又不是我第一次喝成這樣回來，反正讓我睡個覺，第二天早上我就會前晚的事全都忘掉，然後我會準時到球場去把酒都退掉，剛好來得及趕上我的下一場先發，我還有好幾天才要上場投球，沒問題的；我彎過身去吐，老樣子，這不是什麼新鮮事，我又罵了迪伊一大串，然後叫他去小酒吧再多拿些葡萄酒給我，時間是早上五點。

「不是，兄弟，這真的很糟，」迪伊說，「這很嚴重，這次我們像群傻蛋一樣被抓到了，他們有攝影機。」

在那一刻其實我真的沒搞懂他在說什麼，我還在醉，而且還想要戰：「幹他媽的什麼垃圾，關我屁事！」一直要到我走進球場、頭腦開始清楚了一些，我才知道昨晚的一切可能真的不太妙。

我第一次上到大聯盟的時候是二〇〇一年，幾乎沒什麼人有手機，而接下來的十四年我一天到晚在公眾場合喝得醉醺醺的，甚至還大發酒瘋找人打架，但是卻從來沒有被人拍下過任何影片，不過看來我的好運昨天晚上在多倫多用完了；有人把我們街頭大戰的影片寄給了名人新聞網站TMZ[3]。

我在球場就去告訴了總教練吉拉迪，我希望他是先從我這邊聽到這件事，然後我必須回答洋基隊隨隊記者們的問題，我沒有閃躲，我站在我的置物櫃前實話實說：我不該失控發脾氣的，但是更難的是我不知道該怎麼向小西解釋這件事。在家裡、在孩子面前，我把我的酒癮隱藏得非常好，但是小西已經十二歲了，他已經會上網也一定會看到他爸的蠢樣；我唯一沒有解釋的是我真的不知道該怎麼停止喝酒，而且我根本也沒有多想要戒酒。

我最在意的仍然是要好好投球，但是那也正在快速的遠離我；在多倫多之後的第一場先發我表現還可以，投了時好時壞的六又三分之二局，但最少我們擊敗了明尼蘇達。我的下一場比賽慘

3　TMZ是美國最出名的名人八卦新聞網站，固定派出攝影師四處蹲點或突襲名人，也接受投稿爆料。

不忍睹，那是一場我超級想要好好表現的比賽，不光只是因為我們正在盡力爭取進軍季後賽的資格，而是因為洋基隊在賽前舉辦了慶祝儀式，正式將安迪．派提特的球衣背號給退休了；他是我的好友也是我的導師，是我學習的榜樣，賽前安迪在球員休息室裡給了我一個擁抱，他說他知道我最近並不順，但是也相信我一定可以走出難關。結果那天晚上我一點球感也沒有，在二又三分之二局的投球裡保送了四位打者，還被打了一支兩分全壘打，我投得最好的一球大概就是三振楊．高姆茲（Yan Gomes）的一顆時速九十一英里的快速直球，但那也是我的最後一球；在我著地的時候，我的右膝，就是那個一年前開過刀、應該要被修好的那個右膝，就像是被人浸在汽油裡然後點了火一樣。ＭＲＩ磁振造影檢查的結果不用猜也知道，之前的手術雖然清除了部分的軟骨損傷，但是我的膝蓋依然持續在退化。

這一次洋基隊不只是跳過一次我的輪值而已，他們直接把我放上了十五天的傷兵名單，我連生氣的資格都沒有；我們的排名正在下降，只能和遊騎兵隊競爭季後賽的外卡資格，也許休息和治療可以讓我的穩定下來，說不定我還能在球季尾聲先發幾場，做出一點貢獻。一覺得膝蓋的狀況有點好轉，我就到牛棚去開始練投，嘗試著想找出一種球路可以在九月發揮威力，讓我能幫助球隊打進季後賽，說不定也能因此提高我在二〇一六年繼續投球的機會。

每年夏天安柏和我都會挑幾次球隊去外地比賽的時候帶著全家一起，這一次雖然我還在傷兵名單上不會上場比賽，我們還是帶了孩子們一起來亞特蘭大；球隊安排的旅館並沒有游泳池，於是我們就在瑞吉酒店（St. Regis）訂了一個大套房，因為孩子們一到夏天是不可能沒有游泳池的。套房有一個陽臺，所以星期五晚上我到陽臺上抽了一根大麻菸，身上穿的是騎士隊選手勒布朗．詹姆士的白色球衣、騎士隊的短褲，還有小小兵的拖鞋；對，就是電影神偷奶爸（Despicable Me）裡的小小兵，這被拍成了一張很搞笑的照片，只不過拍照的人並不是我們。

星期六早上孩子們正在游泳池裡玩水，安柏和我也靠在躺椅上休息，這時安柏收到了一則來自我們公關人員的電子郵件：有人在販售一張照片，據說是拍到了我前一晚站在陽臺上做了些不該做的事，他們打算把照片賣給紐約的幾家報社之一，除非我們願意先收買下來。

安柏立刻又切換進了收拾殘局模式，她一直擅長於戰略性思考，而且身處紐約多年，她早就學會了與媒體周旋的遊戲規則：「要是我們直接買下這些照片，他們肯定會覺得是我們想要隱瞞什麼，而且這些報社總會有辦法拿到照片，」她停下來想了一下，然後終於決定了要怎麼做：「我們為什麼不自己貼照片？我們趕在他們之前出手，而且如果報社還是要上那張照片，那他們就得註明來源是西西的Instagram帳戶，而且我們的貼文就要說那只是雪茄而已。」這一招很聰明，所以我們當然就照著做了，我抗議過說我好像不應該說謊，我應該承認我抽的其實是大麻，而且如果你仔細讀了我那篇貼文的文字，你應該可以從字裡行間看出其實我是承認了的；但要是我就這麼直接對記者們說這件事，我大概很可能會被大聯盟處罰禁賽，所以每個人都勸我別那樣做。

這些年來我看過基特、艾力克斯，還有其他很多名人朋友們怎麼應付這些狗仔，但這卻是我第一次遇上這樣的問題；從之前的多倫多到現在的亞特蘭大，我已經把自己變成了一個靶子，一個人人都想拍到在做蠢事的傢伙；當然，我一直都是一個公眾人物，而且辨識度非常高，但是這些關注都是我自己引來的，沒人叫我在多倫多的街頭打架，也沒人叫我跑到亞特蘭大的陽臺上。當我想到只要我一離開球場，就會有人盯著我甚至拿著相機拍我，就是為了等著看我又會搞砸什麼，這一切就讓我覺得非常不舒服，非常噁心。

九月底我們又要到多倫多去，這一次我特別注意沒有去夜店，但是麻煩還是找上了我；我的經紀人傳了訊息給我，他說因為在亞特蘭大陽臺上的照片，大聯盟決定要我去驗毒，特別就是大麻。

我從青少年時期就一直斷斷續續在抽大麻，一開始是在一些派對，在我們長大成人的加州，不光只是瓦列霍而已，而是整個加州，這都不是一件大不了的事；抽大麻可以讓人放鬆下來，也讓我在社交場合可以更自在一點。後來整個棒球界讓我覺得有點偽善的地方，就是只要為了能讓你可以上場比賽，直接注射滿滿的可體松都沒關係，但是我卻不能抽兩管大麻來讓膝蓋的痠痛輕一點？而且這也是我努力少喝酒的方式之一，只要我抽大麻，我就不需要酒精，我從不把兩者混在一起，因為那一定會把我整個人搞砸；但是現在看起來聯盟好像是打算把大麻從我身邊拿走，這我可不能忍受。

一切的狀況都越來越糟，不管是在球場上還是球場外都一樣，我感覺到四面八方都有牆在向著我逼近；如果不是安迪．派提特一直告訴我說我只差臨門一腳、我馬上就要掌握住我的新球風，我可能早就已經放棄一切退休了。我對於回覆簡訊和電話這件事有障礙，總是被人抱怨說我總是不回答，連基特都把這當成是笑話一樣看待；但是六月時安迪了傳訊息給我說，「嘿！快點接電話！」我很快就撥了電話給他。安迪是我最信任的洋基隊友，特別是當我陷入麻煩的時候，不管是棒球、喝酒、家庭，或是任何其他事情，我都可以毫無顧忌的和他聊；他是第一個教我投「真正的卡特球」的人，當我在二〇一五年陷入最低潮時，他也是最常開導我的人，一直鼓勵我要花時間適應這個新球路，而且他已經看到我有時真的能投出完美的卡特球了，他說他很有信心我馬上就可以跨過難關。

「讓人厭倦的老左投」——安迪總是這樣稱呼他自己，但是他的自信心總是剛剛好支撐著他，而我的自信心正在不停的流失。我沒辦法把卡特球投好，是因為右膝的疼痛讓我的前腿無法正確著地；二〇一四年球季在卡洛斯．貝爾川的鼓勵下我試著穿上護膝投球，他的膝蓋大概比我的狀況還糟，但是穿著護膝卻讓他幾乎可以天天上場比賽。當一位像貝爾川這樣一腳已經邁入名人堂的老將叫你做什麼事，你一定會聽話照做的；我請人量身訂做了一個護膝，和卡洛斯一模一樣的型號，但是我穿上去就覺得不對，而且我在這種時候又固執了起來，**我才不需要一個愚蠢的怪護具幫我！我一定可以自己撐過去！**於是我繼續忍受著每次投球時的劇痛，對於卡特球我也就維持著這樣有一球沒一球的。

無法下定決心投卡特球除了是身體疼痛的限制之外，也有很多的心理因素，而且甚至可能還勝過生理上的影響；客觀上來看，我當然知道自己已經到了球員生涯的尾聲，我的成績不好，而且我的身體也滿是傷病，但是現在要我轉型就等於是要我投降、要我拋下所有那些陪著我走到今天這個位置的天賦本能：我的力量、我的壓制力、我剛猛的快速球，全都沒了。這等於要我承認我老了、承認我是會退化的，也承認我再也不是那個二十二歲的青年、再也不能用時速九十五英里的快速直球摧毀對手了。

我的人生在那一刻沒有一件事是穩定不變的，所有的事情都懸在半空；我一下子戒酒一下子酗酒，我可以連續幾局都投卡特球，然後接下來整場比賽一顆也不投，就是這樣沒有定性。六月底我對費城人隊先發投球，比賽一開始我就用卡特球猛攻，而且前三局狠狠把他們砍得亂七八糟的，但是到了第四局我突然對自己說，**幹！我要找回以前的自己！**結果「啪」，我一局就被攻下了五分。

接下來的四天我不停的想，**我他媽的到底在幹嗎？**我必須想辦法穩定下來，我一定得讓自己找個東西專注下來，不管成敗都好，不能再這樣游移不定了。八月底對印地安人隊的先發比賽我投得超爛，連第三局都投不完，於是洋基隊又將我放上了十五天傷兵名單；我試著不去看報紙也不聽運動談話節目說了些什麼，但是你是躲不了朋友來告訴你說誰又說了什麼，或是你會在手機上看到什麼，然後就忍不住一直看下去。我看到吉拉迪向記者們宣布我會被放上傷兵名單，他的口氣聽起來就像是我再也回不來了，好像我的球季已經結束了，或是我的職業生涯也結束了。

我很受傷，也很生氣，也許也是因為別無選擇，但我認輸了：**幹！我穿護膝就是了，我認真投卡特球可以了吧？我認命，我就當個只投伸卡球跟卡特球的傢伙，要是我連這個都做不到，那我就退休。**然後我就開始理解到這完全不是怎麼握球或是要投什麼球的問題，一切的源頭都只是態度和信心而已；即使現在要轉型成球速不是那麼快的投手，我還是要保持著和以前一樣的心態，我再也投不出時速九十七、九十八英里的球了，但是上了投手丘我還是那個我，我還是會跟你拚到底。

一開始的成果並不好，從傷兵名單歸隊的第一場比賽是出戰金鶯隊，我沒能投滿五局，但是在我投出的八十五球裡有十二顆卡特球，這是我在比賽裡投過最多的一次，而且我還拿到了五次的三振；十一天之後我先發出戰大都會隊，那次是一個突破，我三振了七位打者而且還拿到了兩個月以來的第一場勝投。到了球季結束前三天的十月一日，我們只要贏球就可以拿下外卡打進季後賽，同時也會將雙城隊和天使隊淘汰出局；這場比賽輪到我先發迎戰紅襪隊，這也是我證明自己的機會。

我真的用心投球，而不是像過去十四年的許多晚上那樣，只是依靠著天賦在丟球而已，我變動著球進壘的角度，上下左右的攻擊著好球帶；紅襪隊每一局都有人站上壘包，但就是這裡一個保送、那裡一支一壘安打而已，他們打不準我的球，我從來沒有在一場比賽投過這麼多的卡特球。貝爾川在第三局打了一支全壘打，布蘭登・萊恩（Brendan Ryan）也以一支一壘安打送回一分，幫我取得了二比〇的領先；我僅有的危機發生在第五局，波士頓連續擊出了三支一壘安打攻下一分，但是我讓小傑基・布萊德利（Jackie Bradley Jr.）打了一個軟弱的滾地球拿下第二個出局，然後故意保送了贊德爾・柏加茲（Xander Bogaerts）成為滿壘。下一位打者崔維斯・蕭爾（Travis Shaw）是一位左打，亞當・沃倫（Adam Warren）正在牛棚熱身，吉拉迪已經站在休息區的階梯上準備要換我下場，但這是我的比賽；一好球兩壞球的情況下，我投出了一顆有點太紅中的滑球，蕭爾一棒把這球打往中外野，又高又遠，我深吸了一口氣回頭看布瑞特・加德納（Brett Gardner），他輕鬆往後退到全壘打牆警戒線前大約十英尺（三公尺）的位置把這球接殺出局。我吐氣大喊：「幹！爽啦！」然後衝刺跑下投手丘，跟整個球季比起來，九月的我狀況超好，投球又開始變得有趣了。

我坐在球員休息區看完剩下的比賽，我們又多添了兩分，然後我的小老弟戴林・貝坦西斯在第九局上來關上了大門，我們又打進季後賽了，我成功證明給洋基看我可以拿下重要的出局數，也在球隊上保住了我下個球季的位置；我在絕望的逆境中靠著卡特球重新創造了一個新的自己，最少在投手丘上，我又重新站起來了。在球員休息室裡慶祝狂歡的時候，我拿著香檳噴灑在每一個人身上，但是我自己一口都沒喝；然而等到我們上了巴士要去機場的路上，有人遞了一瓶白軒尼詩（White Hennessy）給我，還沒上飛機我就整瓶喝完了。我在飛往巴爾的摩的飛機上繼續喝，也在從機場到旅館的巴士上繼續喝，但是和後來在旅館房間裡的戰果比起來，這些都只是熱身而已，只有到了房間裡四下無人，我才能放鬆下來盡情的喝。

也許這一次的瘋狂酗酒馬拉松是因為我終於為自己鬆了一口氣，我撐到了球季結束，而且還在球季最後交出了高檔的表現；也有可能是因為我想用酒精沖走過去這六個月所累積下來的各種緊繃，但是在巴爾的摩狂飲了兩天之後，有人寄了張新照片給安柏。這次寄照片的人是為了想救我，那是一張我昏死在選手休息室沙發上的照片，還有一張字條說明我來到球場時就已經醉翻，我口齒不清而且對著人語無倫次，他們擔心記者很快就會發現我的狀況不對，問安柏怎麼才能停止我的狂飲。安柏不是不在乎，事實是她真的太在乎了，在乎到因此而深受傷害的地步；她沒有放棄，不能這樣說，但是她真的什麼都試過了，而我卻對她的一切努力都充耳不聞，她已經束手無策了。如果想要看到球場外的我能做出任何改變，就只能等我跌到谷底，然後暗自祈禱在我跌落的過程中不會傷害到任何其他人。

醉倒在巴爾的摩金鶯隊坎頓球場的儲藏室裡，那就是我的谷底，再也不能更低了，在那麼醉的情況下，我終於意識到自己連正常的牛棚練投都做不到，我完全無法做到自己該做的事。投球改變了我的人生，也帶給了我的家庭所有一切美好的事物，但是現在我卻醉到連球都拿不起來，更別說丟球了；這樣的理解熱辣辣的打在我的臉上，徹頭徹尾的疲倦混合上傷心和恐懼，反而讓我從水泥地上爬了起來，我們的心理技能教練查德．柏令（Chad Bohling）找到了我，他問我：「兄弟，你在這裡幹嘛？」我想我是在這時開始哭的，我對他說：「我受不了了，我真的不能再這樣喝下去了。」

查德去把外野手克里斯．楊恩（Chris Young）給找來，他跟我感情很好；我跌跌撞撞的回到休息室，我們一起坐了下來，「我覺得我得去勒戒了。」我對他說。

克里斯知道我喝得太兇了，但他只是淡淡的回答我說：「什麼意思？」

我說：「兄弟，我整整喝了一個周末，我覺得我該找專業協助了。」

克里斯對我說：「這是你必須為你的人生所做出的決定，我們都沒問題，大家都是好兄弟，我們一直都會在這裡陪你，如果你覺得你需要專業勒戒，你就去吧！」

我這一輩子所做的決定都和棒球有關，從來沒有做過任何和人生有關的決定，所有的決定都是為了棒球好，都是為了球隊好；十七歲的時候外祖母過世了，我的家人需要錢？**不念大學了，我和印地安人隊簽約**，我的膝蓋爛掉了但是球隊需要我？**沒問題，我上場投球**，但是這一次，我為我的人生做出了決定。

這一次不一樣是因為我年紀大了，我理解我的天賦本能再也彌補不了我的自私放縱；這一次不一樣是因為安柏已經失去耐性，也對我失望透頂，再也不認為我會做出任何改變了。有些珍貴的東西正在離我遠去，不光只是我認真努力了二十年所累積下來的職業生涯，而是我最後一個可以彌補傷痛的機會；我想把破碎的自己再拼湊起來，我想要有個完整的自己，我想救救我自己。

我走進了吉拉迪總教練的辦公室。

我不想要等到季後賽結束，再在沒有人注意的情況下自己靜悄悄的去接受治療，我現在就要去勒戒；我才不管有誰會知道，我再也不想要過這樣的人生，要是再不做出這些改變，我很快就會死掉。

第十八章　不再閃躲

我醉醺醺的走進勒戒中心，但這說不定是件好事，因為酒精讓我在最後一刻都忘了可以後悔；如果我是清醒著來，我很可能會因為聽到要被侷限在這裡一個月，還要被強迫深入探索我的心靈，就抓狂了。我不是故意要把自己喝醉才敢來，我只是從巴爾的摩就一直醉到現在還沒停而已。

我走進了喬．吉拉迪總教練的辦公室，告訴他我終於理解自己需要專業的酒癮勒戒協助，但我並沒有因此而少喝；我一從他辦公室出來，轉身就又去抓了一瓶酒，如果我只剩下幾個小時可以喝酒，那我一定要好好利用這些時間。我先買了一瓶軒尼詩才上車，安柏請了我們的司機麥克來接我，並且嚴格要求他將我直接從旅館送回家，中間不准停車！她太了解我了，因為我一上車就開始遊說麥克：「兄弟，幫個忙，我馬上就要去勒戒了，這是我最後的機會，之後我會一輩子戒酒，我們停一下啦！」車子才剛經過德拉瓦州（Delaware）[1]我就開始威脅麥克，說如果他不立刻下高速公路幫我找地方買酒的話，我就會馬上開除他，於是我們才停了下來；然後我癱躺在後座，一路繼續灌著干邑白蘭地（Cognac）。你知道在電影《一個巨星的誕生》（A Star Is Born）裡，有一幕是主人翁布萊德利．庫柏（Bradley Cooper）離開了演唱會然後要他的司機去找酒吧嗎？基本上那就是我，唯一的差別是我在車子開下紐澤西高速公路的時候沒遇上女神卡卡（Lady Gaga）。

當我們回到艾爾派恩的時候，我在勒戒中心的入住手續已經都準備好了，安柏知道如果想要確認我真的會接受勒戒，我們一定要趁著現在一口氣就把我安排妥當，不然的話我就會開始找各種藉口拖延，然後繼續喝酒；當下安柏和我們的公關人員以及洋基隊之間唯一的爭論，就是他們該怎麼把我送進勒戒中心，而不被媒體知道確切的地點。這對我來說其實早就沒有什麼意義了，因為我們家門外現在已經是個馬戲團，電視臺的卡車一輛一輛沿著街停著，上面全都裝著衛星天線，從社區鐵門一路排到我們家的車道邊；我猜他們都想要拍到我或是安柏，星期一早上甚至還有記者跟著孩子們到學校去，這讓我很生氣。

雖然一連喝了整整三天的酒，我整個人天旋地轉的，但我對於一件事情卻非常非常的清醒，那就是我再也不想遮遮掩掩的了；如果我想要成功戒酒的話，我就再也不能閃躲，我也不想再閃躲下去，不想再假裝我不是個酒鬼、不想再假裝我只是偶爾喝酒。如果我偷偷摸摸的去勒戒，那這一切的改過自新就變得像是從一開始就在撒謊，說謊就是我的癮，它跟喝酒一樣嚴重；在我下定決心要去勒戒的時候我就知道，我要戒除的不只是酒精，還有說謊。對我來說，持續不斷的謊言才是真正的問題，這比喝醉酒還要讓我心力交瘁，隱瞞勒戒的真相對我不會有任何幫助，而且還會給我輕易放棄的藉口，因為我只會告訴自己說：**反正沒有人知道我去勒戒，所以就算我開始恢復喝酒，這也不能算是我戒酒失敗；**除此之外，如果我們躲躲藏藏的，但是最後卻又被媒體發現真正的勒戒地點在哪裡，那到時候勒戒中心又要被這些瘋狂的攝影機給擠滿，把整件事又變成一齣鬧劇。我對於被人知道我是個酒鬼，或是自己承認需要被協助都不覺得丟臉，我反而更加害怕自己繼續被酒癮糾纏，而且還不知道該怎麼求助。

我的治療師推薦我去一個叫做銀色山丘（Silver Hill）的地方，在康乃狄克州（Connecticut），她說那是一個好地方，而且對於高知名度的客戶經驗豐富；瑪麗亞・凱莉（Mariah Carey）[2]、尼克・諾特（Nick Nolte）[3]，還有喬・漢姆（Jon Hamm）[4]都曾經在那裡完成過課程，但是那時的

1 從巴爾的摩所在的馬里蘭州（Maryland）開車前往沙巴西亞位於紐澤西州艾爾派恩的住家距離大約是二一〇英里（約三三六公里），車程約需時三個半小時；達拉瓦州位於兩者之間，距離巴爾的摩較近，約在全程三分之一處。

2 知名美國女歌手、演員及音樂製作人，以高亢歌聲及優美轉音聞名於世，職業生涯累積唱片銷售了超過兩億五千萬張，是全球最受歡迎的音樂藝人之一。

3 知名美國男演員，飾演角色多為性格凶狠或強悍之人，並曾以《潮浪王子》（Prince of Tides）一劇獲得一九九二年金球獎，並入圍奧斯卡金像獎男主角獎。

4 知名美國男演員，以《廣告狂人》（Mad Men）男主角唐・德雷柏（Don Draper）而聞名。

我對於所謂的課程一點概念也沒有。當車子沿著蜿蜒的山路開過茂密的森林時，我看到勒戒中心的石造建築物就像是一所小型的大學學院一樣，我不知道會遇上些什麼，所以在走進大門的時候我非常緊張；我坐下來回答了各種關於醫療歷史的問題，還填了像是無止無盡一般的各種文件，感覺就像是過了幾個小時似的，我的頭開始一下又一下的被宿醉感給撞擊著，也許這剛好就是進入排毒療程最完美的一刻。我不曉得我最後是花了多久才把酒意全退掉，但是在那一段過程的前幾個小時當中，有一刻我的頭腦突然異常的清明，因為中心人員對我做的一件事突然把我一下子敲醒過來，那就是他們把我的鞋帶和皮帶都給收走了；難道是他們認為我會自殺嗎？曾經有其他病患嘗試自殺嗎？

所有的酒精大概到第二天就已經全被排乾淨了，但是他們給的藥卻讓我覺得頭有點昏，人也比較鬆懈，然而接下來發生的事真是超級奇怪。當我入住的時候他們有問我要不要用假名，這樣可以保護我的隱私，於是所有的工作人員都用我的假名來稱呼我；但是當我從住宿區走到餐廳的時候，其他的客人全都轉過頭來盯著我，而且眼神清楚的說著：**我們知道那是誰**。就算當下還是有人搞不清楚，到了那天晚上他們也全都恍然大悟了，因為那晚我們一群人都坐在休閒區，電視上正轉播著美國聯盟的外卡對決，由洋基隊出戰太空人隊；我就這樣坐在勒戒中心裡看著我的隊友們，那些兩天前我還穿著同樣球衣的隊友們，那感覺超級奇怪的，但是坐在電視機前反而讓我看得比坐在球員休息區裡更清楚，主審給田中將大的好球帶真是小得不公平。最後我們以三比〇輸掉比賽，球季也到此為止，我沒有因為人不在現場而覺得有什麼無助，但是我仍然希望自己在球員休息室裡和我的兄弟們一起，跟他們說著球季結束後的珍重再見；我不該在這裡和一群陌生人一起，坐立難安的擔心著這些勒戒課程到底有沒有用。

用假名這件事有點蠢，但我理解這背後的用意是要保護我的隱私，而更深一層的含意則是要讓一起勒戒的每一個人都覺得大家是平等的，我們正一起面對這一個自己無法解決的難題；不管我們在外面的世界扮演著什麼樣的角色，我們都被某種無法化解的傷痛給打亂了人生，每個人的谷底都不一樣，沒有任何人的傷比另一個人更痛，大家各有各的難處，也許你是全球首富，但你把自己搞得一團糟所以你要來勒戒，所有人在這裡都是一樣的。我喜歡這個概念，而且我也認為這會讓我願意敞開心門，多聊聊關於我酗酒的問題，於是在低階小聯盟的多年之後，我第一次同意讓一位不是親友的人當我的室友；他是一位五十多歲的男士，就稱呼他是法蘭克（Frank）好了，基本上他是個好人，但是他晚上打呼非常大聲，不過那還不是真正的問題。第一天晚上我們閒聊了一下彼此的狀況，法蘭克有酗酒和止痛藥成癮的問題，他是被警察逮捕，然後被法院強制規定他要接受勒戒的，不知道為什麼這讓我覺得有些焦慮；我對法蘭克並不害怕，我知道我自己有問題，而且我是自己願意來到這裡的，我是為了自己想要變好，我來這裡是有正確理由、是有正面意義的。和法蘭克聊天並不會讓我覺得自己酗酒是犯了什麼錯，但是聽到他是因為法院強制規定才來這裡，這反而讓我覺得自己是不是和他一樣，因為做錯了什麼才被強制來到這裡，感覺我們就像在坐牢一樣；我的焦慮程度快速的衝上了警戒線，兩天之後我覺得自己再也受不了了，我告訴我的輔導員說我必須換到一個單人房。

這個時間點其實也很剛好，因為在排毒療程待了幾天之後，他們就說我的身體已經完全把酒精排除乾淨了，可以把我搬往學員們共同居住的大房子，我們每個人都會有自己的房間，他們把那裡叫做史凱維達之家（Scavetta House）。許多住在那裡的學員都有酗酒之外的問題，像是憂鬱症、躁鬱症等等；這讓我覺得好過一點，覺得自己的問題還算簡單，但是另一方面來說，這也讓我擔心會不會我的酗酒只是表面的症狀，而實際上我有更嚴重的疾病，只是我自己還不知道而已。

在銀色山丘的每一天都有嚴謹的課程表，早上是團體課，下午則是每個人和醫生與治療師的單一會談時間；在一開始的某一次單一會談時段中，我對我的治療師湯姆（Tom）說我覺得自己好多了，湯姆說他很高興聽到我這樣說，但是接下來他說的一段話，我卻在接受治療的一整個月裡不停從許多人口中都聽到類似的版本：「也許你覺得明天就可以去投一場比賽了，但事實是如果你真的去了，你就有高度可能會再度喝酒；嚴肅對待你的飲酒問題，意思就是你要接受自己一生都會是一個脆弱的人，在球迷的眼中你是個英雄，但其實你是有酗酒的問題，而且你和這裡每一個人一樣，隨時都有再犯的可能，甚至更嚴重。你必須從最基本的根基來改變你的人生，而我們會在未來的二十八天裡幫你建立起這個架構，二十八天就像一整個水桶裡的一小滴水一樣，如果你真心想要的話，這是你必須要維持一生的改變；不要覺得這是我們在改變你，這些都必須是你自己想要做的改變，我們能提供給你的只是工具而已，你覺得打進世界大賽很難嗎？這些改變比打進世界大賽難多了。」

我是真的想要改變，雖然我並不確定我是否真的相信自己可以改變，或是改變對我來說真的是件好事。雖然我的酒醉已經對身邊的人和我自己造成了嚴重的傷害，但是在過去的這十四年裡，除了每次先發之間的酗酒之外，我一直是一個頂尖的大聯盟投手；我非常厭惡必須為自己的日常生活做出改變，再微小的都不行，每天我都開著同樣的路線去洋基球場，而飲酒在我生命中所佔的比例比行車路線大得太多。過去每次只要我自己決定不喝酒，我上場比賽時的表現就更糟，如果我就是必須喝酒才能把球投好呢？我知道這聽起來不太有邏輯，但在開始接受勸戒的那前幾天，我確實是這樣想的。

有一天晚上我拿起了一本書，我其實喜歡看電視和電影勝過讀書，但是安柏知道我一定會有許多空閒時間需要打發，所以在幫我打包行李的時候塞了幾本書進去，我拿起的這一本叫做**《早來的五點鐘》**（*Five O'Clock Comes Early*），作者是鮑伯．威爾契（Bob Welch）和一位紐約時報叫做喬治．維西（George Vecsey）的運動作家；我記得威爾契在我小時候曾經是道奇隊和運動家隊的投手，而且他好像蠻厲害的，但是我對他的人生故事完全沒有概念，也不知道他曾經也是個酒鬼。他的傳記有一部分和我的成長經歷天差地遠，他是在底特律的郊區長大的、他上過大學，而且他是在上到大聯盟的第二年就決定接受勒戒，那時他才二十三歲；但是大部分更重要的地方、特別是他經歷過的一切，就和我的經驗非常類似，甚至直接敲中了我的要害：家人的成癮歷史、用喝酒來掩蓋對社交的侷促不安、狂飲、失憶，還有和朋友之間的衝突等等。書中也有一些與我比較直接的連結，讓我在讀起來時更有體會，譬如說八〇年代威爾契在道奇隊的隊友以及最好的朋友之一是瑞克．沙特克里夫（Rick Sutcliffe）[5]，而我是在一次耐吉（Nike）舉辦的球季後棒球之旅中也認識了沙特克里夫，我們都帶了太太一起參加了那次旅行，而在那之後沙特克里夫就像是我的大哥一樣。在勒戒時閱讀威爾契的書給了我很大的啟發和鼓勵，原本我覺得不管有多少人鼓勵我去尋求專業協助，我還是害怕他們會認為我是一個接受了勒戒的弱者，或是在我課程結束之後對我另眼看待；威爾契在書中說到沙特克里夫和其他的隊友都非常支持他，這也讓我對我的隊友們和整個棒球環境更有信心，相信他們也會一樣支持我完成勒戒。威爾契在戒酒之後仍然在大聯盟投球投得非常好，所以我一定也做得到，我覺得鮑伯．威爾契的書是在對我說：**沒問題的，這是你應該做的，你做了對的決定**。這也讓我開始放心不少。

勒戒課程還有其他的安排也幫我放鬆了下來，讓我可以更加專注在自己身上，譬如說他們一開始就收走了我的手機，我很高興，因為再也沒有人可以找到我，也沒有人能跟我要求些什麼東西；我最難過的是遠離了家人，但是在勒戒時心靈上的平靜卻是前所未有的，在勒戒之前或是之後，我都再也沒有那樣子平靜過。這樣的環境是必須的，因為在勒戒的每一天都很紮實，每個人都要深深走進自己心靈最陰暗的角落，那個你不想要走進、也因為不想走進而放縱成癮的陰暗角落；銀色山丘的設施裡到處都有面紙盒，它們每天都供不應求。

每個星期我會和心理治療師艾瑞克・柯林斯（Dr. Eric Collins）醫師見面一次，他的專長就是酗酒成癮症，而且是他負責與湯姆一起研究出一個能夠讓我避免再喝酒的方法，同時也要研究怎麼能讓我不再陷入需要飲酒的情境；我一直知道酗酒和毒癮的問題在我的家庭裡影響深遠，但是到了銀色山丘我才終於知道，原來許多成癮的問題很可能是受到了遺傳的影響。他們分析了大腦的化學成分與遺傳之間的連結，而這並不是為了要給我藉口，而是要讓我理解我們在面對各種成癮疾病時之所以會這麼脆弱，其實很可能是天生條件所造成的。

家庭時間是情緒最激昂的，其中有一個時段是由家人代表在所有學員面前讀一封親手書寫的信，可能是來自父母、兄弟姊妹或是孩子，內容則是關於學員成癮的影響如何傷害了整個家庭；安柏的信讓我很意外，大概也讓所有聽到的人都想了一下，因為她說她感謝酒精。安柏說因為我理解了自己是一個成癮症的患者，所以我才能看清那些破壞性的言行都是因為酒精，而不是因為我自己天生有什麼缺陷；這並不是她在推卸責任或是找藉口，我也沒有，因為所有那些我在喝醉

5　沙特克里夫是知名大聯盟投手，曾三度入選明星隊，並於一九七九年贏下新人王、一九八四年贏下國家聯盟賽揚獎；退役後曾短暫擔任小聯盟投手教練，之後轉任為職棒球賽轉播員。

酒時做的壞事全都是我的責任，但安柏在信中的意思是，雖然我犯過那些錯，但酒精並不能代表我這個人，最少那天在我們抱頭痛哭的眼淚之下，那是我聽到的意思。

然而對我幫助最大的就是聽到其他的學員們講述他們各自的人生，不管是在課程期間，還是在我們坐下來輕鬆聊天的時候，看到每個人在人生不同階段依賴成癮的狀況，以及他們所染上的各種癮頭，都給了我很大的影響；有些態度強硬的年輕人會說：**我是被我的家人強迫送來的，幹！我一出去就要喝，還有一堆派對在等著我！**當我聽到這種說法的時候，我就會告訴自己**我才不會這樣，那些我早就都經歷過了，那已經不再是我想要的生活了。**有一位和我們一起住在史凱維達之家的男性學員給了我最大的震撼，他一輩子都在酗酒，而他和他的妻子，現在應該說是前妻，已經完全不再有任何聯繫，他來接受勒戒的原因，也是唯一能讓他繼續前進的動機，就是他還想要拯救自己與孩子們之間的關係；接受勒戒的學員每個星期都可以用銀色山丘的專用電話打幾通給外面的親友，這位學員每次都會撥電話給他的孩子，但是他們從來都不曾接聽。我很同情他的處境，他的人生真的很慘，**我絕對不能讓我自己變成他那個樣子**。

最艱難的課程專注在我們的傷痛，每天都會有十個學員坐成一圈，由輔導員引導我們一一講述自己人生中最糟糕的一天，或是最糟糕的一件事，這堂課非常激烈；不管輔導員有多厲害，一開始大家總是很難打開心門，這是可以理解的，而最後大家陳述的事件總會包括有自殺、丈夫的肢體暴力，還有性虐待。要我講述身邊那些逐一過世的親友對我來說從來就不是件容易的事，但是比起其他那些人所經歷過的那些稀奇古怪，我的那些傷痛好像就不那麼沉重了；我在這些團體課程中總是不停的哭，但比起勒戒開始兩個星期之後的那個特殊課程，這時的這些眼淚好像又有點小題大作了。

這個特殊課程的第一階段就是要寫一封信給一個我們所愛的人，而且這個人必須曾經親身參與過我們人生中的重大傷痛事件；光是這樣就已經是一份夠艱難的功課了，但是在寫完信之後，我們還要對著另外一位學員讀出這封信，而這位學員所扮演的角色就是你寫信時心中想著的那位收信者。

有位學員寫給已經逝去的孩子，另一位寫給父母親細數他們所對她造成的一切傷害，讀完所有的信一共花了我們兩天的時間，但是在第一天聽大家重新經歷過去的那些傷痛、陪著她們一起哭過之後，我回到我的房間就對自己說：「幹他媽的！我才不要寫這什麼蠢信，這個功課我不做了。」我一直覺得寫作是一件艱難的事，但那不是主要的原因，輔導員曾經建議我以小西的身分寫這封信，想像是小西在寫信給我，寫給那個因為喝酒而死掉的我；那時小西才十二歲，我坐在那裡想要開始寫信，而小西漂亮的小臉蛋清晰無比的浮現在我腦中，要我想像我的死亡會帶給小西多大的傷痛，還要我想像小西會怎麼寫一封信給我，這個壓力實在太沉重了，我不想玩這個遊戲了。

我坐在那裡，完全不想面對那個可能發生的悲慘未來，但我的潛意識神經卻悄悄的開始工作；我非常討厭準備不全，我絕對不可能沒有準備好就上場比賽，所以我更不可能不寫作業就去上課，於是我拿出了那本他們發給我的筆記本，我不停的寫，寫了一個多小時才停。

第二天由我的搭檔克里斯（Chris）先開始，我坐在他的對面，距離他大概兩英尺（約六十公分）遠，我扮演的角色是他最好的朋友。勒戒課程有一個規定，那就是離開了之後不能再討論在勒戒期間所聽到的、關於任何人的任何細節，因為這樣的信任才能確保學員能夠在課程中放心自在的分享自己最私密的傷痛，所以關於克里斯的信，我就這樣說好了：通常一封信被讀完了之後，所有的學員都會鼓掌來表示鼓勵，但是當克里斯讀完了之後，整個屋子裡就只剩下大家的啜泣聲，我也哭了，而克里斯更是差一點連自己寫的信都讀不完。

我們短暫休息之後就輪到我了，我很意外我自己的雙手沒有發抖，我的聲音也沒有沙啞，我看著我的搭檔克里斯扮演我，然後我就開始把自己當成小西，讀起了我寫的信。我不太確定是在什麼時候，大概是在信的一半、當我讀到小西很想念爸爸的時候，我就突然理解到輔導員給我的這個建議實在是太高明了；根本不是我的兒子小西在告訴我他的傷痛，而是我，西西，這個兒子、這個小男孩，在告訴我的爸爸說失去他對我的傷害有多大、有多麼的讓我難以理解。這一切太真實了，真實得就像是父親正坐在我的面前一樣。

我結束時幾乎站不起來，我感到自己筋疲力竭，但卻在同時感受到另一種發自內心深處的輕盈感，那封信裡寫的全都是我來不及對父親說的話，以及我從沒能給自己機會去感受過的想法；

大聲說出從過去到現在失去父親所帶給我的那些傷痛，讓我終於可以不再閃躲，我從未曾真正有機會為父親和咪咪表哥的逝世療傷止痛，這兩件事就是將我逼到勒戒最主要的原因。

大聲讀完那封信之後，我身上的黑暗全都被掀走了，就像是有人把一塊一千磅（約四百五十公斤）重的大鐵砧從我胸口移走了一樣；以後想起我爸和咪咪表哥時，我當然還是一樣會難過，但這些傷痛再也無法推著我去喝酒了。

那天晚上當我回到房間之後，我坐在我寫下那封信的床頭告訴我自己，**小西永遠不必對任何人讀這樣的一封信，因為我永遠都會陪伴著他，我會陪著我們每一個孩子；不管要我做什麼來保持健康，來保持清醒，我都會全力以赴去做，我絕對不會讓我的兒子和女兒跟我一樣，要為了自己的父親而經歷這麼多痛苦。**我知道未來還有很多挑戰，但是經過了這些年，我們再也不會被這些痛苦糾纏了。

第十九章 像全新的一樣

我的父親是因為秘密而死的，他試圖隱匿他的藥物成癮，所以那些原本可能在事情惡化之前就幫助他的朋友和家人全都對他的狀況一無所知；後來他染上了HIV卻仍然堅持獨自面對，直到他再也隱藏不了為止。我能理解為什麼他要如此隱匿著這些秘密，因為他覺得丟臉、覺得害怕，也不知道該如何求助；在接受了勒戒之後，我堅信自己絕對不能犯下一樣的錯誤，而且我要反其道而行，我要讓所有的人都知道我曾是一個酗酒的酒鬼，而且我已經接受過治療。當然，從某些層面來說我別無選擇，我暫時離開洋基隊住進銀色山丘是二〇一五年十月底的大新聞，但是一個月之後當我結束了整段課程時，我是可以拒絕所有訪問邀請的；我大可以說我只想多花時間陪伴家人，然後一直等到春訓必須面對記者們的時候再接受訪問，我相信大家一定可以理解個人隱私在這種艱難時刻對我來說有多重要。然而在我還出銀色山丘兩天之後，我就換上了一件鐵灰色的開襟羊毛衫，配上一條有著黑色條紋的鐵灰色領帶，和安柏一起在《早安美國》（*Good*

Morning）節目中接受了羅賓・羅伯茲（Robin Roberts）的訪問。

從某些角度來看，我的理由是自私的，在一個全國知名的節目上公開討論我酗酒的問題讓我再也無法隱藏任何秘密，也等於是公開求助，讓所有人一起來幫我保持清醒，如果有任何人再看到我喝酒，他們就可以直接指責我說謊；而如果一個月的勒戒還沒能讓我完全清醒的話，再一次大聲公開說出我酗酒成癮的問題，是讓我真正認清事實真相的另一種方法。

我得到了百分之一千的解脫，多年來我在隊友和摯愛的家人面前竭力掩蓋我飲酒的那一面，我傷害了很多人，把自己逼得心力交瘁；現在大家都知道我接受過勒戒了，我可以放心的做我自己，而我得到的回報是更多的愛，這是一種釋放，我再也不需要藉由酒精來放鬆自己，或是用酒精來吸引大家陪伴我，我自由了。

我也希望藉由這樣正面公開的談話來幫到其他需要被協助的人，罪惡感曾經嚴重影響了我爸，害怕示弱則讓我拖延了太久才終於開口求助，如果我們曾經有機會看到其他人、特別是黑人男性能勇敢站出來正視自己的成癮病症或是心理疾病，或許我們就會更早採取行動拯救自己；不管棒球提供了一個什麼樣的平臺給我，我都一定會好好利用，讓大家知道我能理解他們所經歷的一切痛楚，也以我自己做例子來證明一切確實都有好轉的可能。

各界的迴響讓我覺得既驚喜又感激，我收到幾十封來自棒球界人士的簡訊，告訴我說他們都支持我，更重要的是許多人都說他們也決定要勇敢面對自己藥物或是酒精成癮的問題，或是與那些他們知道因為成癮而需要協助的親友們聯絡，其中最知名的大概就是史提夫．沙奇席恩（Steve Sarkisian）。二〇一五年是他擔任南加州大學美式足球校隊總教練的第二年，這是所有大學運動中最頂尖的校隊職位之一，而南加大在他的領導之下戰績也相當不錯，然而據說他在十月間醉醺醺的出席了一場球隊的會議，結果第二天就被南加大給開除了。

在他離開南加大之前最後一個星期一的晚上，沙奇席恩在ＥＳＰＮ的世界體育中心節目中看到主播史考特．范派爾特（Scott Van Pelt）的報導；那時我剛剛宣布自己將會接受勒戒，而范派爾特相當支持、也讚許了我的決定，他也提到自己的父親正是因為酒精成癮而不幸過世。事後沙奇席恩曾說，他是因為看到了范派爾特對我的報導，才被打動而終於決定接受勒戒治療。

沙奇席恩在完成了他的療程之後打電話來感謝我，他說我的公開受訪對他影響很大，後來他也在接受記者詢問時說過一樣的話：「我對自己說，這人跟我一樣，我們在運動領域裡都處在具有高知名度的位置，他是洋基隊的王牌投手啊！大家都讚美，甚至表揚了他的決定，那我也應該和他一樣，雖然那時我還不知道應該怎麼開始，但他的決定給了我一個啟發，那就是『有人和我一樣，而他願意接受治療』，我知道我也需要接受治療，而且我現在就要開始，於是我就開始研究該怎麼做、該做些什麼，還有療程該從什麼時候開始，我在那一刻就做下了決定，而這也是我一生中最正確的決定。」

我的發言哪怕只是幫助到一個人，都是一件再好不過的事，而身為一位公眾人物，更讓我有機會能幫到許多棒球界的同伴；後來在我恢復出賽之後，每個月最少都會有一位對手球隊的選手過來問我關於勒戒的事：「那邊是什麼樣子啊？你是怎麼撐過來的？你怎麼做下這個決定的？」他們不單純只是好奇而已，而是他們自己也在掙扎著，這就是為什麼我要把關於我酗酒所有混亂、醜陋的細節全都寫在這本書裡，希望能夠及早幫助到需要協助的人，就算只有一位都好。

隨著二〇一六年球季逐漸接近，我的心靈比起過去幾年通透許多，但是肢體上我還在嘗試著想要找出更好的投球方式；我的右膝感覺就像是脆米香（Rice Krispies）[1]一樣，它不只在每次移動的時候都讓我有斷折和脆裂感，甚至還會發出碎響，骨頭和骨頭之間也會持續研磨和擠壓，讓我的每一步都疼痛無比，甚至連我坐著不動時都會痛。我躺下的時候，我的膝蓋痛到我無法讓它碰觸到床墊，每次在我先發上場比賽之前，我的熱身程序現在要花兩個小時：泡熱水、伸展肩膀和腿部的肌肉、按摩、輕度的重量練習、深層伸展，這些全都要做完我才能走上球場去碰球；我的快速直球現在平均時速只有九十二點三英里，已經沒辦法解決任何打者，在我的生涯高峰時期，我有百分之六十的時候投的都是四縫線快速直球，但是在二〇一六年球季這個數字降到了百分之三十四，這是我職業生涯的最低點。我的新好朋友是卡特球，和滑球交替使用，讓打者沒辦法準確命中擊出平飛球甚至是全壘打，而是打成滾地球和軟弱的飛球，但我還是很固執，一直將球往好球帶正中央投去，而不是攻擊每個角落；我還是不全然相信要以變化球和打者鬥智，所以我的成績也時好時壞，有時先發會被打九支安打失七分，但是下一次先發卻又壓制住對手、只被打三支安打失一分。我們整個球季的戰績也一樣讓人失望，整個夏天都維持這五成左右的勝率，然後在九月的時候好轉了一點，但那時已經太遲，球季結束時我們在分區排名第四，遠遠落後給紅襪隊。

整個球季最棒的一件事，就是我幾乎沒有任何想要喝酒的感覺，我們事先做了一些預防措施，安柏把家裡的酒全丟掉了，洋基隊也通知所有的客場旅館，要在球隊入住之前就先把我房間裡的小酒吧給清空。我用別的事情來填補我原本用來喝酒的時間，在接受勒戒的時候我學會了下西洋棋，這是一種方法；另一個就是我從三歲起就是一個電視兒童，在自己房間就有電視機，所以現在我用來取代酗酒的絕招就是瘋狂追劇，我什麼劇都追，《冰與火之歌：權力遊戲》（Game of Thrones）、《浴血黑幫》（Peaky Blinders）、《少年嘻哈夢》（The Get Down）、《冷戰諜夢》（The Americans）、《黑鏡》（Black Mirror）、《權欲》（Power）、《國土安全》（Homeland）、《哈桑・明哈吉：愛國者法案》（Patriot Act with Hasan Minhaj）等等，一部都沒放過。

我的朋友們也幫了我很多，一開始大家都有點不知所措，我們在比賽結束後一起出去吃飯的時候，平常習慣喝啤酒的人都會自動點汽水；我告訴他們說我很感謝他們這麼貼心，但是他們只要照常做自己想做的就好，他們影響不了我。接受勒戒治療之後的第一年，我每個星期都會在紐澤西和我的治療師會面兩次，但是我沒有像一般戒酒無名會（Alcoholics Anonymous）那樣去參

1　一種以米製成的顆粒狀甜味脆片，通常在早餐時搭配牛奶食用。

加後續的反成癮大會，或是找一位正式的「輔導員」來協助我，但有些朋友卻在不自覺的情況下扮演了那樣的角色，特別是我的前隊友史考特・艾勒頓（Scott Elarton）。史考特在克里夫蘭投球的那兩年和我成了好朋友，他和我一樣在選秀的第一輪就被選中，而且十八歲就和球隊簽了約，他身高六尺七吋（二百零一公分）而且球速剛猛，職業生涯的前幾年表現非常好，但是後來因為傷勢的關係開始慢慢退步；我們在另外那方面也很像，他不會天天喝酒，但是他只要一喝就一定要喝到掛，而且場面會立刻變得非常糟糕。在二〇〇八年離開印地安人隊之後，史考特參加了一個三十天的課程，他一向就是一個細心、貼心的人，而戒酒之後的他也恢復成了原來開心快樂的樣子；二〇一六年一整年我幾乎每隔幾天就會和他聊聊天，這些生活上的改變以及朋友們的支持都給了我很大的幫助，而最大的改變就是我現在又得到了一個可以證明自己的機會，我完全沒有踏錯一步，而且一點想要再喝酒的念頭都沒有起過。

從其他方面來看，球場外的世界一整年都很奇怪，也不太平靜，美國警察對於黑人的差別待遇有著久遠而血腥的歷史，過去這幾年也發生了更多可怕的殺人事件；密蘇里州佛格森市（Ferguson, Missouri）的麥可・布朗（Michael Brown）、拿著玩具槍在克里夫蘭的公園玩耍就被射殺的十二歲男孩塔米爾・萊斯（Tamir Rice）、在巴爾的摩警用廂型車中被活活打死的佛雷迪・格雷（Freddie Gray），還有據說是因為開車沒有打方向燈而被攔下的珊卓拉・布蘭德（Sandra Bland），三天之後就被人發現死在德州的一處監獄裡，最後是二〇一六年七月連續兩天，警察分別在路易斯安那州的巴頓魯治市（Baton Rouge, Louisiana）射殺了奧頓・史德林（Alton Sterling），以及在明尼蘇達州射殺了費蘭多・卡斯提奧（Philando Castile）。

那個星期洋基隊正好在外地比賽，先後要前往芝加哥和克里夫蘭，在其中一段班機上有人正在看關於近期這些殺人事件的報導，其中有位白人隊友隨口就說了一句，「他們幹嘛不聽話就好？」多年來由於我越來越資深，所以在球隊上我已經是一位領導型的人物，我最主要的一則規範就是「絕不討論政治」，如果球員休息室裡出現政治類型的話題，我就會直接說一句「他媽的給我閉嘴」，因為隊友之間不該有恨；我們的看法可能會不同，我們成長的環境也不同，但是在球隊上我們必須每天都團結往同一個方向前進，這樣才能贏球。如果我們整個國家都不願意談，那球隊上的我們更沒有必要去談，特別是大部分的白人球員根本無法理解我們的觀點，那就更沒有談論的必要了。

但是當我聽到他說「幹嘛不聽話就好？」我的胸口就熱了起來，這我無法接受；我並沒有發怒，只是嘗試著解釋我自己的狀況。我告訴他們說像我這樣從小在貧民區長大的黑人，隨時都會被警察毫無理由的攔下來，他們會用槍指著我們，就叫我們趴在柏油路面上，我們從不知道到底自己會被抓進警察局還是直接就在路邊被槍殺；我很幸運沒有遇到這兩種下場，但是有幾百個像我一樣的黑人孩子就沒能有這麼好的運氣，他們的下場都很糟。我的隊友們大多數是年輕的白人，都在環境優美的城市郊區長大，他們不相信我，他們都認為一定是我們其中一人做了些什麼，因為警察不可能毫無理由就這樣子對待民眾。

現在不敢置信的人的人變成是我，他們居然想告訴我我的人生是什麼樣子，還有這個世界又是什麼樣子，他們根本完全沒有聽進去我所說的；如果他們不想聽這些他們舒適圈之外的事，或是根本不想承認種族歧視確實存在，那就算了，我放棄，我不需要再嘗試教育他們。

很快的國家足球聯盟的美式足球選手們開始以和平抗議的方式來表達他們對警察暴力的不滿，到了九月他們開始在演唱國歌的時候單膝下跪，大家的關注終於開始聚焦在這個已經被忽略了太久的重大議題上；對我來說，我並不覺得單膝下跪能夠為這整個訴求作出足夠的貢獻，所以我決定透過我的 **PitCCh In** 基金會，慢慢但持續的幫助數千名大多為黑人的孩童，給他們足夠的工具來克服這個對他們來說充滿挑戰的世界，讓他們可以創造出一個更美好的人生。

在我們棒球的領域裡，我設立了一個簡訊群組，現在裡面一共有七十二位現役的黑人球員，還有更多已經退役的前輩們，我們交換著各種訊息，從外地哪裡有好的理髮師，到有哪些人大家應該要特別小心；這些都不像在電視上發起抗議那麼激烈，但是我認為這種草根性的交流活動也一樣能帶來改變。除此之外，我認為媒體寄望黑人運動員能成為社會領袖這件事其實是個雙重標準，我們當然應該為不公義的事情發聲，但是絕大多數的我們光是想要在各自的領域或是在社會上有所成功，就已經是一件夠艱難的事了；在這個國家裡掌握著實際權力的並不是我們，真正有責任改善種族關係的人也不是我們。

和外面的世界比較起來，棒球領域的洋基隊並沒有什麼嚴重的大事，雖然說二〇一六年對球隊來說也不太平靜；才不到六月，我們進入季後賽的機會基本上就已經化為烏有，球團高層也開始重建整個球員名單，希望能讓球隊年輕一點，整體的體能狀況也能更好一點。二〇一六年的八月初卡洛斯・貝爾川被交易出去，一個星期之後艾力克斯決定退休，馬克・塔克薛拉和布萊恩・麥坎恩很快也會離隊；我已經三十六歲了，還有一個壞掉的膝蓋，我不知道自己還能打多久，更不想把僅有的這些時間浪費在一支贏少輸多、即將要開始重建的球隊，安柏和我常常在晚上聊到：**我是不是也到了該轉去別隊的時候？**

然後在八月底球隊迎來了年輕捕手蓋瑞・桑契斯（Gary Sánchez），我們曾經在春訓時見過他的身手，他確實不錯，但是很多人每年三月在佛羅里達時都看起來不錯；蓋瑞一上來就開始證明他的實力，在兩個月裡擊出了二十支全壘打，而緊跟在他之後的是一位像怪物一般的外野手艾倫・賈吉（Aaron Judge），還有一位二十二歲的投手路易斯・賽維里諾（Luis Severino），他的手臂速度像閃電一樣。洋基隊的重建好像在十天之內就完成了，我在九月底就知道我還想要繼續留在這裡，不光是因為這些年輕球員讓我們有了更好的贏球機會，而是我知道我想幫助他們好好適應在大聯盟以及在紐約的生活；不要像我新人年在克里夫蘭的時候那樣，不但沒有人好好盡到前輩的責任來引導你，反而是用惡整的方式來給你下馬威。

狄迪・葛雷格里斯（Didi Gregorius）是這一批關鍵新人球員中的第一位，而且他承受的壓力最大，因為他被視為是基特在游擊區的接班人；狄迪是一位外向而且充滿自信的年輕人，他總是以優雅的態度面對這些關注，而且一開始就交出了好表現，這也讓他很快就可以適應得很好。他同時也是一位興趣廣泛的人，除了是一位極有天賦的攝影師之外，他也非常善於畫動畫；他在古拉索（Curaçao）長大成人，而且像我一樣非常喜愛在世界各地旅遊，所以我們很快就相處得很好。二〇一七年球季賈吉站穩了先發右外野手的位置，桑契斯則是我們的先發捕手，他們兩人立刻就帶來了巨大的衝擊，賈吉在新人年就備受注目，因為他個子非常高大而且總共打了五十二支全壘打，桑契斯則因為是先發捕手的關係，他和我的對話幾乎都跟要如何對付對方打者有關；他們兩人不光只是很棒的選手而已，他們都一樣熱衷學習，而且非常努力想要讓自己變得更好，而這就是我們評鑑球員最好的方式，不只看他們在球場上的成績表現，更重要的是看他們每天在球場上所表現出來的態度。媒體和球迷在蓋瑞的第一個球季對他有很多嚴苛的指責，批評他接捕反彈球的表現非常差勁，我對這個毛病不是太在意，因為我親眼看到他賽前花了多少精神與時間在練習上，也看到他想要更加進步的決心，而後來他的表現也真的越來越好。

我知道不可能每個人都一樣，而球員休息室裡如果能有各種不一樣性格特質的選手，就更能讓一支球隊更加堅強也更加有趣，我堅信的一點就是每個人都必須要願意溝通，也願意信任彼此；棒球球季是一段漫長的煎熬，再怎麼樣強悍的球隊也一樣會經歷低潮，如果想要成為一位能有效發揮影響力的領導者，你必須要學會怎麼和每一位隊友溝通，知道要怎麼在低潮時鼓勵他們，或是怎麼在他們需要被糾正時痛罵一頓。很多時候一位好的領導者就像是一位好朋友，其實說穿了，你就是要先成為他們的好朋友，才能領導他們到你想去的地方。

舉例來說，戴林．貝坦西斯是洋基隊二〇一一年春訓時的頂級新秀，我從他身上看到了很多我自己的影子，他個子高大、充滿自信但安靜沉默，而且好像因為身邊全是從小看到大的明星球員而有點受到震撼。想要在大聯盟成功，有一個重要的關鍵就是你要習慣這個環境，你要能接受自己就是屬於這個環境的一份子；當我年紀還輕、還在克里夫蘭的時候，比起為球場上的表現擔心，會讓我更加覺得緊張的反而是離開球場之後我那些資深隊友對我的態度：**我在包機上坐的位子是對的嗎？他們會不會過來修理我？**為什麼我們要去壓抑一個人的性格，而且還不斷挑毛病找他的麻煩？我們都在努力想要贏球，而這些與比賽無關的事根本一點幫助都沒有；所以我在春訓時就立刻向戴林自我介紹，也發現他和我一樣都喜歡玩夢幻總教頭遊戲，每次出去吃飯我也會記得邀請他同行。那年九月戴林被從小聯盟升上來，第一次在大聯盟登場出賽，他非常緊張，上來中繼的時候在短短的三分之二局就送出四次保送堆成了滿壘；那天晚上我傳了訊息給他，我說：「別放在心上，這是你的第一次，恭喜你！抬頭挺胸繼續努力。」

其他人可能就要多花一點時間，譬如說比較內向也相對安靜的路易斯．賽維里諾，看起來我們沒有什麼共通點，我是左投、他是右投、我是加州人、他來自多明尼加；但是既然你進到了這個球員休息室，我的球員休息室，那你就非和我聊天不可，於是只要是看到賽維里諾自己一個人坐在置物櫃前，我就會搬一張椅子坐在他旁邊，盯著他的雙眼找話和他聊天，不管是音樂還是美食都好，就是不聊棒球。

你知道最後終於幫我打破隔閡的是什麼嗎？原來他和我一樣喜歡《**霹靂貓**》（*ThunderCats*）。我是在八〇年代我小時候看過這部卡通的原始影集，我猜後來在多明尼加他們也播放了《霹靂貓》，所以賽維里諾也是在和我差不多的年紀愛上了這部卡通，只是晚了我十年而已；在發現我們都一樣喜歡獅貓（Lion-O）、虎貓（Tygra）和豹貓（Cheetara）之後，我們的話匣子就被打開了，他的反應就像是**喔！我喜歡這傢伙！**很多時候就是這種奇怪的事情反而會變成鑰匙，他接受了我，我們也立刻就變得無話不談，就像他是我的弟弟一樣。

隨著球員名單上的球員變得更年輕，球員休息室裡的氣氛也有些轉變；外界常常認為洋基隊非常公事公辦，這其實並不完全正確，我們也有很開心的一面，我們只是不太在外人和媒體面前展現出來而已。現在就不一樣了，這些年輕球員把休息室裡的氣氛整個都帶了起來，特別是透過社群媒體，大家都聽說了洋基隊的改變；賈吉是一個很棒的ＤＪ，他佔據了休息室的音響，每天賽前都特別準備了一整串樂曲來提振大家的士氣，還有人購置了閃燈和製煙機，所以只要我們贏了大比賽，整個休息室都會變得像夜店一樣。我熱愛世界棒球經典賽時大家所展現出來的純粹情緒，每四年一次大家可以代表自己的國家上場拚戰，我希望在大聯盟可以看到更多類似那樣的精神，但我不想聽到什麼「不成文的規定」或是「這就是洋基隊」；世界一直在前進，我們也應該要與時俱進，我喜歡看到現在球隊各種不同的慶祝方式，這些都是年輕選手帶進來的改變，也是他們表現情緒最真實的方式。

球隊上的新血讓我也重新充滿了電，我們成為一支更好的球隊，而且說不定比任何人預估的時間都快；贏球絕對需要優異的天賦，但是除此之外大家還需要學會團結一致往同一個方向努力，這對年輕球隊來說並不容易，但我們在八月底遇上了一個轉捩點。那一陣子我們的表現一直不錯，但還是追不上紅襪隊，而且甚至還有可能會錯過季後賽；我們在波士頓的三場比賽中輸了兩場，然後在底特律先贏了兩場，第三戰打到第五局時我們以三比二領先，非常需要拿下這第三戰來完成三連勝橫掃對手。底特律的投手麥克・佛爾默（Michael Fulmer）一球砸在了桑契斯的大腿上，大概是因為他已經在這三場比賽中擊出了四支全壘打；下一局我們的投手湯米・坎利（Tommy Kahnle）投出一顆快速直球從米格爾・卡布瑞拉（Miguel Cabrera）的腦袋後方飛過，坎利被驅逐出場，總教練吉拉迪也因為抗議而被趕出場去，然後卡布瑞拉不知道對我們的捕手奧斯汀・羅邁說了些什麼，接著就丟下了球棒，兩手向著羅邁的胸口用力一推，然後一拳揮去。

大部分棒球場上的打架都很蠢，球員們站成一群互相喊著，然後拉著彼此不讓對方上前；當然也有些兇狠的，我看過最嚴重的一次發生在二〇〇九年球季，我們的捕手荷黑・波沙達狠狠揍了藍鳥隊一位左投的中繼投手，出手重到我開始大叫著要他停手。我們在底特律打的這一架也很凶狠，羅邁撲倒了卡布瑞拉，板凳上和牛棚裡的球員們都衝了進來，整個球場上到處都是拳打腳踢的肢體，最後一共有八位球員和教練被驅逐出場。

群架可以把球隊團結起來，但也可能會害球隊因此分裂，老虎隊的球季戰績已經很糟了，而這場群架更是徹底毀滅了他們，維克多・馬丁尼茲、尼克・卡斯提亞諾斯（Nicholas Castellanos）以及賈斯汀・韋蘭德（Justin Verlander）後來在球員休息區對著彼此大吼；我們那天雖然輸掉了比賽，但這個事件把大家都更緊密的團結了在一起，接下來我們勢如破竹，在三十六場比賽中贏了二十三場，順利把季後賽的外卡資格給搶了下來。

這是五年來我第一次一整個球季都覺得自己蠻健康的，我的卡特球已經成為一個有效的武器，搭配上二縫線快速直球和可以鑽後門的滑球，我找到了一個新的配球模式；但不光只是配球而已，我在心態上已經成為一個全新的投手，我把投球當成像是在下棋一樣，靠著攻擊好球帶各個不同的位置來引誘打者出手，我熱愛讓他們擊出軟弱的飛球或是滾地球出局，這比我拿到雙位數三振還要開心。年輕時我總覺得我是球隊唯一的支柱，就算我已經在一場比賽裡投了一百球，每次總教練來把我替換下場時我都會憤怒無比；現在還是一樣，每次我都希望能投出一場完封，要是沒做到的話我一樣會生氣，但是二〇一七年球季是我第一次開始願意接受就算自己只投了五局或六局，只要能穩定壓制對手，讓我的球隊能有贏球的機會，那把剩下的局數交給牛棚也沒有關係，我們的牛棚很強的。

多年來我從不間斷學習著各種關於投球的知識，但是在投手丘上的時候，我從來不會想太多，現代球場的各種新科技可以提供越來越多的資訊，但這只會讓我們更難保持專注；跑者在得分圈的時候每位打者的打擊率是多少、投手每一球的時速又是多少，記分板上有太多太多的資訊，而且還有好多好多個記分板，你要很努力才能不被干擾。洋基球場本壘板後面正上方有一個螢幕，只要你頭一抬起來就會正對著你的視線，我痛恨那個螢幕；我在投球的時候什麼都不想知道，訊息越少越好，我想要專心感受比賽的狀況、每一種球路的狀態如何，還有我當天的體能狀況，我想要保持頭腦清醒，只專心在即將投出的這一球上。我在每一個球場都找到了一個能讓我專心的目標，每一球投球之前我可以專注盯著那個點而不看到任何計分牌，就像是一個視覺上的死角；以洋基球場來說，當我站在投手丘後面的時候，我會盯著我們的休息區，但是當我站上去準備投球的時候，我會找到安柏、我媽、還有孩子們，他們總是坐在本壘板偏右側一點點的座位區。

這些小技巧都很有用，但是在二〇一七年最重要的一件事就是我誠實面對了我自己，我接受了我在人生以及在職業生涯的定位，而這一切也展現在我的成績上，我在球季例行賽拿下十四勝五敗，和賽維里諾並列隊上第一；這是我幾年以來表現最好的一個球季，而即使是在九月我都還非常確定，就算是今年我們贏得世界大賽的冠軍，我還是會回來再投一個球季。

我們在外卡戰擊敗了雙城隊，接下來聯盟分區戰的對手是印地安人隊，就算是在球季比賽，每一次先發對上印地安人隊我都會覺得怪怪的；我在這支球隊裡長大成人，和他們對決有一種背叛的感覺，就像如果我投球和瓦列霍高中對決一樣奇怪。二〇一七年的感覺更加奇怪，當年我應該要帶領克里夫蘭打進世界大賽的，但是我失敗了，我對不起自己也對不起整個克里夫蘭；我無法接受自己成為克里夫蘭所有失敗紀錄的其中之一：恩尼斯特．拜納（Earnest Byner）的失誤掉球、勒布朗．詹姆士的離去、麥克．喬登（Michael Jordan）在一九八九年和一九九三年兩次的絕殺投籃、荷西．梅沙（José Mesa）救援失敗輸掉比賽，還有我。在十年前的季後賽敗給紅襪隊沒能率領克里夫蘭晉級之後，現在我和洋基隊阻擋在印地安人隊面前，企圖讓他們再一次在季後賽的路上鎩羽而歸；除此之外，我在聯盟分區賽的兩次先發都是在克里夫蘭，系列戰的第二戰我們輸了，然後就是最關鍵的第五戰，輸的球隊就要打包回家。那是我成長的地方，也是我學會成為一個職業投手的地方，我還有很多朋友都在克里夫蘭，我覺得有罪惡感；但是等到站上了投手丘我就只剩下一個念頭，我百分之一千想要徹底輾壓他們，而我們真的做到了，我投了四局多，三振了九位打者，洋基隊以五比二淘汰了印地安人隊，我們要面對休士頓了。

這個系列賽也相當激烈，我們先在休士頓輸了前兩場比賽，比數都是二比一，輸掉第三戰並不會真的把我們淘汰，但是如果戰績陷入〇比三的落後，那幾乎就是沒有可能翻身了；回到紐約的第一場比賽由我先發，我們把氣勢給搶了回來，我投了六局沒有失分，幫助球隊以八比一贏得勝利，接下來我們又連贏兩場，只要再贏一場我們就可以重回世界大賽了。

然而第六戰的比賽地點是在休士頓，所以他們擁有主場優勢；我們要到兩年之後《**運動員報**》（*The Athletic*）揭露了他們偷暗號的醜聞之後，才知道他們真正的優勢是什麼，但是在當時賈斯汀・韋蘭德完全封鎖了我們，也讓整個球季再一次落在了我的肩上。距離我在巴爾的摩跌入谷底才剛過兩年，但是當我站上投手丘準備開始投第七戰的第一球時，感覺那好像已經是上一輩子的事了；不管這場比賽的結果怎麼樣，能夠站在這裡投球就表示我為人生所做出的那些改變都已經發揮了效用，但是我仍然想贏，非常想贏。

進入四局下半的時候比數仍然是〇比〇平手，我覺得自己狀況正好，但是接下來我投出的一顆滑球沒有掉下來，被第一位打者伊凡・蓋提斯（Evan Gattis）擊出一支陽春全壘打，然後又在兩好三壞的情況下保送了我的老朋友布萊恩・麥坎恩；馬文・岡薩雷茲（Marwin González）擊出一個滾地球出局，所以當賈許・雷迪克（Josh Reddick）擊出一個內野左側的滾地球時，我以為這會是一個結束對方進攻的雙殺，但是我們的三壘手陶德・弗雷澤（Todd Frazier）卻沒能攔下這一球，吉拉迪總教練將我換下來由湯米・坎利入替，他也順利解決了危機。另一邊太空人隊的查理・摩頓（Charlie Morton）和小蘭斯・麥考勒斯（Lance McCullers Jr.）完全封鎖住我們，最後我們以〇比四輸掉比賽。

我們又一次幾乎可以嘗到冠軍的滋味，這一場敗仗確實很讓人扼腕，也非常痛苦，因為我知道我們一定可以在世界大賽打敗道奇隊；吉拉迪總教練說了一些話，告訴我們他以我們所付出的努力為榮，牛棚教練麥克・哈奇給了我一個擁抱，我立刻就崩潰了。我已經很久沒有在棒球比賽之後哭了，但這場比賽讓我心力交瘁，因為我對這支球隊付出太多了，我們大家培養出來的默契是聯盟裡很少見的，而且只有我知道明年大家要再付出多少努力，才能再回到現在這一刻來；我也知道我還能投球的時間不多了，坐在簡陋的客隊球員休息室裡，聽著太空人隊球迷在我們正上方的座位區裡歡呼慶祝，我像個小嬰兒一樣哭個不停。

這些新來的年輕選手幫我們走到了這一步，而在季後賽所累積的經驗也讓我們為二〇一八年球季做好了準備，輸給太空人隊所留下的苦澀感則會是刺激我們往前最好的動力；然而球團所啟動的換血工程也有犧牲品，在被休士頓淘汰的五天之後，洋基隊開除了總教練喬．吉拉迪。其實說不上有什麼特定的原因，他並沒有做出過什麼引起爭議的戰略決定而讓球隊輸球、也沒有和總經理凱許曼或是任何一位球員起過衝突和爭執；他在我人生最重要的時刻支持了我的決定，在那個巴爾的摩的早上、當我走進吉拉迪的辦公室告訴他說我必須立刻開始勒戒時，我會永遠感謝他能理解那是我在求救。然而確實有時候他不是那麼容易溝通，當球隊成員越來越年輕、許多熟悉他或是習慣他的老球員都逐一離隊之後，這確實成了一個問題，所以他被開除的時候我並不意外。

在這個層級，棒球是一門冰冷而艱難的生意，在二〇一七年球季結束之後，我的工作也出現了危機；當然，我才剛交出了五年以來最好的戰績，但到了明年球季半途，我就會成為一位三十八歲的老投手，真的太老了。我已經投了三千四百三十三局，而洋基隊手上的掃描片和X光片也清楚記錄了這些投球量對我所造成的全部傷害；我已經兩年沒有喝酒了，但是沒有任何理由可以保證我會一直維持戒酒，而在經過了九年和超過兩億又五百萬元美金之後，洋基隊也終於可以從帳目上清除掉我的大合約了。我很確定我同時也會收到其他球隊提出的合約，但我想要留在紐約，大約十年前我來到這裡的時候緊張得快要嚇死，完全不知道會發生什麼事，也不知道我們的家庭能不能習慣美國東岸；現在這裡已經變成了我們的家，孩子們熱愛在紐澤西的生活，我也熱愛在布朗克斯打球，我想要明年能在百老匯大道上再遊行一次然後退休，但是洋基隊還會要我嗎？還是他們會想要一位更年輕、更便宜，也更健康的投手？

我還蠻有信心他們會想要我回歸的，我並不緊張，因為我這一年真的投得不錯，總經理凱許曼和我經紀人之間一開始的溝通讓人感覺有點希望，但接下來就沒有動靜了；十二月初洋基隊進行了一個超重量級的交易，換回了剛剛贏下國家聯盟最有價值球員、原本效力於邁阿密馬林魚隊的賈恩卡洛．斯坦頓（Giancarlo Stanton），他的合約總值高達三億兩千五百萬元美金，就算是以洋基隊的預算來說，也一樣還是一大筆錢。斯坦頓的加盟讓我非常緊張，因為這樣一來洋基隊很可能會為了省錢而讓我離隊；到了十二月中我一天比一天擔心，我們今年的家庭假期要去南非三個星期，我不想要在還沒簽約的情況下就出國，更不想要在出國前都還不知道度假回來之後會要去哪裡打球。

就在我們出發去約翰尼斯堡（Johannesburg）的兩天之前我的電話響了，那時已經夜深，我也正躺在床上和安柏一起，但是我一看到來電的人是誰，就立刻把電話接了起來；是洋基隊的總經理凱許曼，他提了一個一年一千萬元美金的合約給我，我跟他說我必須和每個人都討論過了才能做出決定。

多倫多也對我有興趣，但是如果我真的要換一支球隊的話，我不希望會是一支美聯東區的球隊，因為這樣的話我很可能會常常要和洋基隊對決；明尼蘇達向我提出了兩年兩千兩百萬元美金的合約，比洋基隊價碼更高、時間長度也更長，我的經紀人凱爾・斯奧森德（Kyle Thousand）告訴我說很少有人可以把合約給走完，特別是在紐約，而且還是一個曾經和洋基隊簽下九年自由球員長約的選手。

我把凱許曼的合約條件告訴安柏，然後問她「妳覺得怎麼樣？」她一眼就看出我臉上同時混雜著放鬆與不解的兩種情緒；洋基隊終於對我提出合約了，這正是我想要的，但我只值一份一年的合約嗎？她對著我笑了：「你知道那些簽下大合約的球員，有多少人根本沒辦法在球場上等到合約結束嗎？」她接著說：「你親眼看過艾力克斯、現在還有雅戈比・艾爾斯布里，但是你不同，你完成了之前的大合約也交出了成績，你盡到了你該盡的責任，也幫洋基隊拿下了一次世界冠軍，他們想把你簽回來，他們希望看到你在紐約結束你的職業生涯，而且還願意付一千萬元美金給你這個老人，這簡直就太棒了！根本就像是故事書一樣！」

這些年來我在棒球場上的這些成就，還是沒能抹除我心靈深處的不安全感，一直到安柏這樣說出來我才真正感受到這件事；洋基隊還想要我成為他們的一份子，也許我真的夠資格，也真的有機會可以親手寫下自己想要的完結篇了。

第二十章 再一次的機會

從我第一年站上大聯盟的新人球季至今，已經有十座大聯盟球場被更新汰換，球員之中也只剩下鈴木一朗和亞伯特．普荷斯（Albert Pujols）跟我的年資相近；我在一場春訓比賽和一位叫做戴斯．卡麥隆（Daz Cameron）的選手對決，而他竟是我釀酒人隊隊友麥克．卡麥隆的兒子！我實在不需要任何事情再來提醒我說我是一位多麼老的棒球老將，我自己知道我在大聯盟已經很多年了，但是那年冬天當洋基隊出人意料之外的雇用了亞倫．布恩（Aaron Boon）擔任總教練時，我還是被嚇到了；小布從來沒有任何正式擔任總教練或是教練的經驗，我們在克里夫蘭當過兩年隊友，我記得當他不在先發陣容名單上時，他就會坐在板凳上假裝自己是總教練，他的父親、兄長還有祖父都曾經是大聯盟球員，所以他一輩子都在為這個職位做準備，而且他對人際關係也很有一套。洋基隊不會來問我的意見，但我認為小布是個非常棒的選擇。

我們充滿信心迎向二〇一八年球季，特別是因為我們陣中多了賈恩卡洛．斯坦頓，而且後來我們真的創下了大聯盟單一球隊單季的全壘打總數紀錄，但是一整個球季我們的傷勢不斷，能夠贏下一百勝實在是一件非常神奇的事；我貢獻了九場勝投，但是每五到六天就要走上投手丘實在是一場艱難無比的戰鬥，其中有三次我必須接受在膝蓋注射潤滑劑才能上場投球，這些注射毫無止痛的功能，只能讓我的膝蓋潤滑到可以彎曲，到了八月我的膝蓋痛到球隊必須把我放上十天的傷兵名單。

在那之後雖然我膝蓋的狀況並沒有好轉多少，但我投球的表現還不錯，最精彩的一次事件發生在球季例行賽的最後一次先發，比賽地點在坦帕，那是九月的最後一個星期，球季全部一百六十二場比賽中的第一百五十九場；以戰績排名來說這是一場毫無意義的比賽，我們已經拿下了晉級季後賽的資格，而光芒隊則是在幾星期前就已經確定被淘汰出局。我們毫不留情的修理著他們，第五局下半就已經以七比〇領先，我對傑克．鮑爾斯（Jake Bauers）投出一顆內角的二縫線快速直球，他完全沒有閃躲，就被球削中了右手，沒什麼大不了的事；但是到了第六局上半他們的投手安德魯．基特瑞奇（Andrew Kittredge）對著奧斯丁．羅曼的後腦投出了一顆時速九十三英里的快速直球，這超級危險的，但我知道這是為什麼，也知道是誰下的指令。光芒隊的總教練凱文．凱許（Kevin Cash）在二〇〇九年時曾經是洋基隊的候補捕手，那時我和他相處得還好，但是現在他是我們的對手，我最討厭的就是另一邊的敵人；我知道他是故意的，因為他的球隊都是年輕球員，而他想要教導他們絕對不要懼怕對手、一定要以牙還牙，但是瞄準打者腦袋投球就是個去他媽的最錯誤的做法。除此之外，羅曼是捕手，他是我的搭檔，所以我一定要保護他；更何況前一陣子他才因為一顆擦棒球直接擊中他的面罩而接受過腦震盪測試，所以他在差一點被球擊中之後，回到休息區時還沒有完全回神，但是我氣壞了，我要讓他們知道我們不是好欺負的。

第六局下半我投出的第一球就對準了他們第一位打者黑蘇斯・蘇克瑞（Jesús Sucre）的前腿，不偏不倚就打在左膝蓋上方的大腿處；我對蘇克瑞個人沒有任何惡意，但是在本壘主審把我驅逐出場時，我指著對方總教練凱許大喊：「這是你引起的，賤人！」光芒隊衝出來堆擠我們向我們挑釁，好像自己多凶狠似的，我對著他們大吼：「你們對我砸到鮑爾斯有意見嗎？他根本連躲都沒躲，你們有誰不爽的上來找我啊！」結果他們沒人敢他媽的吭一聲。

當時我知道被驅逐出場，會讓我因為全季累積只差了兩局而錯失掉五十萬元美金的獎金紅利嗎？我當然知道，但我才不在意。那我有想過季後賽我不一定會有出賽機會，而且我合約即將到期，這很可能是我最後一次在大聯盟球場上投球嗎？沒有，我當然不可能會想過要以這樣的方式離開球場，但是如果這真的就是我球員生涯的終點，我也能夠接受，因為你一定要挺身而出保護自己的隊友。

你就是要持續保護你的隊友，直到對方學到教訓為止，但更重要的是你自己的人也要搞清楚這是怎麼一回事。事後光芒隊試著做出解釋，「喔，我們的投手都很年輕，他們只是想要塞內角，但有時候球總是會失控的」，少來了，我們的投手也很年輕，他們天賦優異但畢竟還是年輕，他們還不懂得分辨投手故意砸人時是什麼樣子，他們甚至還好奇的問說「對方真的是故意的嗎？」比賽結束之後，也就是在基特瑞奇差點一球砸死羅曼之後，狄迪．葛雷格里斯居然還去問光芒隊上他認識的人，說投球砸到羅曼是否真的是故意的，他媽的搞清楚狀況好嗎！我還會不知道故意長什麼樣子嗎？有人覺得我砸到蘇克瑞被驅逐出場，然後對著光芒隊休息區大吼大叫的時候是情緒失控，其實並不是；我當然是氣瘋了，但是我完全知道自己在幹嘛。

很多人說那是老一代的棒球，把那當成是一種讚許，這個我很感謝，但是同樣的一批人也批評選手在擊出關鍵全壘打的時候甩棒慶祝；甩棒並不影響我，你贏了，沒關係，放心慶祝去吧！為什麼要介意對手甩棒慶祝呢？為什麼不去介意是因為自己沒有把球投好？如果你不想看到有人擊出全壘打之後像傻瓜一樣跳著慶祝，那就不要被打；同樣的道理，當我打敗你，在滿壘的情況下把你三振出局時，我也有資格手舞足蹈大叫慶祝，要是你不喜歡看到我換場走下投手丘時歡呼叫罵，那就別被我三振，就是這麼簡單。這不是在跟對方挑釁，我們只是在感受當下的情緒，絕大多數的時候棒球比賽是很枯燥的，而這些內容都需要被改進；不是說要用更多的資訊來把內野手們移來移去，而是當人們說「這才是正派的打球方式」時，他們真正的意思其實是「這才是夠白的打球方式」，因為他們並不喜歡黑人和拉丁族裔在球場上所展現的熱情與奔放。

當我剛上到大聯盟的時候，聯盟裡的黑人球員還很多，多到你還可以選擇不想去和有些人交朋友，拉丁球員都有自己的小團體，因為那時他們是真正的少數族群，但是現在不一樣了，我們才是，我們全都認識彼此，都會互相聊天也必須互相聊天；我有數不清多的白人朋友，他們在成長經歷和政治立場的光譜上都和我在完全不同的兩邊，所以當我們看到另一支球隊中有黑人球員的時候，我們自動就會告訴自己：**喔，今晚我們一定要一起去吃飯**。即使是我在球場上花了三個小時費盡全力想要擊敗對方，在比賽結束之後我一定會花時間跟他們一起，穆奇・貝茲（Mookie Betts）、大衛・普萊斯（David Price）、艾頓・瓊斯、馬可斯・史卓曼（Marcus Stroman）等等都是；所有在我們訊息群組裡面的黑人球員們都會互相照應，這等於是在自保了，因為我們的緊密關係來自於我們有太多的共通點，而且大聯盟裡的黑人球員真的不多了。二〇〇七年我在一次訪問中說到黑人球員人數越來越少並不是一個問題，而是一個危機，而在那之後很多人跳出來指責我說：「我的天啊！你在說什麼鬼話？」但是我早已看出這些球團之內的變化；運動家隊、印地安人隊、紅人隊、海盜隊這些原本有許多黑人球員的球隊，現在一個都沒有，而當我提出我的危機論時，我也是印地安人隊球季開幕名單上僅存的一位黑人球員。

你可以累積出一個夠長的職棒球員生涯，享受很多樂趣也賺多錢，但是現在這項運動已經不適合我們黑人了，而我們自己也知道這一點；如果這項運動不做出一些改變，那不光只是黑人，連其他族裔都會對棒球失去興趣。我知道有很多人辯論過「印地安人」這個隊名，而克里夫蘭也用改名這個實際行動來踏出了正確的第一步，但這是我還在克里夫蘭的時候能提出討論的話題嗎？當然可以，然而身為一位黑人棒球員，如果想要提起任何與種族議題有關的話題，這個舉動是非常複雜的；首先你絕對處在一個極端的少數，這也就是為什麼國家足球聯盟NFL和國家籃球協會NBA的球員比大聯盟球員更常發聲，因為他們掌握了人數上的優勢。我在克里夫蘭時有很多年都是名單上唯一的一位黑人球員，紐約稍微好一點，但就算是在洋基隊，大多數時候我也只是二十五人名單上最多不超過四或五位黑人球員的其中之一；不管在職業生涯的任何時刻，這都是一個會讓人覺得孤單的處境，更別說如果你是一位努力想要證明自己的年輕球員了。你想要的是能抓穩你的工作職位，你想要成為球隊裡的一份子，而不是一個外來者、一個別人眼中的憤怒黑人，而且你還希望球迷能喜愛你；勒布朗·詹姆士大概是唯一一位球技棒到只要他一上場打球，所有人都會忘記他發了什麼與社會公義有關的推文，但是對我們其他人來說，我們都會成為球迷和媒體評論的對象。

即使是在我已經成為了一位資深球員之後，我還是把當一位好隊友看得比我自己個人的感覺還要重要，所以如果比賽結束我們坐在休息室的餐廳裡吃東西的時候，有人說了什麼種族歧視的蠢話讓我生氣，我也只會離開現場而已。幾年前在洋基隊的球員休息室發生過一件蠢事，可能是跟川普有關，也有可能是關於某件警察暴力事件，我氣到快要無法壓抑，於是就站起來走了出去；當我回到休息室的時候我對大家說，「以後再也不准在這裡講政治，幹！不管你們的立場是什麼，把那些都留在門外，我也一樣，我們走進這裡就只准講棒球，或是其他隨便你要聊什麼，但就是不准聊政治。」我想因為我的資歷和我所得到該有的尊重，政治議題在那之後就再也沒有出現在休息室裡了。

把這些東西都硬壓下去其實並不公平也不健康，而且長時間下來這真的會對心理造成很大的壓力，但這卻是所有我們美國黑人都一直在做的事，我們學著不起爭端，學著不給人帶來威脅，目的卻只是為了我們能夠好好過活而不陷入危險；當小西滿十六歲的時候我開始教他開車，但我給他的第一課卻是要教他如果被警察攔下來的時候應該怎麼應對，因為這一定會發生。**把雙手舉起來，動作要慢，千萬不要提高音量，一定要超級有禮貌**；這是多麼愚蠢，而且有夠他媽的丟臉的一段父子對話，我居然不是先教他怎麼正確轉彎，而是這種蠢事。

這種感覺讓我心痛，我努力了一輩子才有現在的成功，我贏過大獎也接受過千萬人的加油歡呼，甚至被稱為英雄，安柏曾經勸募並捐出幾百萬元美金的慈善捐款，但是人們看到我們兒子的第一眼還是只會看到一個綁著辮子的黑人大個子；黑人到現在還是要靠著上街遊行和集會來爭取那些我們祖父母輩在五十年前就已經在爭取的公民權利，這太瘋狂了。

我遇過有些球員對於自己因為黑人身分所遭受過的待遇過度執著，他們這樣並沒有錯，但是這些怨念反而會影響到他們的職業生涯；艾利斯·柏克很早就對我說過，「要學會玩他們的遊戲，」意思就是說要當個好隊友、當個領袖、做所有那些該做的屁事，「這樣你想打多久球就可以打多久球。」如果你是一位不願意玩他們遊戲的黑人球員，那他們隨時都會在你成績不好的時候就把你排擠出去；我原本可能在二〇一四年或是二〇一五年的時候就沒球可打了，但是因為我在球員休息室裡被認為是一位好隊友，所以我得到了多打五年球的機會。我們所有人想要的就只是打棒球而已，我腦子裡光是想著**今晚要怎麼樣才能讓伊凡．龍戈利亞（Evan Longoria）出局**，這就已經夠難了好嗎？

我把我的戰鬥情緒全都留在球場的白線以內，二〇一八年球季尾聲我們在坦帕的小花絮之後，在外卡賽中淘汰了運動家隊，隨之而來的是到波士頓展開聯盟分區戰；我們在前兩戰就拿下了一勝一敗，所以接下來返回紐約的時候我們充滿信心，由我們的新王牌賽維里諾站上投手丘迎戰。賽維里諾在今年球季例行賽拿下十九勝，而且已經兩度入選過明星賽，但是紅襪隊在第三局和第四局接連發動猛攻，最後我們被以十六比一的比數徹底擊垮；如果我們輸掉下一場比賽，我們的球季就結束了，這將會是我在這個系列賽的第一次先發，但是也很可能是我職業生涯的最後一次。

二〇一七年輸給太空人隊結束球季到現在還讓我隱隱作痛，但是二〇一八年的最後一場比賽則是讓我憤怒不已；前一天晚上的比賽中安吉爾．赫南德茲（Angel Hernandez）在一壘犯下了三次的誤判，而在這場攸關我們球季延續與否的第四戰，他則是本壘的主審。我的狀態確實不是最好，但是安吉爾更糟，而且是從第一局開始就是這樣；他一直錯判好球帶角落的球，逼得我把球往中間偏低的位置投，紅襪隊在連續兩支一壘安打和一次保送之後攻成了滿壘，但是我用一顆內角低位的卡特球讓伊恩．金斯勒（Ian Kinsler）擊出一支左外野角落方向的高飛球，由布瑞特．

加德納以接殺結束了這一局也沒讓我失分。出局之後我直接走向本壘板，我用手套蓋住我的嘴唇，然後告訴赫南德茲他媽的給我認真一點。

紅襪隊在第三局從我手上攻下三分，然後我就被替換下場了，當我們最後以四比三輸掉比賽時，我已經洗好澡也換好了衣服，那時距離我走下投手丘已經兩個小時了，但我還是一肚子氣，所以我對著記者們毫不保留：「他實在太爛了，」他們還沒發問我就直接說了，「我不認為安吉爾．赫南德茲有資格當季後賽的裁判。」我們是因為他而輸掉比賽的嗎？當然不是，也許我不該說那些話，讓我變得好像是在為輸球碎念找藉口；畢竟贏球的人才有資格想說什麼就說什麼，輸球的人就應該他媽的閉嘴，但是當下我必須要誠實表達我的感受。

也許吧！一個權威型的人物隨意做出決定，這種事特別讓我反感，我熱愛投球最主要的原因就是球在我手上，要等我準備好了這一切才會開始；我喜歡掌控一切，而裁判們總是想要把比賽的控制權從球員們手上拿走，當然另一個原因也可能是我就是痛恨那些不肯為自己份內責任努力做到最好的人。

當晚我還有一部份怒氣來自於不甘心自己在球季生死存亡的一刻讓隊友們失望了，我更不想讓這就此成為我職業生涯的終點，所以當記者們問到我是否還想要在二〇一九年球季繼續投球時，我仍然誠實面對；這是一支非常嫩的球隊，二〇一八年時米格爾．安杜哈爾（Miguel Andújar）還是個新人，葛雷伯．托雷斯（Gleyber Torres）也是個新人，賈吉和艾倫．希克斯都是第三個球季，桑契斯則是第四個球季，這些在球場上都看得出來，也是我們在季後賽止步的原因之一，因為我們還沒有養成那種到了球場就是「我們今天要來打爆這個系列賽」的態度。我知道球隊的這個核心遲早一定會拿下世界冠軍，而我想要是那其中的一份子，我已經接近終點了，但我非常享受著這個過程，也不想要這一切都這樣結束；這也是為什麼我在球隊被紅襪隊淘汰的三天之後，就急著去做了修復右膝的手術，這是連續第三年球季結束之後的關節鏡手術，我早點做完就會有足夠的時間在春訓之前做好準備。

然而還有一個更大的修補，就是我還欠安柏一個婚禮，這次必須是一個盛大的婚禮，而且必須是一個開心而且清醒的我，我們要重新宣讀婚姻誓約，在結婚十五年之後重新再來一次。我們花了好幾個月的時間計畫，絕大部分都是由安柏經手，她挑選了一座位在那帕山谷葡萄酒莊的美麗城堡，一共邀請了兩百五十位賓客，其中包括了我在棒球界的朋友和隊友，像是克里斯·楊恩、艾頓·瓊斯、強尼·戴蒙、普林斯·菲爾德，還有卡麥隆·梅賓等等，風尚（En Vogue）女子合唱團以及饒舌歌手幼齒少年家（Juvenile）的表演節目更是精彩無比；我們的四個孩子都參加了這個儀式，卡特是伴郎、潔登和賽雅是安柏的伴娘、小西則負責牽著他的母親走過紅毯，我覺得我穿著白色晚禮服還蠻帥的，但是當然完全比不上豔光四射的安柏和她特別訂製的禮服和頭紗，她就像是踩在雲上滑過走道似的，背景伴隨著的則是安東尼·漢米爾頓（Anthony Hamilton）演唱的《心聲》（Her Heart）。藝人小杜瓦（Lil Duval）主持了我們的婚禮儀式，這一次我看著安柏的雙眼認真讀出了我們寫下的誓約；我的妻子、我的外祖母，還有我的母親，任何人能有其中任何一位在生命中扮演重要角色都會是一件幸運無比的事，而我三位都有，安柏則是我的指南針。

婚禮的一切都完美無比，那是我人生中最美好的一夜之一，但是我一直持續冒著冷汗無法停止，而且一直覺得想吐，這不是焦慮，更不是酒精，因為我整晚都喝著葡萄汁，也不像是肚子裡有什麼東西在發酵；難道是蛋糕裡有一些酒精，所以觸發了我服用的安塔布司戒酒藥嗎？還是食物中毒？不管是什麼，總之晚宴的中途我就站了起來從後門出去，然後吐在了屋後的草地上；我把自己整理好就回到了座位上，也沒有告訴任何人，反正我覺得好多了，我絕對不會搞砸我的第二次婚禮，幹！我一定要好好狂歡。

晚宴和派對結束之後，我們都擠進豪華小巴士先送客人們一起回旅館，然後才要回去我們為這個周末特別租下的房子；在巴士上安柏和我就坐在克里夫．李和他太太克莉絲汀旁邊，我們正談笑著聊起往事時，我突然又感到一股強烈的不舒服，「快停車！」我對著司機大喊，然後就衝出車門在路邊嘔吐了起來。

回到屋子裡我在半夜又第三次開始嘔吐，這次我突然有了新的症狀，我的胸口感受到一種像是被利刃穿透般的刺痛，「寶貝，」我呼喚著安柏，「我的心臟不對勁，我覺得這是心臟病發作。」我開始覺得害怕，但安柏保持著鎮定，她在我身邊已經經歷過太多風雨，她覺得這只是我的焦慮又發作了而已，不然就是幾次嘔吐可能讓我拉傷胸口的肌肉，她安慰著我讓我慢慢睡著。第二天早上我仍然覺得自己在冒汗，但我還是堅持著撐過了我們的純白早午餐宴（白色衣服、白色裝飾的意思）；接下來的兩天我只喝沛得力（Pedialyte）[1]和蘇打餅乾，我猜我大概就是腸胃炎而已。

後續的三個星期就像是坐在雲霄飛車上似的，我會一連好幾天都覺得很好，感恩節的時候我們到我媽家去，她和阿姨們一起像往常一樣做了大餐，我是不可能拒絕的，但是沒有多久我就開始往廁所衝，那是我所經歷過最痛苦的火燒心，也許我的持續嘔吐已經造成了習慣性的胃食道逆流。第二天我的好友裘瑪在家裡辦了一個大派對，我的另一個好友瑞奇（Rickie）準備了生蠔，我熱愛生蠔；我的廚師表弟達奈爾做了我吃過最好吃的秋葵濃湯，但是每隔半個小時左右我就感覺到像是有人伸手插進我的胸口，然後用力捏著我的心臟。這前後大概發生了七次，我只能走進裘瑪的房間然後坐在床上休息，這種劇痛大概會維持個兩到三分鐘，然後我要再花個兩分鐘等自己不再冒汗；我對自己說，**大概是秋葵濃湯，但是我才不可能不喝它，我很少有機會可以吃到達奈爾做的菜！幹他媽的！我就是要繼續吃，反正過兩天就沒事了。**我也不希望有人覺得我是不是跟大家沒有以前那麼親了，所以我絕對不會是第一個離開聚會的人，因為我不想給任何人機會說「喔，西西變了，西西現在覺得自己比我們高級了。」那天我吃著生蠔喝著濃湯，還抽了雪茄，但是我的肚子咕嚕咕嚕的，胸口也像是不停被撞擊著，當我終於離開時，我還帶了一鍋濃湯放在車子後座打算送去給我媽；開車時我的胸口持續疼痛著，痛到我一直忍不住會踩下煞車，等到我開到我媽家時，濃湯已經灑了我一整車上都是。

要飛回紐澤西的時候我已經虛弱到幾乎無法通過機場，我在往東的飛機上從頭睡到尾，但是下一個周末我又飛到拉斯維加斯去參加一個好兄弟的告別單身趴，我去了哈維爾（Javier's）和咔伯哇伯小酒窖（Cabo Wabo Cantina），這兩個都是我最喜歡的餐廳，還有紐約的卡波內（Carbone）也是；有一天我吃了一大包的胡椒洋芋片，我一直喝著耐適恩（Nexium）[2]和必舒胃（Pepto-Bismol）[3]，還咬著大把的湯胃適（Tums）[4]，疼痛會消失一陣子，但還是會持續回來，最後已經到了讓我晚上都睡不著的程度。但是我就是這麼愛吃，我滿腦子裡居然只想著**希望這是心臟病而不是胃病，如果我再也不能吃這些東西的話，那真是比死還痛苦。**

我一回到家就去看我的家庭醫師，他看到我的喉嚨有一些可能是因為嘔吐而引起的發炎，他說嘔吐可能是因為感染，所以要我吃清淡一點，然後開了抗生素給我；既然自己沒什麼大礙，我接著就和喬登品牌的業務代表見面開會，討論了下一個球季我想要的釘鞋式樣。我應該把這個會

1　一種富含電解質與其他營養成分的運動飲料。

2　一種治療胃食道逆流的錠劑。

3　一種鎮靜胃部並舒緩消化系統的錠劑，但也有可以直接飲用的藥液。

4　一種可緩解消化不良及胃灼熱的抗胃酸咀嚼鈣片。

議取消掉嗎？也許，還是我應該提出要求把地點從蘇菲亞（Sofia）雪茄吧改到別的地方去？肯定的；但就算是在這麼多年之後，要我拒絕別人或是可能會讓別人失望，就像是要我上場打仗一樣，我很難解釋，只是我真的太常這樣勉強自己做這些不想做的事，然後要等到了事後才自己一個人生氣。

這三個星期我感覺很糟，糟到沒有辦法運動，但是星期一早上我覺得自己應該要試著恢復正常的份量，去健身房騎腳踏車，然後和戴林．貝坦西斯丟丟球，這樣就會都好起來；我開始踩腳踏車，但這一次的問題已經不是疼痛了，而是我覺得無法呼吸，不到三分鐘我就跳了下來，然後對戴林說，「老弟，我們去丟球吧！」這時的我還是認為**我只要撐過去就沒事了，等一下就不痛了，呼吸也會恢復順暢，我沒問題的，每次都會好的**。然而在連續丟了三、四球之後，我就覺得自己已經要倒在地上了，但是我不想讓任何人知道，我硬是撐了整整十分鐘，直到我腦子裡的警報突然就響起來了；過去不管我的人生發生了什麼事，不管是生理上的還是心理上的，我都還可以好好丟球，我曾經重達三百五十磅（約一百五十九公斤）、曾經宿醉、腿曾經整個壞掉，但我還是可以丟球，我他媽的可以丟球丟一整天，現在我連好好丟五球都做不到，我知道一定有什麼地方不對勁了。

第二天早上我回去找我的醫生做心臟壓力測試，他們會先掃描我的心臟，然後讓我在跑步機上以各種速度走十六分鐘之後再做一次掃描，結果我才在跑步機上用嬰兒速度走了不到三分鐘就必須躺下來休息；在那之後，即便是心電圖只讀取到我的部分數據，我也必須先離開，要趕去洋基球場為一個電視節目拍一段客串演出。我不知道我說了些什麼台詞，我一整天都沒吃東西，我的胸口就像有東西要跳出來，我覺得自己像垃圾一樣爛；你知道那是什麼節目嗎？**上帝加我為好友**（God Friended Me）。

這聽起來好像有點搞笑，但很快的這就變得非常難笑了，我人還在球場時醫生就打了電話過來，還要我立刻就回去醫院報到；光是今天早上看到的部分數據就已經讓他覺得情況不妙，這一次他們要幫我注射顯影劑來檢查我的心臟功能；安柏打斷了醫生說：「如果不是心臟的話，下一個要檢查什麼？我們總不能這樣一直回來醫院。」我知道她在想什麼，一方面這是多年來陪伴我的經驗，另一方面則是拒絕接受這個事實（不可能是心臟病這麼糟糕的事吧！），但是醫生盯著她認真的說：「我百分之九十九確定他的動脈堵塞了，我們立刻就要幫他安裝支架。」安柏忍住了眼淚直到她走出房間為止，然後她撥了電話給我媽。

我沒有覺得太驚訝，最少這時還沒有，我已經不舒服三個星期了，我一點都不在意：**現在就把我切開吧！讓我舒服一點**。第二天在經歷了三個小時的手術之後，我在恢復室裡醒來，安柏站在旁邊等護理師幫我清理乾淨，然後心臟科醫師走了進來；他告訴我們說手術結果很好，然後他也很直率的說明整件事情有多驚險，「百分之九十都堵住了，」他說。我知道這很嚴重，但他下一句話用的詞才真的把我嚇出一身冷汗，「我們都說那條動脈是『寡婦製造機』。」我原本的行程是在兩天後要和小傑基．布萊德利一起飛往倫敦，去為明年夏天洋基隊和紅襪隊要在那邊進行的系列戰做宣傳，而且更重要的是我還會看到利物浦（Liverpool）和曼徹斯特（Manchester）的比賽；當然現在我去不了了，醫生說要是我當時繼續忽視我的疼痛，就像之前那樣忍耐著坐上飛機，堵塞住的動脈血管到了高空最有可能的結果，就是我回家的時候會被放在一個盒子裡。

十一月初我已經和洋基隊又簽下了一份一年的合約，當我還在接受手術的時候，事事都在盤算和計畫之內的安柏已經想到要打電話給我的經紀人，要確認球隊這時已經不能和我解約了；但在當下我們想的當然已經不是棒球，而是心臟衰竭，我的外祖母、我的艾倫伯伯、我的咪咪表哥都因其而死，現在我也差一點點就送掉小命。

但是幸好沒有，說不定上帝真的加我為好友了，說不定這又是上帝在輕點我的肩膀，告訴我說要把人生清理一下，還是說我終於開始變聰明了，開始理解以前大家在復健時所說的那些話：我不可能完全埋葬或是完全克服那些傷痛，我再也不需要自己一個人面對了。不管理由是什麼，在收乾眼淚之後我高興的放鬆了下來，人還躺在病床上、還穿著那件奇怪的小袍子，我就拿起電話撥給與我最要好的朋友和隊友們，「嘿！老賈，你猜剛剛在我身上發生了什麼事？」他們全都小小的嚇了一跳。

我覺得自己就像是被子彈擦過一樣，很幸運的沒被打中，我沒有因為嚴重的心臟病發而在四十六歲就離開人世，反而是獲得了足夠的警告時間，讓我可以接受治療並做出改變；我還不想要當一個老人，但是我想要可以慢慢變老，我有好多朋友和親人，特別是男性，都沒有機會能享受到這樣的過程。

在住進病房的時候我已經三個星期沒能好好睡覺了，我累趴了，現在我得到了充足的休息，我被修好了，我自己也覺得好多了，我回來了；現在我要回家，回到太太和孩子們的身邊，我愛他們勝過全世界，他們沒有被逼得要來參加我的葬禮，而我也得到了一個再贏一枚冠軍戒指的機會。

第二十一章 直到盡頭

絕大多數的人都會覺得這是一場毫無意義的比賽，時間是七月中，我們的戰績是全聯盟第二，而且在分區領先了第二名六場勝差；那是一個悶熱的星期二晚上，連球迷看起來都帶著睡意，這就是一整年一百六十二場比賽中的其中一場而已，一場對戰局無關緊要的比賽，但這也正是為什麼它這麼重要。

在球賽進入第六局上半的時候我的表現非常好，我累積了四次的三振，只被擊出三支安打，但是其中兩支安打都是陽春全壘打，而且都是沒有太大變化的卡特球，它們都被徹底打爆；艾德溫·恩卡納西翁（Edwin Encarnación）也幫我們打了一支出去，所以我們只以二比一落後，只要我能穩住局面，光芒隊不可能在接下來的局數都封鎖住我們的打線。第六局一開始我就拿下兩個出局，先是崔維斯·達諾德（Travis d'Arnaud）擊出了一個三壘方向的滾地球出局，然後是強打者湯米·范姆（Tommy Pham）被我三振出局，第三位打者麥克·布洛索（Mike Brosseau）被我投向他手部位置的卡特球騙到，擠出了一個三壘方向的滾地球沿著邊線滾了大概三十五英呎（接近十一公尺）；年輕時的我一定立刻飛奔過去撿起球傳向一壘讓他出局，也結束這一局，但是以我右膝現在的狀況，我只能勉強來得及過去把球撿起來，就讓布洛索以這支僥倖的安打上到一壘。下一位打者是之前打出過一支全壘打的楊迪・迪亞茲（Yandy Díaz），所以我非常小心對付他，不小心就以兩壞球陷入落後；我試著想以一顆滑球削過好球帶外角但是沒削到，迪亞茲沒有放過這一球，他一棒打出一支左中外野深處的平飛二壘安打讓布洛索回來得分，現在我們以三比一落後了，我很生氣；我對阿維薩耶爾・賈西亞（Avisaíl García）投到了滿球數，要是我保送他的話，比數很可能接下來會被拉開，而我也會被替換下場，我一定要專注，放鬆，滑球，這一球完美的削到了外角，主審裁判菲爾・庫西（Phil Cuzzi）也給了我三振的判決。

我走下球場的時候瞄了本壘區一眼，賈西亞還站在那邊瞪著我看，嘴唇喃喃唸著什麼，看起來好像是他覺得我對他說了什麼似的；我本來沒有，但是看到他這個樣子我就對著他吼了過去：「你想要我跟你說什麼嗎？我可以喔！」結果賈西亞回了我一句，「天啊，你這個神經病！」

「對！我就是個他媽的神經病！我就是！我就是他媽的瘋了！你最好記住！」

我們向著對方走過去，我看到隊友都從休息區跳出來往我們這邊衝，一開始我只是因為比賽落後而生氣，而且是生氣自己被打出了一支二壘安打，戰績第一對我來說並不是太重要，但是在這場比賽之前我想到我們在過去的六場比賽輸掉了四場，包括前一天晚上輸給這支光芒隊；他們是分區的第二名，緊緊咬在我們後面，而分區的戰績領先並不牢靠，我們不只需要再開始連勝，還要想辦法把態度給找出來。別誤會我的意思，我知道我們球隊很強，賈吉、桑契斯、葛雷格里斯、希克斯、托雷斯、斯坦頓、賽維里諾，這些都是職棒裡最優秀的年輕選手，全都在我們隊上，但是他們都太年輕了；是，我們前一年就是靠著這個陣容打進季後賽，但是我們很快就被波士頓在聯盟分區賽給打出局了，這個團隊還沒有真正一起拚命、一路戰到最後過，而那需要的就是每天都拚戰到底的態度。要學會怎麼把聯盟分區給贏下來，怎麼把那些緊追在後的對手都給打趴，要拚到抓狂、要生氣、偶爾還要怒吼一下；不光只是要讓對手見識到你的自信，更重要的是說服自己你有足夠的自信贏到底，你要展現的是原始的、殺手般的直覺，這樣才能有機會贏得冠軍。

我會知道這些是因為我曾經身處在這個方程式的另一邊，也就是現在光芒隊那邊，在克里夫蘭的那幾年，印地安人隊就是一支年輕的、不被看好的球隊，我們緊緊追著明尼蘇達和芝加哥，想要證明給他們看我們並不畏懼；所以我完全理解光芒隊現在在做的一切，他們想要推倒我們，讓我們進退失據，就像二〇一八年球季末我砸中黑蘇斯．蘇克瑞時一樣。

二〇一九年球季開始之後，對於我們兩隊之間的緊張關係我一點都不覺得意外，五月我們去坦帕比賽的時候兩隊戰績都非常好，球季才剛開始，光芒隊也只領先我們半場勝差，看起來兩隊的戰績就會一直糾纏一整年；在那個系列賽第二場比賽的第六局D. J.勒梅修（DJ LeMahieu）擊出了一支追平比數的全壘打，果不其然下一棒打者路克．沃伊特（Luke Voit）差一點就被他們的投手雍尼．奇瑞諾斯（Yonny Chirinos）砸在脖子上。如果是肩膀也就算了，我能理解他們的用意，但是我仍然不會放過他們，我貼在休息區的欄杆上大聲吼著，「幹你媽的！今年是我們的！」但是在職棒的世界裡喊聲就只是自己爽而已，兩位打者之後奇瑞諾斯砸中了桑契斯，這筆帳我就記下了，等到下一次我站上投手丘面對他們時，我一定會全數奉還。

六天之後我在布朗克斯得到了這個機會，想要給對方這種教訓的時候需要用點戰略，我一直等到第五局兩人出局無人在壘的時候，那時比數是一比一平手，而我大概也只會再投一局；我對準了奧斯汀．邁多斯（Austin Meadows）的膝蓋投出一顆快速直球，然後下一球瞄準的是他的腰際，沒錯我把他保送上壘，但是下一位打者被我三振出局結束了對方的進攻，而我仍然火冒三丈。

這全都回到為什麼二〇〇四年巴迪．貝爾會在印地安人隊的休息區裡對著我大吼；現在的我，還有我現在站在投手丘上拚戰的樣子，很多都來自於我年輕時巴迪．貝爾和迪克．波歐這些棒球人對我的耳提面命，克里夫蘭的前輩隊友麥特．洛頓和艾利斯．柏克就曾經在我對明尼蘇達先發的時候提醒我：「你投的是系列賽的第一場，你要把氣勢投出來。」而這也就是為什麼我要這樣對待坦帕，為什麼我要像個瘋子一樣對著他們狂吼，不停的把球全力砸出去，因為**我就是要打趴你們**。

從那一戰一直到兩個月之後的現在，當我在和賈西亞叫囂的時候，我已經不用再去想這些事了，我在大聯盟已經待了十九年，這些都已經是我身體的一部分，是我完全不用去思考的直覺，也是我可以在這麼長一段時間都這麼成功最重要的原因；比起我六呎六吋（一百九十八公分）的身高重要、比起我時速九十五英里的快速直球重要，甚至比起我在無法投出九十五英里之後還學會怎麼讓對手出局還要重要。這同時也是為什麼在我最後的這一個球季，在我職業生涯的第五百五十二場先發，在我即將要滿三十九歲的這一刻，我還會在被替換下場之後、在回球員休息室的路上用球棒砸爛了一臺電冰箱；我對我們在比賽中落後極度憤怒，更加生氣我自己被擊出一支二壘安打讓比數變成三比一，洋基隊有把更換冰箱的帳單寄給我嗎？他們才不在意，那已經是我那年砸爛的第二臺冰箱了，洋基隊最在意的，我最在意的，是贏球。砸爛冰箱沒多久之後我浸在醫療室的熱水池裡，在電視機上看著剩餘的比賽，靜音；第八局下半賈吉和狄迪接連擊出全壘打，我們連得六分逆轉獲勝時，我忍不住大叫歡呼起來，我樂瘋了，一部分當然是因為我們贏了比賽，但是更重要的一部分是這些小鬼終於找到那種傲氣，還有那種願意為了勝利奮鬥到最後的饑渴感。

我從未試圖用投球來傷害任何人，我永遠不會，但是我所掌握在手上的力量就是讓對方感受到我的侵略性、有技巧性讓對方害怕可能會受到傷害，甚至直接挑戰對方的男子氣概；那一年我們在和光芒隊的十九場比賽中贏了十二場，我會說這叫做任務圓滿達成，而且不只是對坦帕灣而已，二〇一九年球季有多少場比賽我們在球賽後段還落後三分甚至五分、六分，那些我們可以直接放掉算了的比賽，結果我們逆轉贏球了？我們有多少一線球員受傷、甚至錯過球季很長一段時間？賈恩卡洛・斯坦頓、米格爾・安杜哈爾、桑契斯、恩卡納西翁、希克斯、貝坦西斯、賽維里諾、多明哥・赫曼（Domingo Germán）全都是，我們大可以自哀自憐，但我們反而是由隊友頂替上來，而且還交出了很棒的成績。先講清楚，我不是要為這一切爭功，一點也沒有，但是說真的，我認為這中間有點關聯。

這也是為什麼那年夏天當有一位朋友傳訊息給我的時候我會那樣回答。在某一場比賽的第六局下半，比數是一比一平手，對手又是那群混蛋光芒隊，我一開始就被擊出了一支一壘安打，然後又保送了下一位打者；但是接下來賈西亞打了一個右外野高飛球被接殺出局，然後卡特球又擠到了布洛索，讓他打成了雙殺，我也順利投完了這一局。一整年來我從沒投進過第七局，我的朋友在家看電視轉播就覺得我應該是要下場了，所以他傳了訊息來恭喜我解除危機，也在表現最好的時候下場休息；但是小布決定讓我繼續投第七局，結果我在兩出局的時候被內特・洛歐（Nate Lowe）擊出了一支兩分全壘打。大概一個小時過後我稍微冷靜了下來，也回到置物櫃去看了我的手機，於是我回給他一個把臉埋在手裡的表情符號，還有四個字：「直到盡頭」。

沒有什麼比大功告成或是竭盡所能地拚到最後更重要，這是我堅信不疑的真理。二〇一九年的每一場比賽對我來說都多了一層特殊意義，因為當我在二〇一八年十一月簽下新的一年合約時，我就決定這會是我的最後一個球季；然而在心臟手術之後，我有點不確定自己是不是還想要繼續打球，醫生開了抗凝血劑給我，也就是說如果我被強襲球擊中，傷勢很可能會致命。再投一年代表我可以再拚一次世界冠軍，洋基隊很有機會，而這種爭冠的機會並不常有；再投一年也代表我可以用自己的方式離開球場，這是許多運動員不管成就再高，都不見得能做到的。

我想用最後這一個球季來大幅擴充**PitCCh In**基金會正在做的那些好事，洋基隊會到十八個不同的球場進行客場賽事，我們決定在每一個球場都和當地的男孩女孩俱樂部合辦活動，其中包括準備門票讓他們能來看系列賽的其中一場比賽；這些地主球隊都希望能在賽前舉辦一個小小的儀式來表揚我，但是我們建議說如果能捐獻給基金會的話會更好，而他們也都很願意配合。我們總共募集了接近一百萬元美金，這些全部都會由基金會建立起專案，用來幫助那些因為家庭陷入困境而需要協助的孩子們，就像當年在瓦列霍成長時的我一樣；我們還在發背包給需要的孩子們，一共已經發出過超過五萬個背包，而現在這還只是剛剛開始而已。

棒球界的人對於數字非常執著，如果你是一個球迷，比較、甚至進而爭論統計數據是一件非常有趣的事，而如果你是一位球員，統計數據對於你的身價有很大的影響力；但是我從來不在意那些數字，不管是立下單一球季或是整個職業生涯的成績目標，我都不在意。如果你能固定先發上場比賽，那些數字最後都會在，根本不需要多擔心；三振對我的意義勝過勝場，以統計數據來說，三振衡量的是你身為投手的個人能力，而先發投手的勝場總數往往就受到了其他人的影響。也許你投得很好，但是你的球隊打不到球，那你就拿不到勝投（想想賈寇伯・迪格隆〔**Jacob** deGrom」)，同樣道理你也可以想想如果你的球隊牛棚很爛，你會有什麼下場；我看過有些人一個球季拿下十勝或十五勝，但實際上根本連一半都不夠資格，我也看過有人一個球季只拿到五勝，但實際上算起來應該要有二十勝才對。

二〇一八年球季結束時我已經非常很接近兩項個人的職業生涯里程碑：三千次三振和兩百五十勝；所以整個冬天有很多報導都提到說達成那些目標對我有多重要，或是說那是我二〇一九年繼續投球的主要原因，其實不是。我其實完全可以直接退休，我一樣會對我所累積的生涯成績非常滿意，也一樣會以自己的一切努力和付出為榮；但是再打一年唯一的理由，也是我每年球季最在意的一件事，就是要再贏一次總冠軍。一旦當我決定了要重返球場，你問我在不在意三千次三振和兩百五十勝？當然在意，但是最主要的原因是因為那些已經在名單上的前輩們。

十四次的三振，還有四場勝投，在二〇一九年球季開打前，那就是我需要得到的兩個數字，第一場先發面對白襪隊我拿下了三次三振但無關勝敗，下一場面對皇家隊時我拿到了五次三振和第一勝；如果能在洋基球場的主場球迷們面前拿下第三千次三振就太好了，但是我的下兩場先發都在西岸，於是安柏和孩子們和球隊一起出發到客場去。球隊瞄準的目標是世界冠軍，所以每一場比賽我們都想要贏下來，這讓我保持了高度的專注力，但是球季開打至今，我只想要趕緊交差了事，因為每次訪問的每個問題都是和三千次三振有關；大概有五十位我的朋友和親人到了安納罕來看我比賽，我投了五局但是被打得很慘，而且只三振了三位天使隊的打者，下一站是亞利桑那，我還需要三個三振。

響尾蛇隊的第一位打者是誰？艾頓・瓊斯，我最好的朋友之一，我們在比賽前一天一起吃晚餐，他擊出一個游擊方向的滾地球出局；我到第二局才拿到今晚比賽的第一個三振，是大衛・佩洛塔（David Peralta）站著看球被三振出局。我對下一位打者克里斯堤安・沃克（Christian Walker）投到兩好兩壞，接下來一個滑球刁鑽的切在角落，是個好球，但是他媽的混蛋裁判說不是。**你明明就知道我在幹嘛！該判好球你就他媽的給我判好球！**不過這樣也好，明明我已經接近這個歷史性的紀錄了，結果我反而在對著主審裁判大吼大叫；兩球之後，這一次是揮棒落空，沃克也出局，只剩下一次三振了。

也許是我的注意力在那時飄走了一些，因為下一位打者威爾瑪・佛洛瑞斯（Wilmer Flores）揮出了一支左外野方向深遠的全壘打，我們以〇比一落後；我對尼克・亞梅德（Nick Ahmed）投到了兩好球沒有壞球，然後他打了一支右外野方向的安打。下一棒是亞利桑那的捕手約翰・萊恩・墨菲（John Ryan Murphy），他曾經是洋基隊的一員，二〇一五年我投出職業生涯第兩千五百次三振的時候就是由他接捕，我很喜歡他；不過很抱歉，桑契斯在球數兩好一壞的時候配了一個變速球，墨菲整個揮空，幫我完成了我的第三千次三振。一開始我還不知道自己已經達標，因為我還在為沃克打擊時主審錯過的那個好球生氣，還集中著心思想要把主審的腦袋給扭下來；直到我轉頭看到沃伊特又叫又跳的，我才突然搞懂發生了什麼事，**喔，我的天啊！那是第三千次三振啊！**

回到休息區之後，隊友們都替我鼓掌或是拍打著我的背，但他們也全都在笑，因為我正急急忙忙的要去找球棒；亞利桑那是一支國家聯盟的球隊，所以我必須要上場打擊，而且我正好被輪到是這一局的第一位打者！走上打擊區前我繞了一下路去擁抱我的孩子們、我的母親，還有安柏，我也看到好幾位住在亞利桑那的老隊友和好朋友們，班恩·法蘭西斯可（**Ben Francisco**）、戴蒙·哈林斯（**Damon Hollins**）、賈許·巴菲爾德、克里斯·楊恩，還有密爾頓·布萊德利；他是最誇張的，他為了支持我，在我的前一場先發他就已經趕到了安納罕，但是當我在那場比賽沒有拿到第三千次三振時，他就繼續跟著我們來到了鳳凰城（**Phoenix**）。

在他們旁邊的是我兒時好友內特·波海爾的兩個兒子，內特的名字縮寫被我繡在手套上以紀念他短暫的一生；我走上打擊區的時候心裡想著**打一球出去吧！**但是要打到球真的不容易，而且我的眼裡還滿滿都是淚水。

我在球季的第四勝、我職業生涯的第兩百五十勝，一直要到六月十九日才發生，又是對上坦帕，但是這一次是在洋基球場，感動和滿意的程度一點也不輸之前的三千次三振；我是歷史上第十七位三振了對手三千次的投手，而且是第三位左投手，但是更重要的是我加入了費格森·簡金斯和鮑勃·吉布森兩位前輩，成為僅有的三位黑人投手之一。我是第四十八位拿下兩百五十勝的投手，而且很可能是最後一位，因為現在的先發投手們都不投那麼多局數了；對我來說更有意義的是我再度擠進了一個人數非常稀少的俱樂部，成為除了簡金斯和吉布森之外最新的一位成員。

一直要到第二天我才真正感受到這個成就，我的訊息群組裡有一位好友傳了同時達成兩百五十勝和三千次三振的投手名單給我，最下方就是我的名字，然後一陣靈光突然閃過我的腦海；不到四年以前我正坐在勒戒中心裡讀著鮑伯．威爾契的書，心裡思考著自己還有沒有機會回來打球，而現在的我剛剛達成兩百五十勝和三千次三振的紀錄，或許有些經歷不是那麼風光，但這也讓我的這段旅程比別人都酷。

數字的問題都成了過去之後，記者們開始不停問我會不會隨著職業生涯即將告終而起了懷舊之情，但是我沒有，我們每天都想要贏球，我們想要贏世界冠軍，所以保持專注是很容易的；然而有些時候我還是會無法避免的想起那些過去的時光。當我們在二〇〇九年剛剛來到紐約的時候，小西還是個才六歲的孩子，現在他已經身高六呎三吋（約一百九十一公分），而且十六歲的年紀比我還要接近我的洋基隊友們！還有，當我們把一位叫做班．海勒（Ben Heller）的年輕投手叫上大聯盟時，他告訴我說他是威斯康辛州（Wisconsin）人，而且二〇〇八年曾經在現場看過我為釀酒人隊投球，那時他才只是個高中生而已！這把我嚇壞了，而在休息區裡我也一樣碰過會提醒我年齡的事，譬如說狄迪和希克斯是那種什麼都能吵架爭辯的好朋友，聽他們鬥嘴真的很有趣；二〇一九年一整年希克斯因為傷勢幾乎都沒有上場比賽，但是在季後賽開打時順利歸隊，有一天晚上在休士頓比賽時，狄迪就對希克斯說，「笑一笑，鏡頭正對著你呢！」希克斯很得意的說，「鏡頭永遠都會對著我。」狄迪臉上的表情讓我笑到眼淚都噴出來了，他反駁說，「首先，賤人，你一共也只打了大概十五場比賽！」然後他們就笑罵著跑出去了，嘴巴一直沒停過。

這些都是我知道我會想念的東西，而不光只是比賽本身而已，我並不想要有一個告別之旅，但是有些對我致敬的活動或是送給我的禮物都很有心思也很有趣；巨人隊在舊金山球場中外野的大螢幕上播放了影片，在克里夫蘭播放的則是我年輕纖瘦時的影片，更厲害的是印地安人隊還找到了我擊出兩支全壘打的影片。

六月我們飛到倫敦去和紅襪隊打兩場比賽，幫忙在海外行銷大聯盟，我很愛倫敦，在這個時間點可以拜訪倫敦也讓我的最後一年更加特別，但是我差一點就沒辦法成行。我從五月就開始覺得身體左側上方有刺痛感，我們以為是脖子怎麼了，所以每次出賽時我們都把頸部包紮得跟什麼一樣，從不知名的頸部到已知的右膝，我整個人非常的痛；如果我是在一支沒有機會打進季後賽的爛隊上，我在拿到三千次三振之後可能就會上到傷兵名單休息，但是我依然投得不錯，而且我們是真的有機會拿到冠軍的。

到了七月，大聯盟帶我回克里夫蘭去參加一個明星賽期間的特殊儀式，這很酷；八月我們有一趟西岸之旅，而我的右膝就像是燒起來一樣痛，但是我絕對不可能錯過最後一次在道奇球場投球的機會，還有我想要打擊！第三局上半輪到我上場，我第一球就揮棒，但是當我的右腳著地時，我差點就摔到地上去了；後來我打出了一記右外野方向的平飛球被接殺，而且在四局的投球裡我三振了七名對方的打者，只是比賽結束之後我幾乎已經無法走路。

在芬威球場，我的好兄弟大衛・普萊斯送了我一塊綠色怪物[1]計分板上的金屬數字牌，上面寫著五十二號，這很可愛，但是我到波士頓的告別之旅還有另一件讓我難以忘懷的事。有一天下午我和幾位朋友一起去了路易威登（Louis Vuitton）精品店想要買一件禮物給安柏，我在那裏站了十五分鐘，東張西望的想要請人幫忙，但是店員全程都對我視若無睹，我很確定這絕對不是因為他們是紅襪隊的球迷；沒有任何人來詢問我，一直要到店裡的警衛（也是黑人）走過去和其中一位銷售員悄聲說了句「你最好在這些人離開前趕緊幫幫他們，」我們才被人正眼看待。每個黑人都可以說出十幾個類似的故事，比起五〇年代、六〇年代巨人隊的選手威利・梅斯（Willie Mays），他可能是有史以來最偉大的棒球員，卻不被允許在舊金山的黃金住宅區買房子，這件事當然沒什麼大不了；我也記得泥貓・葛蘭特曾經告訴過我說六〇年代他在雙城隊時，有白人隊友開了種族歧視的玩笑，他只能離開球場，因為他知道回嘴的話會有大麻煩，而他知道如果自己不先離開的話，一定會痛揍那位白人隊友一頓。最少現在，當一位洋基隊友在二〇一六年開始誇讚唐納・川普時，我可以毫不遲疑的出聲反駁，我只需要忍住不去痛揍他就好。所以，對，這個社會確實有在進步，但是這個國家還是會不時找到機會提醒你，就算你現在有錢有名，在許多人眼裡你仍然就只是個大個子黑人，我也依然還是那個坐在汽車經銷商的全新凱雷德（Escalade）車

1　波士頓芬威球場的左外野全壘打牆高達三十七英呎二英吋（十一・三三公尺），被球員及球迷暱稱為綠色怪物。

子裡、聽著老白男人訓話的黑人男孩。

我的人生到底走了多遠？還有多久可以走？這些念頭在二〇一九年球季經常出現在我腦海裡，特別是在九月中由我們基金會主辦的傳承之夜（LegaCCy Gala）晚宴上；我們邀請了珍妮．史坦布瑞納（Jenny Steinbrenner）[2]代表他們一家，他們多年來一直對我們非常好，所有我二〇一九年的隊友們也全來了，還有總教練小布、整個教練團，還有總經理布萊恩．凱許曼。我們的好朋友安琪．馬丁尼茲（Angie Martinez）[3]擔任主持人，喜劇藝人搭檔狄蘇和梅洛（Desus and Mero）[4]也來了，狄蘇開玩笑說每次看到我站在投手丘上，他都以為是看到家裡的老人跑出來了。

那晚我們幫基金會籌募了一百六十萬元美金，完成了我們的目標，也讓我們滿懷感激，但是我會永遠記得的一刻，就是站在哈德遜藝術園區（The Shed at Hudson Yards）二十樓一面巨大的落地窗前，看著整個紐約城的燈光在底下無邊無際的閃耀著，而我人生旅途上的重要人物全都圍繞在我身邊：哈布斯教練、裘瑪、迪伊、戴文．羅傑斯、艾德溫大伯、吉妮雅伯母、母親和她的丈夫艾爾．藍尼爾（Al Lanier），還有安柏，他們都理解從瓦列霍到現在這個位在紐約高樓上的慶典，真實的距離到底有多遠。

我的人生從一開始就是一團混亂，但是我遇上了哈布斯，然後是馬克．夏培洛，他們真正關心我而且真心照顧我，就好像是上帝說了**你的人生太糟糕了，讓我派這些人來給你，如果你可以好好運用，那你或許還可以拯救自己**。事情當然還是偶爾會糟到無法挽救，但是他們對我的愛總是讓我可以走出逆境，很奇怪，有些人相信一切都是上帝的旨意，而我們對命運無從置喙，但其實並不是這樣的；你也不能說一切全都是看運氣，因為像卡爾．威利斯這麼棒的人絕對不是因為巧合才走進我的生命，我不懂這些命運的安排是怎麼發生，或是為什麼發生，但我能確定的就是我比許多和我一樣出自貧民區的人多受到了一些上天的關愛。

至於說到情感，我現在可以完全掌握它們了。多年以來我利用釋放情緒來強化自己在球場上的表現，但是在其他時候我是麻痺的；我最厲害的長處就是可以藉由棒球來表達我的熱愛、傷痛，還有渴望，但是球場之外的我卻因為完全無法做到這些而逐漸死去。二〇一五年球季我的職業生涯看起來很快就會結束，而我在那一刻整個人崩潰了，那個把球場上的情緒和真實情感分開的我終於撐不住了；恐懼摧毀了這一切，而在當下我很幸運的因為一個直覺而拯救了自己，把自己送進了勒戒中心。當我走出勒戒中心時，我的所有情感全都回來了，它們再也不會受到壓抑，而其中最強烈的情緒就是滿滿的喜悅。

我不能感傷太久，我職業生涯第五百六十次先發，也是最後一次先發就在晚宴的兩天之

2　前洋基老闆喬治．史坦布瑞納的次女，在洋基隊服務多年，主要負責公關及慈善方面的事務。

3　著名廣播節目主持人及藝人，被暱稱為「紐約之聲」。

4　著名的深夜脫口秀主持人搭檔，由喜劇演員狄蘇．奈斯（Desus Nice）和梅洛小子（The Kid Mero）組成。

後，地點是在洋基球場，而對手是天使隊；我盡力把這當成和其他的每一次先發一樣，早上在家淋浴時我播放早已選定的六首歌曲，那一年的歌單有G-Easy和藍臉人（Blueface）的《西海岸》（West Coase），這首歌讓我想起我的出發點，還有聲名狼藉先生（Biggie）的《想死了嗎》（Ready to Die），提醒我說東岸的一切其實也沒什麼太大的不同。開車到球場時我努力讓自己保持心情愉悅，生氣的我會很糟糕，因為我只要一生氣就會什麼都做不好，在投手丘上特別是這樣，我一定要掌控好自己；我努力把自己的心靈帶到一個不會被任何事情影響的地方，離譜的誤判、擦棒的幸運短打，都不會。我花了十八年才走到這一步，然而就當我終於學會控制我的心靈時，我的身體卻已經開始崩壞，所以我知道這段旅程我沒辦法再繼續下去多久了。

沿著帕利賽德公園大道（Palisades Parkway）往南開上喬治華盛頓大橋（George Washington Bridge），我看到那些戴著安全帽的建築工人們，心裡不禁想著如果不是因為棒球，我很可能也會是他們其中之一，而不是像現在這樣手握方向盤開著一輛勞斯萊斯庫里南（Rolls-Royce Cullinan）；往前就是那個寫著洋基球場的一號出口大路標，但是從那裏出去就會往南開上迪根少校快速道路（Major Deegan Expressway），而且通常都會大塞車，所以我有一個捷徑，我在曼哈頓從二號出口出去，先走右側的叉路，然後再走左側的叉路，照著路標往大學路（University Avenue）的方向開，就可以從比較少人注意到的華盛頓橋（Washington Bridge）開進布朗克斯，這樣不只比較快，同時也因為走的是平面道路，我可以在紅燈停車的時候看到路上人們戴著洋基隊的帽子，感覺就像是我也要去上班一樣，而不只是一個剛好經過布朗克斯的路人而已。

右轉上到奧格登路（Ogden Avenue），然後左轉上大學路，再一個右轉上格蘭特公路（Grant Highway），剛剛經過莎士比亞路（Shakespeare Avenue）的左側有一個叫做喬登運動理髮廳（Jordan Sport Barber Shop）的地方，老闆荷西．摩伊瑟斯．羅培茲（Jose Moisés Lopéz）會到洋基球場來幫我們理髮，很多客隊的拉丁選手像是亞伯特．普荷斯、費利克斯．赫南德茲（Félix Hernández）、弗拉迪．葛雷諾（Vladdy Guerrero）等人也會在來紐約比賽的時候過來。我覺得自己根本就是個低調的拉丁人，我要去「二十三與我」（23andMe）[5]做個檢測，我知道檢測結果一定會說我其實是來多明尼加。

在格蘭特公路和傑洛姆路（Jerome Avenue）的路口你可以看到四號列車沿著高架鐵路呼嘯而過，這是在洋基球場右外野座位區就可以看見的捷運路線，我的心跳在這裡開始加快；往右轉上傑洛姆路然後開往一六四街之後的下一個捷徑，那裏有一個巨大的鐵捲門橫跨左外野座位區和停車場，那是球場的貨運入口。我按下喇叭，快點快點，開門！穿越到門的另一邊，右轉通過球場中外野後方轉上大河路（River Avenue），巨大的伯尼．威廉斯（Bernie Williams）海報底下就是球員地下停車場的入口；我的停車位在牆上畫著大大的五十二號，從我家門口開到這裡只要半個

5 一家專門以唾液做基因檢測的基因科技公司，並以檢測結果提供客戶關於期種族組成與血統來源的分析報告。

小時，這是我在二〇〇九年研究出來的路線，那一年我們贏了世界冠軍，所以在那之後我一直都這樣開。

我的最後一場先發只投了二又三分之二局，因為我們想要保留一點子彈到季後賽再用，我的身份也會在季後賽轉變為牛棚投手。在單局進行間將我替換下場其實是小布貼心的安排，我也特別感謝現場觀眾起立為我鼓掌歡呼，但是自己心裡還是感覺怪怪的，畢竟每五天投球一次是一件我連續做了十九年的事，而這一切突然就這樣永遠結束了。

一整個球季我們都覺得真正的世界大賽會是我們和太空人隊在聯盟冠軍賽的對決，而真實情況也就是照著這個劇本，只可惜結局並不是我夢想中的那樣；我們必須要在休士頓的第六戰獲勝才能繼續下去，而且我們還在第九局上半攻下兩分把比數給追平，然而荷西．奧圖維（José Altuve）從阿羅魯迪斯．查普曼（Aroldis Chapman）手中擊出了一支再見全壘打，也打碎了我們的冠軍夢。

我對全隊一整年拚戰不懈的精神引以為傲，我們一直拚到了他媽的最後一個出局，一整年好多人受傷養傷，但我們從未放棄；球季中小布曾經在一次喃喃碎念中說到了野獸，在那之後我們就把野獸當成了我們的外號，今年四十人名單上的這群人全都是真實世界裡的野獸。

在對太空人隊的最後一個出局之後，小布趕在媒體記者進來休息室之前和大家說了幾句話，賈吉也站起來說了幾句，我看著另一頭的布瑞特．加德納，他是我在洋基隊十一年不變的隊友，而我一句話都說不出來。

那天晚上我在置物櫃前坐了好久，後來坐了最後一班從球場開往旅館的巴士回去，與我同行的還有加德納和J. A.哈普（J.A. Happ），他們是球隊上除了我之外最老的兩個，收拾好行李之後我們就和球隊一起飛回了紐約；安柏和孩子們在休士頓多待了一天才回來，所以我在天亮前回到家時裡面空無一人，我的情緒一下子全都湧了上來：輸掉了比賽，我們和世界冠軍如此接近、多麼艱難才走到了這一步，也理解到我再也不會有這樣的機會。我放聲大哭個不停、在Instagram上發文、傳簡訊給朋友、打電話給朋友、不停的哭，好痛苦；我必須要把這些全發洩出來，把我的情緒都倒出來，所有勝負輸贏、失去的時間還有失去的人，最後一次，最後一個全面的棒球淨化儀式，一點也不受酒精影響。我倒在床上的時候已經是早上五點，我把自己全榨乾了。

我自己的球季其實兩個晚上之前就在洋基球場結束了，第四戰在第七局上半無人出局兩人在壘的情況下，小布派我上場去對付一位左打者，這是我在牛棚裡很陌生的新任務；我讓約爾丹·艾佛瑞茲（Yordan Álvarez）擊出了一個二壘方向的軟弱滾地球，但是很不幸的葛雷伯·托雷斯沒能攔下這一球製造出局；兩位打者之後阿列德米斯·迪亞茲（Aledmys Díaz）站進了打擊區，他把我投出的第五球打成了一個右外野方向的高飛球，但是球一出手的時候我就知道不對了。

我的左肩已經痛了一整個月，痛到我必須在八月底去接受MRI磁振造影檢查，我們一開始以為是頸部受傷，但檢查結果出來才知道其實受傷的是左肩軟骨，我被放上了傷兵名單，但是官方以及公關的說法都是說我的右膝需要休息；可體松注射的效果還不錯，我是爬著通過球季例行賽的終點線的，但是當我對迪亞茲投出那記卡特球時，我知道我的肩膀炸了，感覺就像是我的肩膀離開了我的身體，和球一起向著本壘飛了過去。賈吉接到那球時我正在投手丘後方走著小圈圈，想試試看能不能把肩膀晃回原來的位置去，我垂著手臂慢慢走上投手丘，我是很能忍痛的；我們投手就是這樣，什麼事情都有可能發生在你的手上，我們就是努力克服這些干擾而已，我的直覺反應很簡單：**再投一球就沒事了**。但是這次真的太痛了，是我從未感受過的痛，我感覺到左手在我投這兩球的十秒鐘之間整個腫了起來，然後手就麻了，我握不住球；我進入準備姿勢，只能試著把球在手上平衡好，用手掌和手指捧著它。

下一位打者是喬治．史普林格（**George Springer**），我暗自祈禱他會直接打第一球，我舉手越過頭頂準備投球，用力握了一下手上的球，疼痛的感覺突然整個炸開，痛到我必須閉上眼睛才能克制自己不叫出聲來；我不知道怎麼投出那顆時速九十一英里的卡特球的，而且居然還是個好球，接下來我連投了兩個壞球，都是閉著眼睛投出去的。我知道我受傷了，但是我不想就這樣離開球場。

我們的防護員史提夫．唐納修和小布一起衝出來，他們也發現不對勁了，我告訴他們我的肩膀剛剛脫位（未完全脫離關節）了，但是又被我推了回去，我們聊了一下，我說我想要再試著投一球，看看自己還能不能繼續投下去；捕手桑契斯也過來加入我們的對話，一邊聽著一邊清理著他的釘鞋，我又生氣又痛，所以吼了他一聲「給我回去！」要他回去接我試投的球。我丟了一球，有丟進他的手套，但是我知道完蛋了，為了不讓我繼續考慮還要不要再回來投一年，棒球之神直接把我給砸爛了。我的時代結束了。

走回休息區的時候我想把帽子給脫下來，就像是我每次換局走下場時一樣，但是這次我連左手都舉不起來，走完了前幾步階梯要往休息室前進的時候，所有的情緒突然翻湧而來，我一步都動不了；我可以聽到洋基隊球迷的歡呼聲，這讓我幾乎要暫時忘掉了疼痛，我坐在通往休息室通道的第一道階梯上站不起來，然後就忍不住哭了。

幾分鐘之後隊醫過來檢查我的肩膀，不管是任何一個姿勢都讓我疼痛無比，我的臀部上被打了一針托拉朵止痛，然後他們綁了一大袋的冰塊在我肩膀上，但是劇痛就像火燒一樣炙人；我不知道怎麼換下衣服還去淋浴的，他們還幫我套上了一個吊帶來固定我的肩膀。比賽結束之後投手教練賴瑞．羅斯柴爾德走了進來，他也忍著眼淚，甚至還不敢看我，總教練小布給了我一個大擁抱，然後我就離開球場了，我不想要人們看到我的樣子；每個人的感情都比我還豐沛，我不想要處在那樣難過的情緒裡，也不想要我的隊友們接觸到那些因我而起的難過情緒。我只是這支球隊的一小部分而已，誰他媽的管我受傷不受傷？但是如果我在比賽結束之後還留在那裏成為大家注目的焦點，讓大家的情緒都被拉下來，那就真的太糟糕了；我不會允許那種事情發生，**我們明天還要跟韋蘭德對決！我們他媽的還有一場比賽要贏！我們才沒有時間傷心流淚，老表！**

所以我快速逃離，也沒有讓安柏開車，當然不會，但也不是因為她一路哭回了紐澤西。開車時我的左手掛在吊帶裡，手上一直捏著一顆網球來抵抗疼痛，但是沒用，什麼都沒用；一整晚每個人都打電話來給我，基特、波沙達、安迪、德瑞斯、大衛．普萊斯，都打來了，瑞斯克哭了。你知道每次有事情發生，第一個打電話給我的人是誰嗎？老爹——大衛．歐提茲和我是非常好的朋友，他就是那樣的人，總是要確定你一切都好才肯放心。我一直醒著到早上五點半，追著我喜歡的影集，像是《諜海黑名單》（*The Blacklist*）等等，我才不會去看《世界體育中心》，我早就知道今天的體育新聞會播些什麼了。

肩膀壞掉並不是我想要告別棒球的方式，但其實也蠻適合我的，我把我的身體奉獻出來，換得了一個新的人生。人們總是說我的情感非常豐富，這對我的個性來說是一個非常好的讚美，但是就在十個月前，我的所有情感差一點就和心臟一起停了下來，現在輪到我的手臂；我已經投到再也不能投球了，我需要立刻接受肩膀手術，還有遲早要做的人工膝蓋置換手術。我的左手臂曾經幫洋基隊贏得世界冠軍、它把我和我的家庭從窮困中拉起並給了我們財富、它從肩膀一直到手腕上滿滿都是刺青，上面全是逝去的家人和朋友，這條手臂把所有能給的一切全奉獻了出來，直到盡頭。

入魂 26

直到盡頭

C.C.沙巴西亞回憶錄

Till The End

作者　C.C.沙巴西亞（C.C.Sabathia）、克里斯・史密斯（Chris Smith）
譯者　文生大叔

堡壘文化有限公司
總編輯　　簡欣彥
副總編輯　簡伯儒
責任編輯　簡伯儒
行銷企劃　許凱棣、曾羽彤、游佳霓、黃怡婷
封面設計　萬勝安
內頁構成　李秀菊

出版　　堡壘文化有限公司
發行　　遠足文化事業股份有限公司（讀書共和國出版集團）
地址　　231新北市新店區民權路108-3號8樓
電話　　02-22181417　傳真　02-22188057
Email　service@bookrep.com.tw
郵撥帳號　19504465 遠足文化事業股份有限公司
客服專線　0800-221-029
網址　　http://www.bookrep.com.tw
法律顧問　華洋法律事務所　蘇文生律師
印製　　韋懋實業有限公司
初版1刷　2023年8月
定價　　新臺幣480元
ISBN　978-626-7240-93-9

國家圖書館出版品預行編目（CIP）資料

直到盡頭：C.C.沙巴西亞回憶錄／C.C.沙巴西亞（C.C.Sabathia），克里斯・史密斯（Chris Smith）著；文生大叔譯. -- 初版. -- 新北市：堡壘文化有限公司出版：遠足文化事業股份有限公司發行, 2023.08
面；　公分. --（入魂；26）
譯自：Till the end
ISBN 978-626-7240-93-9（平裝）

1.CST: 沙巴西亞(Sabathia, CC(Carsten Charles))　2.CST: 回憶錄　3.CST: 職業棒球
4.CST: 運動員　5.CST: 美國

785.28　　112012045